高中数学教学实践与探索

陈国明　李慧珺　著

延吉·延边大学出版社

图书在版编目（CIP）数据

高中数学教学实践与探索 / 陈国明，李慧珺著. --
延吉：延边大学出版社，2023.9
ISBN 978-7-230-05616-8

Ⅰ.①高… Ⅱ.①陈… ②李… Ⅲ.①中学数学课－
教学研究－高中 Ⅳ.①G633.602

中国国家版本馆 CIP 数据核字(2023)第 189077 号

高中数学教学实践与探索

著　　者：陈国明　李慧珺
责任编辑：刘晓洲
封面设计：瑞天书刊
出版发行：延边大学出版社
社　　址：吉林省延吉市公园路 977 号　　邮　　编：133002
网　　址：http://www.ydcbs.com　　　　 E-mail：ydcbs@ydcbs.com
电　　话：0433-2732435　　　　　　　　传　　真：0433-2732434
制　　作：山东延大兴业文化传媒有限责任公司
印　　刷：延边延大兴业数码印务有限责任公司
开　　本：787×1092　1/16
印　　张：16.25
字　　数：220 千字
版　　次：2024 年 1 月第 1 版
印　　次：2024 年 1 月第 1 次印刷
书　　号：ISBN 978-7-230-05616-8

定价：60.00 元

前　　言

古往今来，从国内到国外，不知多少热爱教育事业的仁人志士在苦苦追寻着教育的最优方式和方法，从两千多年前孔子的"不愤不启，不悱不发"的启发式教学到今天国人提出的"精讲多练""先学后教"和"变式训练"等教学方式；从20世纪20年代美国教育心理学家奥苏伯尔的"有意义接受式学习模式"、布鲁纳的"发现学习模式"、苏联马丘什金和马赫穆托夫提出的"问题教学模式"，到今天的翻转课堂、慕课等教学模式，人们一直在进行教育和教学方式的探索和改革。

数学，作为一门注重理性思维的高度抽象的学科，承载着人类思维的精华，也为个体智力的发展提供了独特的机会。高中正是学生培养理性思维和科学精神的关键阶段。然而，如何在数学教学中发掘并传递这种理性思维和科学精神，一直是教育者们面临的难题。

本书旨在深入探讨高中数学教育的核心问题，提供一种全面的视角，帮助教师和学生更好地理解和应用数学。本书将从基本概念和教学现状出发，引导读者了解高中数学教育的理论基础，深入剖析教学方法，探讨实践探索的关键问题。我们将关注教师的引导作用以及学生自主学习的重要性，提供实施高中数学教育的有效策略，以应对不断变化的教育环境。

我们期待本书可以为高中数学教师的教学提供有力的参考，为学生的学习提供指导，同时也为教育现状的改善和未来的发展建言献策。

本书成书时间仓促，书中恐有欠妥之处，还望广大同行及读者批评指正！

目 录

第一章　高中数学教学概述 1
　　第一节　数学教学的相关概述 1
　　第二节　高中数学教学的特点、作用及重要性 7
　　第三节　高中数学教学现状及改进对策 13

第二章　高中数学教学方法 18
　　第一节　高中数学教学方法的选择依据 18
　　第二节　常用的高中数学教学方法 20

第三章　新课程下的高中数学教学创新 37
　　第一节　构建高效的高中数学课堂 37
　　第二节　有效整合信息技术与数学教学 51
　　第三节　基于核心素养的高中数学教学创新 53

第四章　教学中以学生为主体的实践探索 62
　　第一节　学生主体性的内涵与理论基础 62
　　第二节　教学中学生主体参与意识的培养 73
　　第三节　教学中促进学生主体性发挥的策略 89
　　第四节　教学中学生主体参与的实践探究 97

第五章　在教学中创设教学情境启发学生思考 106

 第一节　创设数学教学情境启发学生思考 106
 第二节　创设数学问题情境启发学生思考 120
 第三节　创设数学生活情境启发学生思考 137

第六章　开展合作交流的教学实践探索 148

 第一节　合作学习的理论概述 148
 第二节　合作学习的策略探究 162
 第三节　合作学习教学过程设计与案例分析 173

第七章　核心素养下的教学实践探索 183

 第一节　培养数学抽象素养与能力 183
 第二节　培养逻辑推理素养与能力 192
 第三节　培养数学建模素养与能力 197
 第四节　培养直观想象素养与能力 205
 第五节　培养数学运算素养与能力 212
 第六节　培养数据分析素养与能力 222

第八章　改进教学评价，创建多元化课堂 230

 第一节　数学课堂学习多元化评价 230
 第二节　数学课堂教学多元化评价 237
 第三节　数学试卷多元化讲评 240

参考文献 250

后记 252

第一章　高中数学教学概述

第一节　数学教学的相关概述

一、教学概述

（一）教学的概念

关于"教学"的概念，人们存在多种看法。一些人认为它仅指传授知识和技能；有人将其简单定义为上课；还有人将其视为智育的一部分。

这些观点表面上看似有道理，但深入分析后会发现它们都未能充分揭示教学的科学内涵。

从第一种观点来看，传授知识和技能确实是教学的任务之一，但并非唯一任务。教学涉及教师的"教"和学生的"学"，传授知识和技能只涵盖了"教"方面的活动，而未涵盖"学"的活动。第二种观点仅从教学的组织形式出发来定义教学，这是不完整的，因为教学的组织形式除了课堂教学外，还包括其他形式，所以不能简单地等同于上课。第三种观点也不尽准确，"教学"和"智育"是既有区别又有联系的两个概念。教学是学校实现教育目标的主要手段，属于学校教育活动的范畴，与学校其他工作如思想政治工作、体育卫生工作、后勤管理工作并列。智育则是社会主义全面发展教育的组成部分，属于教育内容的范畴，与德育、体育、美育、劳动技术教育等同等重要。教学不仅仅承担智育的使命，还要履行其他教育职责，作为全面发展教育的具体实施方式之一。智育并不仅仅依赖于教学，还包括其他方式，如课外教育活动和社会实践等。因此，智育和教学并非完全等同，它们存在一定的重叠但不完全一致。

教学的科学含义应该是：教师引导学生积极主动地学习科学文化知识和技能，培养其智力和体力，发展其能力，塑造其优良的思想品德和审美情趣。这是学校教育活动的核心。教学不仅仅是教师传授知识，而是一种统一的教与学的活动，旨在让学生掌握知识和技能，实现身心全面发展。

教学和教育是两个相关但不同的概念，教学是教育的一部分，是学校实施教育的主要方式之一。

（二）教学的特点

教学是学校全面发展教育的主要手段，涵盖了教师教授和学生学习两个关键方面，其特点可总结为以下内容：

首先，教学的根本目标是培养全面发展的个体。它通过传授系统化的知识和技能来促进学生的身心发展。

其次，教学包含了教与学两个方面的活动，需要教师和学生的共同努力。在这个过程中，教师的指导和学生的学习相互作用，教师的指导要服务于学生的学习，学生的学习是在教师的指导下进行的。

再次，教学具有多种形式。它不仅体现在课堂内，还包括课外活动、班级互动、小组协作以及个别化教育等多个层面。教师和学生的共同参与涵盖了课前准备、上课、作业练习、辅导和评估等各个环节。

最后，学生的认知活动是教学过程中的关键组成部分。教学旨在激发学生的思考、理解和知识建构能力，使他们能更好地理解和应用所学知识。

（三）教学的意义

教学是贯彻教育方针、实施全面发展教育，达成教育目标的主要手段。教学的具体意义如下：

首先，教学是传授系统知识、促进学生发展的最有效方式，它有助于社会经验的再生产并促进社会的进步。通过教学，社会的智慧和经验得以传承，有助于培养有用的人才，推动社会的不断发展。

其次，教学是实现全面发展教育、达成培养目标的核心途径，为个体提供了科学的基础和实践机会，是促使学生全面成长的重要环节。通过教学，学生可以获取各种知识和技能，培养个性，实现全面发展。

最后，教学是学校教育的核心工作，学校教育必须坚持"教学为主，全面安排"的原则，确保教学的主导地位。教学是学校最重要的职责，学校通过它来为学生提供必要的教育资源和指导。

二、数学教学概述

（一）数学教学的概念

从语义上来看，数学教学可以理解为对数学活动的教育引导和指导。在这一过程中，教师的任务是帮助学生掌握一定的数学知识和技能，让他们习得数学的具体应用方法，通过参与数学活动的过程来感受数学的思维方式，培养良好的思维能力，激发积极的情感体验，以及塑造良好的思想品质。

随着对数学教学认识的不断发展和深化，我们发现一些观点更加符合数学教学的规律。这些观点包括强调师生双方积极参与，强调师生在数学教学中的共同成长，认识到数学教学不仅仅是知识传授，还应该提高学生对数学及其价值的认知，关注情感因素在数学教学中的作用，以及全面认识教师在数学教学中的角色。

苏联数学教育家斯托利亚尔将数学教学定义为数学思维活动的教学。他认为，数学教学既可以理解为思维活动的结果，也可以理解为思维活动的过程。现代教育理论越来越强调教学过程，特别是思维过程的重要性，这是出于培养学生能力的需要。然而，由于教材编写的篇幅有限，更多的篇幅用于展示数学结论，而较少涉及数学结论中隐含的思维方法和思维过程。

为了让学生更好地理解和掌握数学的思维方法，教师应该精心设计课堂教学过程，展示数学思维的过程。这有助于学生了解数学思维方法的产生、应用和发展过程，理解这些方法的特点、应用条件以及掌握它们的实质。

（二）数学教学的特点

1. 长于由"旧知"引出"新知"

（1）由"旧知"引出"新知"是我国数学教学的主要方法

在我国的数学课堂教学中，绝大多数新知识是由旧知识引出的，这基本符合人的认识规律，也与现代认知主义理论、建构主义思想一致。课堂教学多以复习提问的形式开始，教师设计一系列问题，在学生对与新知识相关的已知内容的"温故"中，让新知识的内容逐渐露出端倪，自然而然地"流淌"出来。由"旧知"引出"新知"可能产生以下两种教学形态：一种形态是使学生由旧知中产生困惑或新的情境，产生认识新知、发现新知、获取新知的欲望和行动，从而经历知识发生、发展的过程。这无疑是应该追求的理想的教学形态。另一种形态是淡化从旧知识到新知识的发生、发展过程，甚至会直接把新知识告诉学生，只要所谓"会用"就行了。这很容易造成学生被动地接受知识，成为事实上的灌输知识的容器，这当然是应该竭力避免的教学形态。

（2）需要适当加强由"实际问题"引入"新知"的方法

西方数学教育注重将数学新知识与现实生活及其他学科建立联系，这一特点在教材编写和教学实践中得到了体现。他们致力于让数学内容与多门学科以及社会活动相互关联，包括科学、艺术、地理、气象、健康、消费和生活常识等。这种以实际问题为切入点引入新知识的方法，本质上也是通过已知引出未知，但不限于已有的数学知识，还包括了生活经验、实践经验以及元认知感悟等。

因此，新知的引出既来自数学知识的内部，又受到与数学相关的外部因素的影响。这种方法大大拓宽了"以旧引新"的概念，扩展了新知与已有知识和经验之间的联系范围，更容易建立新旧知识之间的关联。因此，我国的数学教育可以考虑加强在把实际问题引出新知识方面的实践，以促进对学生数学应用能力的培养。这种方法有助于使数学更加有趣和有用，提高学生的学习积极性和成就感。

2.注重对新知识内部的深入理解

（1）新知识建立后，还要对新知识做进一步的辨析和深层次理解

在新知识建立起来以后，往往还要对其进行深入辨析，以达到对新知识的深层次理解。可以采用以下方法：对新概念或新命题中关键性语句进行分析，特别突出强调对关键词的理解；利用变式教学（辨析题、变式题）深入认识新知识的本质属性，概括出新知识的要义或注意点，梳理新旧知识间的联系，在辨析中加强理解。

（2）对新知识与现实生活的联系需要引起足够的重视

从对知识与内在意义的联系中获得的认识，在认识水平上很可能低于从数学与现实联系中获得的认识。新知识与实际问题的联系，具有与实际情境密切相关的真实性、多变性、广泛性、复杂性等特点，这对提高认识能力有非常积极的意义。以欧美为代表的西方数学教育，更加重视解决与生活相联系的数学问题的能力，强调对数学价值和作用的理解。因此西方的数学教材中往往提供富有挑战性的设计题作业，这些作业题是在联系现实生活实际问题的基础上设计的，难度不高，强调的是对学生综合能力的培养。

3.重视解题和关注方法、技巧

（1）重视解题是我国数学教学的重要特点

我国的数学教学十分重视解题。解题必须以概念和定理为依据，因而是对概念、定理的再学习。强调解题有利于对解题基本方法的熟练掌握，有利于夯实基础。我国还非常重视对解题思路的探求，注重一题多解、一法多用，这对学生思维的培养也有一定的积极意义。

（2）需要重视源于数学外部非常规题的问题解决

西方的数学教育强调数学与生活、数学与其他学科的联系，数学教材中介绍了许多数学在实际生活中的应用，向学生展示了数学如何在多种学科中发挥

作用。教学设计也鼓励学生主动参与社会，亲自收集信息，筛选、分析并归纳总结结论，从而培养学生的研究精神和掌握一般科学方法——即大观念和大方法。相比之下，解常规题则更注重具体操作和具体技巧。

在注重小方法的同时，重视发展大方法，逐步实现向育人的大目标转变，是非常必要的。这样的教学方法不仅有助于学生掌握实用的数学技能，还培养了他们的综合分析能力和独立解决问题的能力。这也使得数学教育更具有启发性和创造性，让学生在学习数学的过程中能够更深刻地理解其在实际生活中的价值和意义。

4.重视巩固、训练和记忆

（1）及时巩固、强化练习是我国数学教学的重要特点

我国的数学教学每课有练习，每节有习题，每章有复习；课内有练习，课后有作业，单元有小考，学期有大考。基本理念是"趁热打铁，熟能生巧"。这种对基本功训练的重视，从巩固练习的角度看有一定道理，有其必要和正确的一面，但"度"很难把握，很容易走向反面。我国数学教学的现实已经可以证明对"双基"的强化很容易过度，如果不注意发展和创新，就会出现"基础过剩"的现象。

（2）我国数学教学强调记忆方法

常用的记忆方法有：口诀记忆、图表记忆、对比记忆、联想记忆等。这些记忆的方法很多属于意义记忆的范畴，是学生牢固掌握知识的有力措施和有效方法，但是难在适度。过分强调记忆，即使是强调意义记忆，也很容易会异化为机械记忆，还会加重学生的学习负担。

（三）数学教学的意义

数学教学的意义在于体现教学的过程性和创造性。教师扮演知识传播者的角色，学生则是接受者，二者相辅相成。教师以丰富的学识和教学经验引导学生理解知识，学生则通过理解给予教师反馈。

数学教学是师生共同成长的过程，需要双方共同努力。教师在教学中应努

力促进学生的发展，因材施教，提升学生成绩。而学生则应对所学知识进行理解和反馈。同时，教师也要不断改进自己的教学方法，实现与学生的共同成长，这才是数学教学的真正意义。

第二节 高中数学教学的特点、作用及重要性

一、高中数学教学的特点

（一）高中数学教学的抽象性

数学抽象是指，通过对数量关系与空间形式的抽象，得到数学研究对象的素养。主要包括：从数量与数量关系、图形与图形关系中抽象出数学概念及概念之间的关系，从事物的具体背景中抽象出一般规律和结构，并用数学语言予以表征。

数学学科的高度抽象性决定了数学教育应该将培养学生的抽象思维能力作为目标。从具体事物中提取数量关系和空间形式，将实际问题科学抽象为数学问题的过程，可以培养学生的抽象思维能力，有助于他们更好地理解和应用数学，将数学知识转化为解决复杂问题的能力。

（二）高中数学教学的严密性

严密性是高中数学的重要特点之一，同时也是教学活动的重要要求。观察和实验不能作为数学论证的依据，唯有通过严密的逻辑推理才能建立数学结论。在数学教学中，需要严格控制教学语言的使用，尤其是对定理和论证的表述，

要保持严谨性。教师的小错误可能会对教学效果产生重大影响，改变学生对数学的认知，而这种认知变化难以迅速纠正。

高中数学的严密性不仅仅是数学教学的要求，还贯穿整个数学学科的推导过程。这需要教师在课堂教学中引导学生理解数学结论，并使他们对整个推导过程有清晰的认识，包括了解如何证明数学结论。因此，教师需要注重培养学生的学习能力，帮助他们养成良好的数学学习习惯。同时，在课堂教学内容的选择上，教师还应该有效地引导学生理解结论的推导过程，以帮助他们更好地掌握数学学科知识。

（三）高中数学应用的广泛性

数学模型的应用对数学学科来说是非常重要的，任课教师需要重视对这种问题的讲解，通过对不同问题提供不同的分析理念来培养学生的实践动手能力。应该看到，数学在实际应用过程中并不仅仅是一种工具、一种语言，更是一种非常好、非常严密的思维方式。教师在引导学生学习的过程中，必须重视这一方面。

1.数学应用具有普适性

在我们所处的世界中，数量关系和空间关系无处不在。从理论角度来看，在整个宇宙中，两者的联系是不可分割的。宇宙的探索、微观粒子、火箭速度、化学工艺、生物奥秘、日常琐事，都离不开数学的运用。可见，在日常生活、工作、生产和科学研究中，数量关系和空间形式问题普遍存在，数学应用具有普适性。

面对现实生活中的问题，教师应该有针对性地进行重点分析。培养学生的自主探究能力，可以为社会的发展提供所需的人才支持。这样的教学方法不仅可以让学生更好地理解和应用数学，也可以为他们将来在各个领域发挥作用打下坚实的基础。

2.数学教学应培养学生应用数学的意识和能力

在高中数学教学中，重要的是让学生初步了解数学在某些领域中的应用，认识到数学学习的价值，从而引起他们对数学学习的重视。高中阶段的数学学习目的是为学习高等数学打基础，应该让学生拥有更广泛的数学视野。我们不应该以数学在实际中是否直接有用作为决定教学内容的标准，也不应该要求学生在数学知识学得并不多的情况下就开始考虑应用问题。

3.数学具有广泛应用性

数学在社会各个领域都有广泛应用。然而，高中阶段的数学教学的主要目标并不是培养学生成为数学家，而是提高他们对数学基本方法的应用能力。因此，在设计数学课程时，需要重视数学应用的广泛性，重点培养学生的数学思维能力，并引导他们运用数学思维解决生活中的实际问题。

当然，目前的数学教育仍然需要注重培养学生的基本数学能力。只有建立坚实的数学基础，学生才能够在将来应对各种实际数学问题。因此，数学教育应该平衡基础知识的传授和数学思维能力的培养所占的比重。尤其是理工科学生，他们更需要扎实的数学基础，这将有助于他们更好地理解和应用高级数学概念。

二、高中数学教学的作用

（一）为学生的进一步发展提供数学经验

高中数学教学旨在进一步提高学生的文化科学素质，而非全民教育。尽管如此，它仍属于基础教育的范畴，具有基础性的特征。

首先，通过高中数学学习，学生可以提升数学素养，以更好地适应现代生活的需要。其次，高中数学教学有助于改善学生的数学思维和价值观。数学是一种锻炼思维的工具。通过学习高中数学课程，学生能够建立和掌握关于空间、函数、极限、算法等重要的数学思想和方法；在形象思维、直觉思维、逻辑思维等方面也能得到更大程度的提升，从而更有利于学生以数学的方式认识问题、分析问题和解决问题。在高中数学教育过程中，通过解决更具挑战性和情境丰富的数学问题，学生能够提高辩证唯物主义认知能力，培养实事求是、严谨认真、团结合作以及质疑创新等优良品质。此外，高中数学教育也有助于学生提升沟通技巧。高中数学课程扩充了学生的数学语汇，包括集合、算法、基础函数、三角函数、概率统计及图像等关键术语，更有利于培养学生终身运用数学思维解决实际问题的能力。最后，高中数学在高中其他学科，甚至大学课程中都扮演着不可或缺的角色。因此，高中数学教育是对学生全面发展产生积极影响的教育环节。

（二）高中数学教学对学生思维能力的培养

长期以来，高中数学教育受应试教育的影响，过于注重知识传授，单纯将数学思维能力等同于解题能力，导致绝大多数学生在数学思维方面存在不足。虽然他们可以理解课堂上教授的知识点，但在实际解决数学问题及相关现实问题时，难以运用数学思维从容应对。高中数学教育期间应该是促进学生逻辑思维和抽象思维大发展的时期，也是学生智力成长的重要时期。

高中数学教学的核心任务在于培养学生的思维能力，使他们能够在教师的引导下学习数学思维，发展数学思维和智力。学生的思维过程直接影响他们是否能够成功解答数学问题，因此不同的思维方法和过程会导致产生不同的问题解答方式，甚至可能出现无法解答的情况。高中数学教师应有意识地培养学生的创新思维能力，这对提高学生的数学学习效果至关重要。此外，如果学生不断锻炼创新思维能力，他们将养成以创新思维方式处理问题的习惯，对于进一步深入学习和应用更高级别的知识也具有积极的促进作用。

（三）高中数学教学的育人作用

在高中这一关键时期，数学课往往受到高度重视，专业知识的教授被视为首要任务。但是，在强调专业知识的同时，也不可忽视德育教育的重要性，因为德育教育同样是素质教育的关键目标。教师的职责不仅在于传授专业知识，还在于通过对专业知识的教学间接揭示现实世界，反映人类文明，这本身就是一种教育。

数学教师需要在教学中注重培养学生的道德素养,这既需要专业技能,也需要教育艺术。数学教育不仅仅是知识的灌输,还应该关注情感的培养。数学课程通常抽象且枯燥,要想使课堂变得生动有趣,教师应该将道德教育融入教学中。这可以通过发展情感资源来实现,例如将抽象问题形象化,进行类比联想,使用适当的比喻,等等。这些教学策略可以传达人生哲理,体现数学文化和数学人文精神,从而激发学生的兴趣。研究表明,学生喜欢这样的数学课程,并且更容易与这样的教师建立亲近关系,相信他们的教育理念。因此,数学教育不仅仅要完成教学任务,还要注重师生之间的和谐互动。

三、加强高中数学教学的重要性

(一)加强高中数学教学是时代的要求

我们处在一个科学技术迅猛发展的时代。这个时代信息的数字化和信息的数字处理已经成为几乎所有高科技项目共同的核心技术。从事先设计、制订方案,到试验探索、不断改进,再到指挥控制、具体操作,处处依赖数学技术。因此,加强高中数学教学势在必行。

(二)加强高中数学教学是数学学科自身特点的要求

1.高度的抽象性

数学作为一门学科,尽管其内容紧密联系着现实,但它只从数量关系、空间形态和一般结构等方面来反映客观现实,摒弃了与此无关的其他性质,呈现出高度的抽象性。数学学科自身依托抽象概念进行建构并持续发展,其符号化和形式化程度远超其他学科,为人们学习和交流数学、发现和探索新数学问题提供了极大的便利。尽管抽象性并非数学所独有,但就其形式而言,数学的抽象性表现为多层次、符号化和形式化,这正是数学抽象性与其他学科抽象性的显著区别所在。因此，培养学生的抽象思维能力显得至关重要。

2.严谨的逻辑性

数学的研究对象是一种形式化的思维材料。与物理等学科不同的是，数学的结论通常不能通过反复实验证实，而主要依赖严密的逻辑推理来证明。一旦通过推理得出结论，那么这个结论就是正确的。数学中的公理化方法本质上是逻辑方法在数学领域的直接应用。在数学公理系统中，所有命题之间都有着严谨的逻辑联系。

数学未经过定义直接以原始概念为出发点，通过逻辑定义逐步建立了其他派生概念。同时，以不经证明直接采用的公理为前提，借助逻辑演绎逐步推导出更多的结论，也就是定理。随后，将所有概念和定理组织成一个内在逻辑存在联系的整体，构成了公理系统。

解决一个数学问题既需要符合数学规律，也需要合乎逻辑。解题过程必须经过周密规划，言之有据，进行严格的逻辑推理和论证。因此，培养学生的分析、综合、概括、推理、论证等逻辑思维能力也是高中数学课程的重要目标。

3.应用的广泛性

人们在日常生活、生产劳动和科学研究中都需要运用数学知识，这是众所周知的事实。随着现代科技的不断发展，数学已经变成一种不可或缺的重要工具。无论研究哪个学科，最终都需要将定性研究转化为定量研究，以揭示其本质。而数学正好能够解决各个学科在数量方面的问题，因此每门学科的定量研究都不可避免地依赖数学。如今，数学更多地渗透到其他学科中，对它们的发展产生深远影响。事实上，某一学科引入数学则视为该学科开始变得更加成熟。

在高中教育中，数学被视为重要的基础课程之一。精通数学不仅有助于理解物理、化学等其他学科，还为进一步学习和参与社会生产劳动提供了有力的支持。因此，在规划高中数学课程的目标时，必须充分考虑数学在广泛应用中的重要性。

4.内涵的辩证性

数学包含辩证唯物主义思想，揭示了唯物辩证法的多项基本规律。数学内容充满着相互关联、动态变化、对立融合、量变引发质变等辩证法的基本规则。例如，正数与负数、常数与变量、必然性与随机性、近似与精确、有限与无限等。它们彼此依存，一方缺失将导致另一方不存在，并且在特定条件下可以相互转化。数学方法本身也体现了辩证性，例如，数学中的极限方法旨在研究和解决数学领域中的"直与曲""有限与无限""均匀与非均匀"等矛盾问题，这决定了极限方法的辩证特性。数学的发展历程同样充满了辩证性，三次数学危机的涌现和解决过程为我们带来了深刻启示。在高中数学教育中，充分揭示数学中蕴含的众多辩证法内容，有助于向学生灌输辩证唯物主义思想，使他们形成正确的数学观，这是一个有益的教育实践。

第三节　高中数学教学现状及改进对策

一、高中数学教学现状

（一）教学手段落后，不能激发学生的兴趣

在高中数学教学领域，部分教师的教育观念显得过时，他们采用的授课方式单调乏味，难以激发学生的兴趣，导致学生在数学学习的过程中感到枯燥乏味，甚至出现逃课的情况。这种状况导致高中数学课堂的教育效果不尽如人意，难以实现高效的数学教育，也不能促进高中生的全面成长。此外，还有一些数学教师对于新的教育改革理念理解不够深刻，片面认为只要使用多媒体教材或者让学生在课堂上小组学习，就足以贯彻新的教育改革理念。然而，这种看法是错误的，并没有真正使学生全身心投入数学学习。

（二）学生没有掌握学习技巧，学习效率低

许多高中生对数学存在一定误解，他们错误地认为通过死记硬背和题海战术就能提高自己的成绩。然而，事实往往恰恰相反。这些学生由于没有掌握正确的学习策略和解题技巧，导致数学成绩提升困难，学习效率偏低。还有一些高中生总是在考试前临时抱佛脚，试图通过"突击"取得理想的成绩，但通常结果并不如意。高中数学具有系统性和抽象性的特点，只有真正掌握了学习技巧，才能够在实际应用中灵活运用数学知识，实现举一反三的目标。高中生面临着高考的巨大压力，许多学生往往没有合理分配学习时间，一味减少学习数学的时间，这不利于提高他们的数学水平。另外，一些学生在面对数学学习中的困难时容易退缩，缺乏坚持不懈的精神。

（三）过分注重成绩，忽视高中生的主体性

一些高中数学教师受传统的应试教育观念影响，过于关注学生的数学成绩。他们往往忽视学生的主体性，将自我置于数学课堂的中心，不充分尊重学生的观点，导致学生处于被动学习状态，无法积极主动地参与课堂。一些高中数学教师在课堂上常常发号施令，按照自己设定的教学计划要求学生学习，而忽视了学生的创新潜力和学习灵感，使他们在数学课堂上成为被束缚的学习者。此外，一些家长也认为取得好成绩才是最重要的，这被视为评价数学教师教学水平的标准，因此一些数学教师会竭尽全力来迎合家长的期望，希望赢得他们的支持。

（四）初高中教材衔接存在问题，学生缺乏良好的学习方法

学生都是从初中升入高中的，而初中三年的数学教学使学生在某种程度上形成了固定的思维模式，使他们在考虑某些问题时存在单一、片面的思维。初中教材对不少数学定理没有严格论证，或仅用公理形式给出而回避证明，初

教材直观性强，对每一个概念都配备了足够的例题和习题。

而高中教材则在开始阶段就引入集合、映射等近现代数学知识，接着深入研究函数，其中包括抽象函数，强调逻辑思维和深入分析。与初中阶段相比，学生在这个阶段可能会感到有难度。特别是新教材，相对于修改前版本，内容增加了，课时压缩了，这无形中增加了学生的学习负担。

尽管我国普及九年义务教育很多年了，初中阶段的课程改革也进行了一段时间，但传统的中考升学标准仍然发挥着影响，初中数学教学大部分仍然以教师为主体，采用传统的"填鸭式"教学方法。这导致学生缺乏学习的主动性，过分依赖教师，习惯性地跟随教师的安排，缺乏合理的学习计划，反而增加了学生的学业负担。

在高中数学教学中，老师相对减少了课堂作业，给予学生更多自主时间来巩固当天所学，完成相关知识的练习，要求学生根据自己的实际情况自由调整补充学习和练习内容。然而，受到初中阶段学习习惯的影响，很多学生的自学能力较差，缺乏学习的主动性和主见，仍然依赖于教师的指导，像初中阶段那样只完成教师布置的家庭作业，这与高中数学学习的要求相差甚远，导致教学效果很难达到素质教育的标准。

二、改善高中数学教学现状的对策

目前，高中数学仍然是将普通高中作为基础教育的高级阶段，强调以学生的全面发展为核心，注重打好基础，着眼于个体的成长，旨在确保所有学生获得必要的数学知识。随着社会的不断发展和对教育规律认识的加深，发展以人为本、促进学生全面发展的素质教育已成为时代的主题。

（一）营造和谐的教学环境，培养学生的自主学习能力

教学是"教"与"学"互动的知识传递过程，在教学过程当中，教师应努力营造和谐的教学环境，采取灵活多样的教学方法和学习指导策略，设计的教学内容尽量做到富有趣味性、启迪性和开放性，要遵循循序渐进、量力而行的

原则，对不同层次的学生以层层递进的方式提出不同的要求，做到心中有数、因材施教，有效调动各层次学生主动参与教学活动的积极性，激发学生的学习热情，使其学习的内部动机逐步升华为学习的行动。

在教学过程中，教师应当善于抓住适当的时机，引导学生积极参与观察、猜想、验证和推理，鼓励他们与同学讨论和交流。应该鼓励学生充分表达观点、提出问题、主动探索问题的解决途径，促进其创新思维的发展。教师应该具备教学的灵活性，能够灵活应对课堂上出现的各种情况，以确保教学顺利进行。

此外，在教学中，激发学生的学习潜力和提高他们的自我成就感也是非常重要的。特别是对于学习较慢的学生，教师应该采取激励的导向方法，鼓励他们相信自己的能力，培养积极的学习态度，从而激发他们的学习激情。这种方式可以实现最佳的教学效果，帮助学生充分发挥潜力、取得更好的成绩。

教师在数学教育中的任务之一是培养学生的自主学习能力，这也是素质教育的一个重要目标。在数学教学中，为了促进学生的自主学习和积极主动性，应该创造多样化的学习情境，鼓励学生敢于实践和勇敢探索。

在教学中，教师可以挖掘教材中的元素，设计课堂和课外活动，以营造积极主动和自主思考的学习环境。这可以通过鼓励学生互动、讨论和共同学习来实现。同时，教师还应该培养学生的团队合作能力、竞争意识和良好的集体主义精神，以便他们在协作中共同吸收数学知识。

（二）转换教学中教师扮演的角色

在教学中，教师首先要转变角色，确认自己新的身份。教师应成为学生学习活动的引导者，要记住自己的职责是教育所有的学生，要坚信每个学生都有学习的潜能，都是能学好知识的学生。引导要含而不露、指而不明、开而不达、引而不发。引导的内容不仅包括知识和解决问题的方法，还应教会学生怎样思考、怎样做人。在教学实践中，尽量展示数学问题思维的全过程，鼓励学生敢于质疑，有自己的思考与创新。

教师的角色应该是学生学习活动的组织者。教师应该注重每一个学生的个体发展，引导学生激发内在的主动性，鼓励他们自由表达观点，提出见解，为学生提供合作交流的时机和空间,这被视为最宝贵的学习资源。在教学中,教师不能局限于传授知识,而应该通过提出一系列问题来组织教学,同时,教师还必须给予学生足够的自主学习时间。此外,教师还应该成为学生学习活动的良好伙伴。教学实际上是一个师生相互交流、共同探讨的双向活动,是一个师生共同成长的过程。教师应该抛弃单方面管教的理念,以合作的态度与学生互动,建立平等的师生关系,营造互信、民主、融洽的氛围,引导学生在思考中不知不觉地积累知识,丰富经验,真正实现互相促进、共同进步的目的。

(三)多听常态的数学公开课,科学有效地布置作业

现在的公开课尤其是面向范围比较广的公开课几乎都是集体打造的,反映的是集体备课的水平,并非上课老师个人的业务水平,以及在课堂教学设计等方面的能力。数学教研组、备课组内部的公开课要常态化,不要搞花架子,每次活动尽可能同时听两位同事同一个课题不同设计的课,但是这需要大家投入一定的时间。

教师要科学有效地组织、布置作业(练习)。长期以来,教学都很重视课堂教学设计,而数学课外作业的布置与处理往往不受重视。不要说平时的课堂,就是有的公开课到结束时也常常只有小结,而忽视作业的布置(当然,作业是有的)。如果没有课外作业辅助,教师的教学往往是不算成功的,因此,深入研究课外作业的形式,对于一名教师来说很重要。启发学生勤学多思,可以训练学生的数学思维,培养学生的数学素养。教师应努力使学生由会解、会做,到会说、会讲,再到会改、会编,逐步成为学习的主人。

在新课程理念下的高中数学教学中,想要提高学生在课堂 45 分钟的学习效率、提高教学质量,教师就应该多思考、多准备,要积极处理好与学生的关系。积极调动学生的积极性,本着对学生负责的态度和细心严谨的工作作风,务本求实地工作,这样才会使学生的学习更上一个新台阶。

第二章 高中数学教学方法

第一节 高中数学教学方法的选择依据

近年来，国内外很多教育专家和同行在深入研究传统教学方法和当今数学实际的基础上，推出了很多教学方法，诸如："教""学"结合法、协同教学法、暗示教学法、座谈法、类比法、讲授法、目标控制教学法等。在这些教学方法面前，高中教师该如何合理地选用从而进行有效的教学，就成为我们必须认真探讨的问题。教学方法的选择依据如下。

一、依据学生的年龄特征选择教学方法

高中生年龄通常在 16~19 岁，此时他们身体的各个器官基本完成发育，脑功能也接近成年水平。他们的学习潜力增强，注意力较为集中，自我控制能力提高，能够较好地将逻辑思维与直观形象相结合，逻辑思维也初步形成。因此，在教学时，应该采用能够激发学生积极思维的方法，如自主学习和启发式教学等。

然而，值得注意的是，过于依赖单一教学方法可能导致学生产生学习的倦怠感。此外，如果课堂氛围单调乏味，缺乏活力，将不利于提高教学效果和学生个性的发展。因此，教学方法应多样化，以吸引学生的注意力并激发他们对

学习的浓厚兴趣。

二、依据教材内容选择教学方法

不同的矛盾必须用不同的方法去解决。每节课、每章教材内容不同，选用的教学方法也不可千篇一律，而应该根据教学的具体内容作相应的调整。例如，高二对等差数列和等比数列这两个重要概念的教学，由于它们几乎没有多少道理可讲，因此，这样的课采用"直接讲授法"，学生对概念形成的印象比较深刻且容易记忆，采用其他方法反而不太合适。

教材中能够运用教具的地方要充分利用，这样既可加强教学的直观性，也可以激发学生的思维，同时，有利于提高学生的注意力。

教材中有的例题课可采用"演示法""启发法"和"讲练结合法"；有的概念、公式或定理课可采用"自学法"；有的习题课可采用"提问法"或"剖析发现法"，引导学生逐步探索或剖析发现解决问题的方法，从而达到解决问题的目的；复习课可采用"自学法"或"归纳法"，这样利于学生了解教材内容的系统性和知识的框架结构，同时，培养学生的归纳综合能力等。

三、依据学生基础选择教学方法

由于教学是师生的共同活动，因此，教学方法的选择直接影响着教学效果的好坏，选择最优的教学方法就尤为重要。而教学方法是否最佳也是相对于学生的基础而言的，它应根据学生的实际水平而加以综合运用。教师在选择教学方法时，必须十分注意学生的基础，若学生学习基础很差，运用"自学法"或"练习法"是不合适的；而如果学生学习基础较好，采用"直接讲授法"反而会限制学生能力的提高。原则上，在学习基础较差的班级里，要多采用"座谈法""启发法"，这在一定程度上会减轻学生的学习负担，同时减轻或消除学生对学习的厌恶感，有利于激发学生的学习兴趣。在学习基础较好的班级里，可多采用"自学法""暗示教学法""引导发现法"等，这些方法会起到事半功倍的教学效果，同时更有利于学生创造性思维能力的提高。

教学中，很多时候都需要把教学内容和学生的实际结合起来，恰当地选择教学方法。例如，当某教材内容与学生已掌握的旧知识内容类似时，可选用"类比教学法"，高中教学中的复数加减法的几何意义就可类比物理学中的矢量关系进行教学。当教学内容与学生已掌握的内容的基本道理或理解步骤大致一样，但又有个别关键性的地方不一样时，可采用"对比教学法"。例如，在高一立体几何中常常用到同义法和反证法进行对比教学，这样学生就更容易理解两种方法的异同点。

"教有常规，但无定法"，教师在选择教学方法时，要充分考虑如何更好地把教师的主导作用和学生的主体作用有机地结合起来并发挥好。同时，各种教学方法虽各有特点和用途，但它们又是互相联系、互相补充、相辅相成的。因此，教师在教学中，应根据教材内容特点和教学任务及学生的知识水平，对教学方法进行精心选择或巧妙搭配，紧紧围绕提高教学质量的总目标，努力做到多种教学方法的最优结合，丰富教学研究成果。

第二节 常用的高中数学教学方法

一、数形结合思想方法

（一）数形结合思想方法的含义

数学的研究对象是现实世界的数量关系（数）和空间形式（形）。"数"体现了数量的关系，而"形"体现了空间的形式，数和形常常相互依存，抽象的数量关系常有直观的几何意义，而直观的图形性质也常用数量关系加以描述，数和形在一定条件下可以互相转化。我们在研究数量关系时，需要借助于图形直观地去研究，而在研究图形时，又需要借助数量关系去探求。数和形是研究数学的两个方向，华罗庚教授对此有精辟概括："数无形，少直观；形无数，难入微。"数形结合可以使数和形统一起来。数形结合是高中数学蕴含的最基本的思想方法，运用数形结合解题就是在解决有关数量的问题时，根据数量画出相应的几何图形，将其转化为几何，即"由数化形"。解决有关几何图形的问题时，根据图形写出相应的代数信息，将其转化为代数问题，即"由形化数"。从而利用数形的辩证统一和各自的优势解题。

数形结合是数学中非常重要的思想和解决问题常用的方法，数形结合根据数学问题的条件和结论之间的内在联系，分析其代数含义的同时，又揭示了其几何直观。数形结合方法在解题的过程中应用十分广泛，它给我们解决问题带来一个全新的思路，由形想数，利用"数"来研究"形"的各种性质，寻求规律，可以从不同的角度培养思维的灵活性，简化解题的思路。用此方法常常可以将所要研究的问题化难为易，化繁为简。

（二）数形结合思想方法应用的原则

1.掌握数形结合思想方法应遵循的原则

（1）量变到质变的原则

数形结合方法的教学需要有计划地引导学生理解这种思维方式。数学思维方法是表层知识背后的本质联系，具有较高的抽象性。为了使学生能够掌握概念，理解其本质，以及发现不同数学概念之间的关系，我们需要确保他们能够准确地掌握基本知识。这将帮助他们建立和应用不同数学结构和运算之间的联系、转化和变换，从而提高他们的思维能力。数形结合没有固定的形式，因为它反映了意识和观念的多样性。最重要的是通过反复练习积累经验，学生可以逐渐提升他们的数学思维能力。只有通过长期积累，他们才能在数形结合方面取得更好的理解和应用。

（2）启发性原则

教师在教学中应当采用渐进的方法，重点是帮助学生理解概念的形成过程。

要有意识地运用启发性原则，以发展性的视角引导学生参与教学，从学生的实际出发，循序渐进，由简单到复杂，由一点到另一点。这样的教学方法旨在培养学生的科学思维，激发他们的探索精神，以及使他们掌握自主学习的方法。在数形结合方法中，启发性原则的关键在于鼓励学生提出问题和思考问题，正如孔子在两千多年前所说的："不愤不启，不悱不发。"采用数形结合方法来启发教学，是为了鼓励学生独立思考。这种教学方式有助于培养学生的创造性思维和问题解决能力，使他们能够更好地理解和应用数学概念。

2.运用数形结合思想方法解决问题时应遵循的基本原则

（1）等价性原则

等价性原则指"形"的几何性质与"数"的代数性质的转换过程应该是等价的，即对所述问题的图像表示与数反映的数量关系应具有一致性。用图形解题是有一定的局限性的，在构图时经常出现误差，若所画出的图不准确就会造成解题失误。

（2）双向性原则

双向性原则是指既进行代数的抽象探索，又对几何图形进行直观分析，代数关系的表示及运算比直观的几何图形结构更具优越性，避免了几何构图的许多局限性，反过来图形表示又更直观，这就体现了"形"与"数"的和谐之处。

（3）简洁性原则

简洁性原则是指数形转换时尽可能使构图简单合理，既使几何作图完整直观，又使代数计算简洁明了，避免复杂烦琐的运算，缩短解题时间，降低难度，从而实现"化难为易，化繁为简"，使之符合数学简洁美的要求，也体现解决问题的艺术性与创新性。

（4）直观性原则

直观性原则是指不仅要充分利用坐标及图形，还要在应用数形结合图形演示或者模拟列表的数学实验时，使抽象的数学概念直观化、具体化和模型化。例如，学习积分时，为学生介绍积分即面积的思想，以及黎曼用分割法求积分的思想，使得学生对积分有直观明了的理解并熟练掌握。

（5）实践创新原则

数学思想方法比数学知识更抽象，不可能照搬、复制，因此实践创新原则就是指教师在教学中要改革传统的教学内容、教学形式，提出符合学生数学认知水平和规律的适度问题，悉心引导学生积极主动地开展探索活动，不断地经历直观感知、观察发现、归纳类比、空间想象、抽象概括、符号表示、运算求解、数据处理、演绎证明、反思与建构等思维过程。这些过程是数学思维能力的具体体现，有助于学生对客观事物中蕴涵的数学模式进行思考和作出判断。学生要亲自提炼数学思想，活用数形结合思想方法。

二、问题导学法

（一）问题导学法的定义

高中数学"问题导学"教学法是指教师在课堂教学中以问题为载体，通过启发、引导学生解决问题，以学生"学习"为根本目的的高中数学教学方法。

高中数学"问题导学"教学法要求教师在组织教学活动时，要精心设置出符合教学目标和学生实际的问题，激发学生积极的思维，并通过课堂教学中教师的有效引导，促使学生将学科知识、技能、方法、思想相互渗透，将学习过程、结果与情感相互整合，促进学生认知的主动发展，培养学生的数学素质，提高学生的数学能力；同时，也促进教师不断提高和完善自身的教学素养。

（二）问题导学法的理论基础

1.基于"问题解决"的基本理论

问题在数学中具有极其重要的地位，它通常指的是需要回答或解决的提问或疑难，是数学研究的核心内容。美国数学家保罗·哈尔莫斯强调了这一点，他认为定理、证明、概念、定义、理论、公式、方法等都不如问题具有数学的核心性质，只有问题才是数学的核心。

德国数学家戴维·希尔伯特在 1900 年的一次演讲中也指出，科学领域的充实和发展需要提出大量的问题。问题的存在促使研究者不断磨炼自己的思维和意志，发展新的方法和观点，将研究进一步扩展到更广泛和自由的领域。因此，解决问题一直是数学研究和教育的核心内容之一。通过解决问题，学者们能够深入理解数学的原理和概念，培养创造性思维和解决实际难题的能力。解决问题不仅是数学研究的驱动力，也是数学教育的关键目标之一，数学教育应培养学生的问题解决能力，帮助他们在数学领域和生活中更好地应对各种挑战。

"问题"与"问题解决"犹如因果关系：有了"问题"，就为"问题解决"提供了一个研究的指向；而"问题解决"的思想方法反过来又为"问题"的合理性、可解性提供了检验的标准。我们既可以"执因寻果"，也可以"执果寻因"，要研究如何设置"问题"，我们可以从"问题解决"的内涵上去思考。

2.基于加德纳的多元智能理论

多元智能理论由加德纳提出，其强调以下几个基本观点：

第一，智能的情境性与社会性。在不同的社会和文化环境下，被人们所认定的智能标准也是不同的，智能的表现形式也各有千秋。某种能力在一种文化背景中被视为有价值，这种能力就该被列为智能。

第二，智能的核心是解决问题的能力，体现在解决特定情境中的问题，特别是解决主体所面临的实际问题的能力上。这是人的生理潜能被问题情境激活所表现出来的效能。

第三，创造不仅体现在解决新问题、创造新产品上，也应体现在创造性地解决问题上，而这种创造应是有价值的，即符合某种特定文化与社会价值标准要求的。

多元智能理论为"问题导学"提供了丰富的理论基础。

首先，多元智能认为智能的确定是依靠问题情境的，只有在具体的解决问题过程中才能知道这个人的智力水平。而"问题导学"大力倡导的就是要通过设立问题情境，引发学生展开积极的思考，为学生提供开发多元潜能解决问题的平台，促进学生多元智能的发展，从而从根本上发展学生的智力。

其次，多元智能的评价具有强调多元多维、发展性与重过程的特点。在测量与评价领域，多元智能理论除了强调从多种角度来辨识个人能力，更主张智能必须经由发现与解决问题的过程来验证，不仅要评价结果，还要评价过程。"问题导学"鼓励学生在思考、解决问题的过程中，充分发挥主观能动性，这与多元智能在教学评价上的理念是相通的，在实践中也是相互依赖的。

最后，多元智能使学生通过自己的智能优势解决问题，最终实现教育教学目标。"问题导学"充分鼓励教师遵循学生认知规律，注重从学生学情出发组织教学，为学生智能的发展提供空间，为具有不同智能类型的学生提供各展其长、获得成功的机会。可以说，努力创造适合每个学生的教育，实现每个学生具有特色的全面发展，是多元智能理论与"问题导学"教学共同的追求。

3.基于奥苏贝尔的意义接受学习理论

美国教育心理学家奥苏贝尔是当代著名的教育心理学家。他认为，学习的最佳方式是意义接受学习。意义接受学习是指符号表达的新观念与学习者认知结构中的有关观念建立实质性的和非人为联系的过程，其前提条件是：①学习材料具有潜在逻辑意义；②学习者认知结构中具有同化新观念的相应知识结构；③学习者具有意义学习的心向。奥苏贝尔主张学校应采用意义接受学习法，把有意义的讲解式教学作为课堂教学的主要形式。他认为，满足以上条件的意义接受学习是一种主动的学习，他坚信学生已有的先备知识在其后继学习中具有重要的作用，同时，教师对学生经验能力的了解，以及给予学生的清楚讲解、引导，是形成有效教学的必要条件，教师只有想方设法让学生了解所学内容的意义并配合学生的能力与经验开展教学，学生才会产生意义接受学习。

高中数学"问题导学"教学法将问题的提出和解决作为教学的基本环节，追求满足教学目标和学生基础的双重要求，致力于激发学生学习的主动性和积极性。对问题的设置，强调要遵循学生的认知基础，组织学生于课堂教学前进行知识铺垫，面对生活、实验情境结合已有认知发现问题，提前进入学习状态。

同时，要以确定的教学目标来组织富有逻辑性的学习材料，以例题的规范解析和变式拓展吸引、调动学生意义学习的兴趣。对于疑难问题，要集中讲解，既要关注学生的主体地位又要发挥教师的主导作用，既要提供精确的分析又要全面展示规范的解答过程，让学生的认知从分化走向协调整合，实现主动的意义接受。"问题导学"的这些教学思想深受奥苏贝尔意义接受学习理论的影响。

4.最近发展区理论

20世纪30年代初，维果茨基扬弃了西方心理学界关于心理发展与教学关系的几种理论，首次引入了"最近发展区"这一概念到心理学研究中。他提出了要确定儿童心理发展的两种水平，即"现有发展水平"和"最近发展区"。

"最近发展区理论"为"问题导学"提供了重要的理论支持。这种教学方法对问题的设置有关键要求，即必须考虑不同层次学生的学习需求，因此需要有针对性地区分和指导。对于表现出较高学习能力的学生，问题可以设计得更深入，同时提供机会让他们可以展示自己并辅导同学，从而促进他们进一步提高。此外，还可以为他们提供问题作为额外的个性任务，以促进其内在成长。对于基础知识相对薄弱的学生，问题设置要侧重于巩固基础知识和基本技能，把握好教学进度，给予他们更多的反应时间，并提供个性化的辅导。这种差异化的教学方法旨在照顾不同学生的需求，既可以满足高水平学生的深入学习，又可以支持基础薄弱学生的提升，从而有效提高课堂教学的效果。

除了上述理论，问题导学法的理论基础还包括建构主义学习理论和启发式教学理论。

（三）问题导学法在高中数学教学中的应用方法及实例

1.创设合理的问题情境

课堂教学应当凸显学生的主体地位，激发他们的学习兴趣和求知欲。设置恰当的问题情境，可以有效地引导学生参与课堂活动。在这样的情境下，教师应营造轻松、愉悦的学习氛围，从而激发学生的潜力，持续培养和提升他们的自主学习能力。因此，为了能够设计出合适的问题情境，教师必须对教材进行深入研读，并了解学生的认知水平和心理特点。

例如，"集合"这个概念较为抽象，如果教师只是单一地进行讲解，学生就不能深刻地理解"集合"，更难以对其进行运用。因此，教师在教"集合"这个概念时，可以创设相应的问题情境，让学生轻松地理解和掌握知识。如以学生的军训活动为例创设问题情境，通过交流、讨论，学生很好地掌握了"集合"的含义；又如，在教"并集"这个概念时，教师可以以军训中参与汇报表演和未参与汇报表演的班级为例创设问题情境，给学生讲解并集的相关概念，让学生快速地掌握相关知识。

2.引导学生自主思考

在高中数学教学中，教师可以运用问题导学法的以下方式：①针对不同的数学问题，采用旁敲侧击的方式来启发学生，让学生对这些问题进行深入的思考；②如果遇到与之前所教知识、题型类似的问题，可以引导学生找到这些问题与知识间的联系，最终找出解题的方法；③要引导学生灵活运用知识解决问题。

例如，在教"椭圆"（人教 A 版高中数学选择性必修一）时，教师首先要为学生营造良好的学习氛围，在师生间建立一个交流沟通的平台。在交流的过程中，教师可以把椭圆公式及函数知识当作师生间讨论的话题，培养学生的自主学习能力，课堂上，教师可以把学生分为不同的小组，并对各小组提出相应的问题，让各小组进行讨论。教师要关注学生的讨论过程，确保每一位学生都能积极参与。讨论时，学生如果遇到不理解的问题，可以记录在本子上，并在小组汇报环节中提出问题，让教师帮助解决。小组汇报结束后，教师要让学生对活动进行总结。

3.给予适当的点拨

问题导学法的关键之一是要有效地将具有一定联系的问题整合在一起。在数学教学中，一些知识内容可能在教材中呈现得零散、无序，缺乏系统性。因此，教师的重要任务之一就是识别知识的难点和重点，并对其进行分析，找出它们之间的内在联系。

例如，"对数函数"（人教A版高中数学必修一）的教学难点是函数的性质与图像，教师要根据图像到定义、定义到性质的步骤，开展有效的研究。对数函数与指数函数是相互影响的，学生若有一项没有学好，那么另一项也会受到影响，想要完全攻破这个教学难点，教师则要给予学生适当的点拨，在学生完全掌握之前所学内容的基础上，再开展新知识的教学。

4.把数学知识与生活实际结合起来

数学是一门比较抽象的学科，但它与我们的生活有着紧密的联系，有句话说得好："数学知识大部分来自生活。"所以，高中数学教师在教学时应利用问题导学，把数学知识与生活实际结合起来，使抽象的数学知识具体化，让学生对数学知识有更深刻的理解，进而能够运用数学知识解决实际生活中的问题。

例如，教师在讲授"指数函数"（人教A版高中数学必修一）时，可以通过提出银行存款利息的问题给学生讲解指数函数的相关概念，教师可以提出这样的问题："妈妈把 y 元存进银行里，银行的年利率是6.5%，那么，三年以后是多少本息？五年以后是多少本息？八年以后是多少本息？n 年以后又是多少本息？"学生得出三年后的本息是 $y(1+6.5\%)^3$；五年后的本息是 $y(1+6.5\%)^5$；八年后的本息是 $y(1+6.5\%)^8$；n 年后的本息是 $y(1+6.5\%)^n$。这种教学方法有助于学生更深入地理解数学，并将其应用于实际生活中。

三、自学辅导教学法

（一）自学辅导教学法的定义

自学辅导教学法是由中国科学院心理研究所与各省、市、地区教育部门合作研究开发的教学方法。它是基于美国心理学家斯金纳的"操作条件反射说"，并结合我国的教育实践而提出的。此外，自学辅导教学法还融入了布鲁纳的"认知发现说"，强调学生学习的自主性和培养学生自主学习的能力。这一方法的核心理念是鼓励学生积极主动地参与学习过程。

（二）自学辅导教学法的原则

1. 班定步调与自定步调相结合的原则

这条原则把"班集体"与"个别化"这一对矛盾体统一起来，克服了以往程序教学的单纯自定步调而使老师无法起到辅导作用的问题。

2. 在教师指导下以学生自学为主的原则

这条原则把教师的"教"与学生的"学"统一起来，彻底克服在传统教学中学生始终处于被动地位的弊病，进一步调动学生的学习主动性和积极性，也就是强调自学。

3. 启、读、练、知、结相结合的原则

"启"就是从旧知识引入新问题，激发学生的求知欲，使他们有阅读课本和解决问题的迫切需要。启发不是讲课，老师不能代替学生阅读，也不能代替学生思考。"读"就是阅读课本。"练"就是做练习。"知"就是当知道结果时，立即反馈。读、练、知三者可以交替进行，读懂课本中的知识就可以去做练习，做完练习就对答案，如此交替地继续进行下去，直至老师小结时停止。"结"就是小结。在小结中，教师必须有的放矢，概括全貌，纠正学生的错误，解决疑难问题，促使做题规范化、知识系统化。

4. 利用现代化手段来加强直观性原则

随着现代科学技术的快速发展，现代化教学辅助手段，如投影、电视、电脑等得到了广泛应用，为教学注入了更多生动和形象的元素，极大地激发了学生的学习兴趣。实践证明，采用现代化教学技术是提高学习效率的必然趋势。

5. 采取变式复习加深理解与巩固的原则

心理学研究表明，学生学过的知识、技能和技巧还是会遗忘的，用机械的方法不断重复不如采取变式复习获得的效果好。

6.强动机、浓兴趣原则

学习动机是直接推动学生进行学习活动的内部动力,学习的自我需要更为重要,需要可以表现为兴趣、意向、信念等多种形式。

7.自检与他检相结合的原则

自我检查能力是自学能力的重要组成部分。在教学中,应该有目的、有意识地培养学生的自检能力和自检习惯。随着学生自检能力的增强,依赖教师检查和自我检查的比例将逐渐发生变化。当学生完全具备自我检查的能力时,他们的自学能力也就基本形成了。

（三）自学辅导教学法的教学模式

经过长期的实验教学,卢仲衡教授总结了"启、读、练、知、结"的教学模式。该教学模式最大的特点是能培养学生的自学能力,调动师生双方的积极性,提高学生的学习兴趣,使学生形成自学信心和自学习惯。

所谓"启"就是每堂课教师的开头语,由教师对全班学生进行启发,就是从旧知识引入新问题,明确本课学习的目的,其功能主要是激发学生学习的动机,使他们有迫切需要阅读课本和解决问题的需求,大约5分钟。

所谓"读"就是让学生根据自学提纲,以粗读、细读、精读的方式阅读、理解和钻研课本,回答自学提纲上的问题。一是为了充分调动学生学习积极性,使学生对新内容产生兴趣并集中注意力,二是为了确定并发现学生学习新内容相关知识水平及存在的问题。一般分为三个阶段:第一阶段是教师领读;第二阶段是提纲导读;第三阶段是独立阅读。

所谓"练"就是学生在练习本上做练习,尽量做到落笔准确。在学生阅读课本回答了自学提纲的问题,教师校正答案、解释重难点之后,使学生将自学到的知识进行运用并检查自学情况,加深对知识的理解和巩固。

所谓"知"就是当时知道结果,校对答案,自我纠正错误。学生的"读、练、知"交替进行，教师应积极巡视课堂，进行个别辅导，不打断大家的思路，占 30 分钟左右。

所谓"结"就是对本节课的总结，可以由学生进行总结，老师或其他学生进行补充；也可以由老师向全体学生进行小结，将本课主要内容概括地向班集体讲授，指出上课时发现的问题，让大家进行讨论，大约 10 分钟。

（四）自学辅导教学法的实例

例 1："集合与常用逻辑用语"（人教 A 版高中数学必修一）一章中"充分条件与必要条件"一节。

首先，让学生阅读自学课本 15 分钟左右；其次，由学生自己总结出这节课的新概念并举例（10 分钟左右）：充分条件、必要条件、充分必要条件（简称为"充要条件"）。因为书上的概念都清楚明确地标示出来了，所以学生总结出这些概念可谓轻而易举，不需要教师再按照书本重复一遍。

通过示例，一方面可以检测学生对概念的理解程度，而非仅仅依赖死记硬背；另一方面可以促进学生的思维拓展，而非仅限于教材上的几个案例。学生的示例多种多样，由学生自行判断对错，这不仅增加了练习概念的机会，还能提高课堂的活跃度。接下来，学生自行学习示例，然后完成教材上相关的练习（约 15 分钟）。教材上的第一个练习要求举例说明什么是充分条件、必要条件和充分必要条件。学生自学示例后，可以分组演示相应的练习题，教师不在此时进行评价，而是让整个班级观察和讨论，然后请发现错误的同学进行修正和解释，之后再次观察和讨论，直到没有错误为止。学生自行评价习题大大激发了学生的积极性，使他们迫不及待地扮演起教师的角色。在这一过程中，还可以有效地检验学生对新知识的自主学习效果。

这样的一节课下来，还余下 5 分钟左右，可以给学生补充一些课外习题去讨论完成。而原先用传统的讲授法完成这节课时，教师讲学生听，学生做完练习教师进行讲评，平平淡淡一堂课下来，没有剩余的时间完成补充习题。

例 2："三角函数"（人教 A 版高中数学必修一）一章中"两角和与差的

正弦公式"一节。

首先，让学生阅读记忆公式（10分钟左右）。因为这节课主要介绍 π/2-α 的诱导公式和两角和与差的正弦公式 sin（α±β），所以要给学生充足的时间来了解公式的推导过程、分析公式特点并想办法记住公式。

其次，由学生板演默写公式，并分析公式特点（5~8分钟）。经过这个阶段的自学培养，学生很容易从"函数名称和角的结合情况、函数名称和角的顺序、运算符号、公式中的量和公式运用方向"这样几个方面来分析公式，这也正是教师所要提醒学生们注意的地方，而学生通过自学得出结论远比老师的灌输更能产生深刻的印象。

再次，自学例题，并进行"一题多解"的讨论（15分钟左右）。书上这一节共有三个例题，例题1是"利用和（差）公式，求75°，15°的正弦值"，在自学完书上的解法之后，可让前后桌自由讨论有无新解法。学生经过自学讨论，得出了关于求 sin15°的三种解法：sin15°＝sin（60°－45°），sin15°＝sin（45°－30°），sin15°＝cos75°。这不仅锻炼了学生动手动脑的能力，也体现了"一题多解，多解归一"的数学思想。例题2是"已知 sinα＝2/3，α∈（π/2，π），cosβ＝-3/4，B（π，3π/2），求 sin（α－β）的值"，阅读自学之后，由一位同学来板演一道相应练习题（其他同学在练习本上完成），请别的同学进行批改，并概括出解题步骤。例题3是化简求值题，比较简单，学生也能考虑出多种解法来解题。这也说明，无论学生的基础如何，都有一定的潜力，他们的自学能力一直以来被惰性所掩盖，一旦发掘出他们的内在潜力，就能产生不错的教学效果。

最后，全班同学分四个小队，每小队派出代表板演相关练习题，展开学习竞赛（10分钟左右）。

四、引导发现法

(一) 引导发现法的定义

上海师院附中采用的引导发现法,借鉴了布鲁纳的"发现说"和维果茨基的"最近发展区理论"。该教学方法强调教师根据教材结构和学生的思维水平,将教学过程转化为一系列发现活动。学生被引导通过思考、讨论等方式来研究问题,总结知识规律,以实现知识获取和能力发展的目标。

(二) 引导发现法的特点

教师在实行引导发现法方面作用巨大。"引导发现法"教学中有三个很重要的动词,即引导、发现和教学。引导指教师的引导作用,包括引导学生提出问题,引导学生实践,引导学生解决问题,引导学生归纳总结等。其实数学概念的内涵和外延是不断变化的。如积分的扩充,简单积分—无穷积分—三重积分等,每次的扩充都要有新的积分知识加入,并在原有的知识的基础上加入新的运算法则,这样才能逐渐完成积分的理论。

因此,教师在指导学生学习的过程中一定要强调在归纳总结时注意以下内容:一是在原有知识的基础上,要有扩充前的合理想象;二是在原有知识的基础上加进新的知识和新的规则;三是扩展后的新规则要适应原有知识内容。教师的引导作用是在教学过程中,教师必须正确地组织学生、指导学生、激发学生、辅导学生,客观地评价学生,以学生为中心,激发学生学习动机,指点疑难问题,让学生真正达到身心结合的程度,真正做到知识与能力、情感与价值观的统一。

"发现"是指学生在学习过程中发现新问题、新知识。这就体现了学生的主体地位,学生必须通过独立思考,在学习和在实践中发现并提出新问题、分析问题、解决问题。通过小组讨论的方式或个人实验研究的方式,解决新问题,并在老师的引导下归纳总结知识。

"教学"毋庸置疑指的是教师的教学,而教师的教学不能只是单纯地传授知识，必须创设情境，引导并启发学生不断探索，以实践为基本出发点，在学生动手动脑的过程中培养学生的思维能力和创新能力，使学生树立正确的人生观、价值观和世界观。

（三）引导发现法的实例

讲解"集合的概念"（人教A版高中数学必修一）时，采用引导发现法，具体步骤如下：

1.设计构思

这节课是学生升入高中后的第一节数学课，内容相对简单易懂。教学的目标是引导学生主动获取知识，以改变他们在初中时被动接受教育的学习习惯。具体来说，课程旨在帮助学生通过示例理解集合的概念，掌握集合中元素与集合的关系以及元素的性质，并使他们能够使用集合语言来描述具体问题。

2.教学程序

（1）创设情境

教师可以给出这样几个概念，让学生思考它们有什么共同特征："我们班的任课老师""我们班的班委""我们班身高高于160 cm的同学""我们班体重超过50 kg的同学"。

（2）发现新知

教师引导学生对上面几个概念进行分析，可以发现，它们都是由一些特定的对象组成的，由此归纳总结出集合的概念：指定的某些对象的全体称为集合，集合中的每个对象称为集合的元素。教师通过举例分析"我们学校的班级"这个集合与"我们班"这个元素的关系，引出集合与元素的"属于""不属于"关系。引导学生回忆已学知识中有关集合的概念，并说明每个集合的元素都是什么。

圆是到定点的距离等于定长的点的集合，这个集合中的元素是点；在学习自然数、整数、有理数、实数时也提到过"集"，这些集合中的元素当然就是数。由此引出问题：数集该怎样表示呢？引导学生通过课本了解常见数集的表示方法，并由此引出问题：一般的集合该怎样表示呢？

教师由此引出列举法与描述法的学习，并注意以下问题：①列举法与描述法的区别与适用范围，②两种表示法里{}的含义是什么。

判断下列描述能否表示一个集合：①整数中所有 2 的倍数，②很大的数的全体，③{1，2，3，1，4}。

教师通过引导学生对上面例题进行分析，使学生发现集合中元素的两大性质——确定性与互异性，并接着提问"{1，2，3}与{3，2，1}是同一集合吗？"由此又引出集合中元素的互异性。

（3）典例分析

表示下列集合：①大于 3 小于 10 的所有整数；②方程 $x-4=0$ 的解集；③所有偶数。

教师通过指导学生对例题进行解答加深学生对本节内容的理解，练习集合的表示法与表示法的选择，在此基础上提出如下问题：上面三个集合中元素个数是多少？通过对此问题的分析、总结，得出集合的分类：空集、无限集和有限集。

（4）拓展练习

①用适当方法表示下列集合：

Ⅰ.小于 20 的所有素数。

Ⅱ.方程 $x^2-16=0$ 的解集。

Ⅲ.大于 3 小于 9 的所有实数。

Ⅳ.所有奇数组成的集合。

②下列集合是空集的是（　　）

A.{0}　　　　　　　　　　B.{$x|x>8$，且 $x<5$}

C.{$x\in N$，$x^2-1=0$}　　　D.{$x|x>3$}

虽然该教学方法主要靠学生发现，但是教师的引导同样不容忽视。在选用该教学方法时，一定要把握好教学内容的难易，不能太简单，也不能太难，由于该教学方法依赖于学生的发现,所以,课堂上对时间的掌控也是对教师的一项考验。

五、单元教学法

(一)单元教学法的定义

传统的数学教学方法,大都是先具体后抽象、先特殊后一般、先局部后整体的顺序,这样的教学无疑是比较精细的,但学生却并不能系统地掌握知识。单元教学法即把一个单元的知识看成整体,依据其中概念、定理、公式间的关系进行教学,这样可以使学生系统地掌握数学知识,符合培养学生数学能力的要求,这应该是高三复习课中常用的教学方法。

(二)单元教学法的特点

数学单元教学设计完成了由静态到动态、由个人到集体的过渡,其表现特征主要集中在以下几个方面:

第一,**整体关联性**。数学单元教学的整体关联性主要体现在知识内容、教学安排等方面。知识内容:数学单元教学设计将碎散的数学知识通过单元式主题进行整合,有利于学生从整体上掌握学习内容,形成知识结构的整体性,明确每个单元的内容与学习目标在学期中的地位;教学安排:数学单元教学设计是基于整体思维的教学设计方式,总揽全局,把教学活动分解为具体的环节,并且落实到数学教学活动的整体系统中。

第二,**动态发展性**。数学单元教学设计是始终处于动态发展过程当中的。在数学单元教学设计的实施过程中,教师必然会根据教学过程中出现的问题或现状,采取新的教学方案或新的教学计划,对原有的教学方案进行适当的调整。

第三,**团队合作性**。如果要求一位或两位数学教师来完成数学单元教学设计,则难度较大,因此,在单元教学设计过程中,学校通常会通过教研组或年级学科备课组来设计课程,并且邀请相关专家一同参与。在教学设计的前期准备、设计实施以及评价修改阶段,都需要由数学单元教学设计团队一同完成。

第三章　新课程下的高中数学教学创新

第一节　构建高效的高中数学课堂

一、新课标对高中数学课堂效率的要求

对于如何创建好高效的高中数学课堂教学模式，《普通高中数学课程标准（2017年版2020年修订）》（以下简称新课程标准）要求学生、师生之间通过数学活动进行互动、交流，从而得到共同、全面的发展。针对如何在有限的课堂活动时间内，促进学生对数学知识的理解、对数学方法及思想的掌握并能灵活应用，使得学生在数学认知能力和思维发展方面得到较大的提高，学生能够在学习中愉快地接受数学知识并提高竞争能力，新课程标准要求高中数学课堂在实施过程中应把握好以下几个方面：第一，教师对教学目标必须明确；第二，学生能够自主预习并在预习过程中发现问题；第三，小组内部、小组之间对发现的数学问题可以展开合作学习；第四，结合课堂实际能对课堂知识加以拓展延伸；第五，师生能够对当堂课的课堂活动进行总结与评价；第六，数学在社会生活中的价值得到体现。因此，在一线从事高中数学教学的教育工作者需要在数学课堂落实过程中深入贯彻这些理念，只有这样才能顺利实现新课程目标，让学生成为真正的受益者，最终让我们的教育得到发展与进步。

新课改之后，新课程标准对高中数学高效课堂提出了以下几个方面的标准：

第一，教学目标层次性：明确教学目标是高效课堂的前提和依据，根据高中数学教材的难易程度和学生的水平分层次设置基础目标，发展目标和高层目标。

第二，教学环节完整性：情景设置要生动，课堂活动中学生要积极主动地参与，使课堂教学高效，教法指导要具体，课堂小结要有规律，创新作业要有拓展。

第三，教学评价激励性：课堂教学的主体是学生，要通过激励学生来提高学生的学习积极性。激励又分为负效应、点效应、短效应及长效应。负效应即教师行为失态，教学失控，讲课时无人理睬；点效应指的是只对个别学生有效的激励；短效应指的是只对部分学生在短时间内有效的激励；长效应指对学生长期有效的激励。教师要避免负效应和点效应，优化短效应和长效应。

第四，教学过程自主性：学生在教师的积极引导、点拨过程中，可以积极主动地参与到课堂活动中来，使教师、学生之间保持有效互动。

第五，教学氛围和谐性：指课堂的氛围，良好的氛围可以促使学生更好地学习。学生只有在老师的指导下动手、动脑、互动，才能达到新课改的要求。作为教师应当充分理解学生并能对自己的教学结果进行反思，通过课堂参与让学生获得对知识学习的积极体验与感受。

二、高效课堂的相关定义

（一）高效的定义

"高效"指的是在课堂教学活动中最大化地实现了"质量"和"价值"，在效果、效率和效益方面都达到了最优水平。教学效果评估了教学活动的实际结果与预期教学目标的符合度。教学目标是动态变化的，随着教育价值观念等的演变而不断发展，没有永恒性。教学效率通常用经济学方法来衡量：教学效率＝教学产出（效果）/教学投入，或教学效率＝有效教学时间/实际教学时间。教学效益是指在教学活动中全面实现了收益和教育价值，也就是评估既定教学目标与特定社会和个人教育需求的吻合度。这些教育需求不仅包括学生的需求，还包括教师、教育资源等构成课堂的各个要素的需求，涵盖面广泛。"高效"表示在这三个方面都取得了最佳状态，即课堂教学活动的理想状态。

（二）高效课堂

"高效课堂"是指在常态的课堂教学活动中，通过教师的正确引导和学生的积极主动的思维过程，在单位时间里高效能、高效率地完成既定教学任务，促进学生能力发展最大化的课堂教学模式。高效课堂的基本要求如下：教学设计精当、教师讲课精练有效、学生的主体作用充分发挥、分层教学落实到位、师生关系和谐融洽、教学目标与预期效果较一致。高效课堂的关键是学生，围绕这个关键，由传统课堂教学关系中的"唯教"到"唯学"，由传统课堂上师生关系中的"唯师"到"唯生"，也就是教师的目标在于服务学生的成长，课堂上最宝贵的教学资源是学生，"两唯"中的核心是学习和学生，倡导"让学习发生在学生的身上"。

高效课堂应具备三大特性：主动性、生动性和生成性。高效课堂把新课标的三维目标加以具体化，变成可操作的，实现了从知识到兴趣，再到能力提升，最终达到智慧的飞跃，简单地说，高效课堂立足于"学会""会学""乐学""创学"。高效课堂是在追求"四维目标"的基础上，实现更高层次的教育模式，即要求超越原有的知识技能、过程方法、情感态度价值观的三维目标，提升到通达智慧的层面。高效课堂要求的正是智慧，如果课堂只能给学生知识却不能最终形成智慧，那课堂纵然能够实现"三维目标"，仍旧是有缺陷的，而高效课堂恰好能够较好地补上这个漏洞。

高效课堂把"自主、合作、探究"当作研究重点加以阐述和发展，在课堂环节上要求做到有"预习、展示、反馈"，将学习方式转变为"自学、互学、群学"。高效课堂的核心是"学习能力"的提升，其主要内涵就是学习能力。课堂教学一旦仅有知识而忽略了对学习能力的培养，这样的课堂就是低层次的甚至是应试的课堂教学。高效课堂倡导以培养学生的学习能力为出发点，锻炼学生的自主参与能力——让学生能够动起来，与知识直接对话。这个过程就是"学习"，学习就是经历，即要经历失败、反馈、纠正。

三、高中数学高效课堂的构建

（一）高中数学高效课堂模式的内涵及具体阐述

高中数学高效课堂，结合高中数学的几个特点，如教学内容和方法的抽象性、严密的逻辑性、知识的系统性和运算的准确性等，使学生能够通过课前预习，充分掌握课堂所学知识，在课堂上解决自己所遇到的疑问，而课后则是对课堂知识巩固，将课内与课外进行完美的结合，实现真正的高效课堂。

教学模式就是结合学生的特点和教学素材、目标的特点，在科学的教学理论指导下，设计出合理的教学过程，并给出相应的教学策略和教学方式。教学模式把教学理论抽象出来结合具体的教学经验，为教育工作者提供有效的教学策略和方法。

以上两个概念结合高效课堂的概念，就得到高中数学高效课堂教学模式的含义，即在每一节数学课上，结合数学学科的特点，为达到高效学习的效果，设计出的教学过程结构及其相应的教学方式、教学策略。具体阐述如下：

将一节课的45分钟大致分为三大块，时间划分比例为5：1：2。

第一个环节大约占用半小时的时间，教师应围绕学习目标组织这一环节，促使各小组学生进行充分的互动和讨论，以产生深入的大讨论。这一阶段是本节课的核心部分。在展示环节上，教师需要设计情境，以激发学生的兴趣和求知欲望，使学生的展示充满激情。

展示环节的重点是学生，他们相互之间提出问题，进行小组合作讨论，并呈现他们的研究结果。在这种课堂氛围下，每位学生都平等参与，每个学生都有权表达自己的观点和想法。这是一个竞争与和谐并存的课堂环境，充满活力和生气。教师应该及时评价学生的活动，引导和指导学生，并尊重每个学生的个性。教师需要根据学生的表现做出灵活的调整。展示环节不仅仅是知识的呈现，更是知识的深入探讨和升华的过程。这个环节有助于学生在合作和互动中更好地理解和应用知识，提高他们的思维能力和学术素养。

在这个环节中，学生通过不同形式的展示，如讲解、小品、相声、话剧、情景剧、快板、歌谣、打油诗等，来表现他们的预习和对新知识的理解情况。这种多样化的呈现方式可以激发学生的兴趣，促进他们的参与和分享学习成果。此外，学生的点评、纠错和总结也能够帮助他们更好地理解和掌握知识。

这种展示课的特点是在短短的半小时内，可以让众多学生积极参与，进行思维碰撞，情感体验，同时教师的指导和学生的即兴表现都有助于提高课堂的和谐与高效。

中间环节大约 5 分钟，用于反馈和检查学生对当堂所学内容的掌握情况，进一步巩固知识和能力。这个环节的灵活性很高，可以根据当堂课的进展和学生的表现来调整检测内容，确保学生对知识的牢固掌握。

最后的 10 分钟用于查漏补缺，根据课堂进度和难度来分配时间，确保课堂的高效性。这种时间的随机性有助于根据具体情况灵活调整课堂进程，以实现真正高效的数学课堂。

（二）高中数学高效课堂模式的标准及原则

高中数学高效课堂教学模式的标准是围绕数学课程标准的十大理念制定的，因此是广大教师必须明确的。在实施高效课堂教学模式时要遵循以下几个重要原则：

1.科学性原则

数学本身是一门科学，根据数学的定义，它涉及量、演算、论证以及模式的科学。在构建高效的课堂教学模式时，科学性是最基本的原则。理论、流程以及使用的教材都必须是可信和科学的。模式的实施必须遵循学生的认知规律，以先进的教育理论为指导，确保教学目标清晰，教学内容准确，教学难点突出，教学设计符合学生的认知水平和能力。教师掌握科学性原则不仅有助于树立正确的数学观和数学教育观，还可以将这种数学教育的价值传递给学生。因此，在应用高效课堂教学模式时，教师无论在程序实施还是内容选择方面都必须注重科学性。

2.创新性原则

创新已成为现代教育的代名词，高效课堂教学模式正是为了提高课堂效率，改变以往以老师讲解为主的灌输式教学现状，建立"以老师为主导、以学生为主体的"课堂教学的教学模式。不仅使教师在教学过程中的模式、方法、活动有所创新，更重要的是要注重培养学生的创新意识。这种意识的培养正是数学教育的重要任务，我们在平时的数学教学中要重点体现出来。数学创新意识是在建立了一定数学知识体系和数学方法体系之后所形成的一种数学发现意念或动机，是一定数学情境下的灵感，为了更好更有效地激发学生的创新意识，教师在教学过程中应做以下几点：①激发学生的问题意识，教师要根据所授内容，提供一些利于学生思维发展的问题情境，引导学生多思考、多提问，还要有效引导学生，使他们主动积极地去解决提出的问题，从而培养学生解决问题的能力。②注重学生的合情推理，教师在教学过程中要启发学生去考虑知识的来龙去脉，引导学生观察材料，通过类比、分析、归纳、概括和猜想规律，进而合理验证自己总结的规律。③发展学生的思维模式教学过程中，教师要给学生足够的空间，让学生思考数学知识及数学方法，交流自己的想法，总结得出结论，布置任务要适度，要布置适合学生能力的任务，让学生不断体验成功的喜悦。最终，使学生能形成自己特有的思维模式。

3.趣味性原则

高中数学是一门具有逻辑性和抽象的学科，而课堂则是学生获取知识的主要场所。因此，教师应该在课堂中提升趣味性，吸引学生的兴趣，让他们喜欢学习数学。在教学过程中，教师可以考虑以下几点：①创建温馨和谐的课堂，学生需要在轻松、和谐、温馨、平等的环境中学习，这有助于提高学习兴趣，促进思维发展，并激发对数学的热情。②教师可以采用幽默的方式来呈现数学概念，这有助于打破数学课堂的枯燥和乏味，激发学生的思维，活跃课堂氛围，从而推动高效数学课堂的成功实施。

4.情感性原则

情感是人们对客观事物内心的体验，也是对客观事物是否满足主观需求的评价。传统的课堂模式通常侧重于知识传授，而较少关注学生的情感体验。然而，自从实施新课程改革以来，越来越多的教师和课堂开始重视培养学生的能力以及对学生情感态度和价值观的塑造。教师在教学过程中应该做到以下几点：①不但要重视在学习过程中引导学生进行积极的情感体验，还要重视从数学学习之外的活动中不断寻找体验的源泉；②重视学生在数学学习中不断探索、猜测，培养学生积极科学的态度和观念，丰富学生数学学习的情感体验；③不仅培养学生养成独立思考的态度，还要培养师生之间、生生之间的合作学习，让学生体验自学、对学、群学有什么不同感受。

5.参与性原则

现今的课堂教学强调学生作为主体，而老师则担任主导角色。在课堂上，鼓励学生积极参与，全身心投入学习过程中。只有学生自愿参与课堂活动，课堂才能真正实现高效。学生的主动参与不仅可以激发他们的学习兴趣，还能提高学习效率，并培养积极向上、自信的生活态度。

6.教育性原则

教师的责任不仅仅是传授知识，更为重要的是培养学生的品格。我们采用高效课堂教学模式的目的不是炫耀课堂的华丽或营造新奇的氛围，而是希望通过这一模式创建一个温馨和谐的环境。在这种环境中，学生可以发现自己的潜力，明确自己的定位，在每堂课中体现自己的价值，可以通过合作学习知识和探究任务来成长。在这个环境下，师生之间相互尊重，学生之间互相帮助，学生可以感受到整个班级是一个大家庭，培养自信和积极向上的未来人才。

（三）构建高中数学高效课堂的策略

构建高中数学的高效课堂，可以从以下几个方面做起：

1.教师的高效教学

（1）准确把握课堂容量

在高中课堂中，每节课通常持续 45 分钟，因此我们需要准确把握课堂容量，即教师在这段时间内所涵盖的教学内容。课堂容量的大小直接影响教学效果。对于教师来说，较大的课堂容量有助于完成教学进度，但对学生来说，较小的课堂容量有助于更深入地理解和掌握知识。确定准确的课堂容量需要考虑一个标准，即一个学期的教学进度应分解到每节课的内容。这个标准可以作为教师课堂容量的最小值，以确保教学进度能够合理完成。同时，每位学生都有一个最大可接受的容量，超过这个容量学生可能难以理解和吸收教师的讲解内容。因此，教师需要找到一个平衡点，既能够完成教学进度，又能够确保学生获得成绩。在教学实践中，教师需要不断优化课堂容量，以满足学生的需求，在确保教学进度的同时，让学生更好地理解和吸收知识。这个平衡点即这堂课的准确的课堂容量。

教师要在学期开始就对本学期的教学计划和教学进度做到心中有数，并且将教学进度细化到月、到周、到日。然后区分教学内容相对于本班学生的学习难度，最好对每一节课的难度都心中有数，这样教师就可以根据学习难度合理安排教学容量，学习难度低一些的可以增加容量，学习难度高的可以减少一些容量；也可以将学习难度高低搭配，让每个课堂都有起伏，每一堂课都充满激情。教师还需要了解学生能接受的最大课堂容量，教师的课堂容量以不超过学生能接受的最大课堂容量为前提。所以教师需要经常与学生沟通，了解学生的学习情况，了解学生学习的第一手资料；不间断地批改学生的作业，了解学生对课堂内容的接受程度和接受潜力；需要不断地有意识地改变课堂容量，观察学生能接受的最大课堂容量。课堂容量不是一成不变的，要根据学生的课堂反应随时进行调整，根据学生的变化而发生变化的课堂才是高效的课堂，这样的课堂容量才是准确的课堂容量。

（2）高效组织课堂教学活动

教师在课堂上高效地组织教学是决定课堂高效的主要因素之一，那么教师应该如何来组织课堂呢？

学习是学生自己的责任，没有人能代替学生完成学习任务。因此，有效地激发学生的学习积极性是组织高效教学的关键。高中数学通常是一门理论性较强、相对抽象的学科，与实际生活的联系相对较少。为了激发学生在课堂上的学习积极性，需要采用一些策略和方法。

（3）采用有效的教学方法

教育教学没有固定的教学方法，只要学生能够接受，就可以视为有效的教学方法。教师需要根据不同的教学内容和学生的特点采用不同的教学方法。教育教学是一门科学，有其规律和方法，具体哪种教学方法更有效可以从以下几个方面来探讨：

首先，无论采用何种教学方法，学生应该始终处于教学的核心地位。这符合素质教育和信息时代的要求。现代社会已经进入信息时代，新知识、新技术和新学科不断涌现。学校教育仅占人生所需知识的一部分，而学校教育的关键是为未来的学习提供方法。因此，教师不仅应教授知识，还应教导学生如何获取知识。只有以学生为中心，以学生为主体，才能满足这一需求。教师采用发现式教学法、启发式教学法、合作教学法等，都应根据学生的思维逻辑特点，创造有利于学生学习数学的教学环境，帮助学生进行知识的再发现和再创造。教师不仅是知识的传授者，还是学生学习的引导者、组织者和合作者。学生的组织、合作能力以及再发现、再创造能力是学生的素质，也是学生融入社会的关键。

其次，每个班级都有五十多名学生，每个学生都具有不同的思维逻辑特点、学习方法和学习轨迹。因此，教师需要因材施教，根据学生的个性化需求进行教育。尽管课堂上只有一个教师，但教师可以在教学中尽量选择适合大多数学生或所有学生的内容，留下的小部分内容或者个别学生可以在作业或课后辅导中得到解决。要做到这一点，教师需要充分了解班内每位学生，以便更好地满足他们的需求。

（4）精心选配适合学生的分层作业

现在的高中学生从高一开始就出现了"课堂认真学习、课下被动地应付作业，每天都很累却收获很少"的现象，以至于有的学生出现了学习倦怠现象，逐渐失去了对数学的学习兴趣。

2.良好的课堂环境

（1）愉快高效的课堂氛围

课堂氛围是课堂教学的土壤，只有土壤肥沃，成功的种子才能茁壮成长。教学，就是教师的教与学生的学。无论是教还是学，都只有在课堂氛围这个环境中才能生根发芽。课堂氛围也需要教学双方即教师和学生来共同创造、共同维护，二者缺一不可。

（2）和谐的师生关系

金无足赤，人无完人，教师和学生都是普通人，都有普通人身上的缺点和短处，如果把这些都看在眼里、记在心上，教师和学生就没有办法相处，也不可能互相学习了。

要实现教师和学生之间的和谐相处，需要双方互相理解和包容。教师应该明白学生都有缺点，没有完全没有缺点的学生。教师希望学生聪明、勤奋、遵纪守法、尊敬师长，但要理解每个学生都不同，"世界上没有完全相同的两片叶子"。学生来自不同家庭，有不同的教育背景，因此他们在学习和行为方面也有不同的习惯和特点。高中是中间教育阶段，是小学和初中教育的延续。学生在这个阶段已经养成了各种学习习惯、方法和思维方式，也经历了不同学校、不同班级和不同教师的教育和管理风格。因此，教师应该接受并理解学生的多样性，包容不同学校、不同班级和不同教师教育下的学生习惯的差异。

3.学生的高效学习

（1）充分的课前预习

充分的课前预习是实现高效课堂的前提条件。教师应该给学生安排明确的预习任务，确保他们在预习中能够充分准备，避免因为预习不充分导致课堂教学进展受阻。当学生刚开始高中学习时，会面对较为复杂的数学内容，因此可能会感到一定的困难。在这种情况下，教师应该在课前预习环节中引导学生自主学习，让他们掌握一些基本概念，例如映射、集合、函数的基本概念等，使学生了解这些概念之间的关系和异同之处。通过充分的预习，学生将能够更清晰地理解教师的讲解和分析，同时与教师的教学思路保持一致，避免因为小问题而阻碍学生思维的发展。这样，课堂教学效率将得到保障，高效课堂也将有了必要的基础。

（2）全程参与

无论教师的讲解还是学生的交流合作、探究发现、做题反思，都需全程参与，以达到更新旧知识、构建新知识体系的目的。

（3）高效的学习方法

学生的学习方法是在教师的指导下，根据自身的思维特点和学习习惯，在潜移默化中培养起来的。由于每个学生的外部环境、自身特点存在差异，因而他们的学习方法也不尽相同。为此，教师要结合所学内容的知识特点和学生的个体差异，有针对性地指导每个学生的学习方法。

（4）师生互动，培养学生创新思维能力

教师的"教"和学生的"学"是相辅相成、相互作用的，在课堂上还应强化师生互动，努力培养学生的数学思维能力和思维品质，提升学生的创新思维能力。同时，加强发散思维训练，培养学生的创新能力；打破墨守成规的思维定式，培养学生的创造性思维意识与能力。教师可通过一题多解和一题多变的方式来培养学生的发散性思维，在教学中用一题多解可变单向思维为多向思维，这一方法对培养学生思维的灵活性和创新能力是比较有效的。

四、构建高中数学高效课堂的实例

本部分以求数列通项方式为例实施高中数学高效课堂,实施步骤如下:

(一)教师的课前准备

这节课是学完课本内容之后的一堂习题课,学生已经掌握了等差数列的通项公式和前 n 项和公式,理解了等差数列和等比数列特有的性质。本节课要解决求一般数列的通项公式这个问题,核心思想是将一般的数列转化成等差数列或等比数列来解决,所以,转化与化归思想是本节课要渗透给学生的数学思想。这节课的学习目标是掌握观察法、公式法、累加法、累乘法、构造法求数列的通项公式,培养学生的转化与化归思想,学习重点与难点是构造法求通项公式。要引导学生明白如何构造等比数列,明白了这一点,这节课的难点就突破了,在学习这节课前,要让学生全面复习数列、等差数列、等比数列的定义,通项公式和前 n 项和公式,数列的递推公式等内容。这节课大致可分为复习旧知识、教师讲解例题、学生练习、变式训练、课堂小结、当堂检测、课下作业几个环节。课堂上教师讲解与学生的练习要交叉进行,讲练结合,例题与习题训练要由易到难、分层次进行。教师讲解占用 20~25 分钟,学生练习占用课堂时间 20~25 分钟。教师要引导学生的思路,拓展学生的思考空间。

(二)学生的课前准备

复习课本必修 5 上的数列知识,浏览课本上的习题,遇到生题返回课本知识,熟悉课本上的基本内容,试做以下小题:

练习 1:写出以下数列的一个通项公式。

$1+\dfrac{1}{2^2}$, $1-\dfrac{3}{4^2}$, $1+\dfrac{5}{6^2}$, $1-\dfrac{7}{8^2}$……

0, $\sqrt{2}$, 0, $\sqrt{2}$……

练习 2:写出下列数列的前五项。

$a_1=1$, $a_2=2$, $a_{n+1}=2a_{n+1}+a_n$;

$a_1=-1$, $a_2=-2$, $a_{n+2}=1/a_{n+1}+1/a_n$。

(三)教学过程

1.复习(教师提问,学生回答,或学生共同回答)

数列的通项、前 n 项和,数列的递推公式,等差数列的定义、通项公式、前 n 项和公式,等比数列的通项公式、前 n 项和公式。

2.例题和训练

例1:观察下列数列写出它的一个通项公式。

1,2,4,8,16……

1,-1,1,-1,1,-1……

分析:这两道小题比较简单,可以由学生回答,向学生说明这样的数列可以有不止一个通项公式。

例2:求以下数列的通项公式。

$a_1=1$, $a_{n+1}=a_n+1/2$

$a_1=1$, $a_{n+1}=2a_{n+1}$

分析:这两小题可以稍加变形,证明是等差数列或等比数列,套用公式即可得到解答。可以让学生板演,但教师要注意让学生掌握步骤的写法。引导学生思考要及时转化已知条件,化未知为已知,初步领略转化的数学思想。

学生练习:若 $a_1=2$, $a_{n+1}-a_n=3$,求 a_n;

约1分钟后可由学生共同回答。

例3:若数列 $\{a_n\}$ 的前 n 项和 $S_n=n^2+2n-1$,求通项 a_n。

分析:本题着重运用了通项 a_n 与前 n 项和 S_n 之间的关系,只需要代入公式即可,向学生说明一定要验证首项是否符合通项,可由学生回答。

注:以上两个例题就是运用公式法则求通项公式。

例4:求下列数列 $\{a_n\}$ 的通项公式。

$a_1=1$, $a_{n+1}-a_n=n$,求 a_n;

$a_1=1$，$a_{n+1}/a_n=n+1$，求 a_n。

分析：这是一种求数列的通项公式的新方法——累加法、累乘法，应由教师讲解，并注意书写步骤，将递推公式展开，用加法或乘法消去绝大部分项，只剩下 a_n 等有限项，最好只剩下 a_n，可得到我们要求的通项公式 a_n。

学生练习：①若 $a_1=1$，$a_{n+1}=a_n+2n$，求 a_n；

②若 $a_1=2$，$a_{n+1}=3na_n$，求 a_n。

学生做题的同时，教师巡视全班，基本掌握全班同学的做题情况，也可以允许学生小组讨论，同时引导学生进行思维转化。

3.当堂检测

（1）若 $a_1=2$，$a_n-a_{n+1}=3$，求 a_n。

（2）若数列 $\{a_n\}$ 的前 n 项和 $S_n=n^2$，求 a_n。

（3）若 $a_1=2$，$a_n=4a_{n-1}-1$，（$n\geq 2$）求 a_n。

4.课后作业

（1）若 $a_1=1$，$a_{n+1}/2^{n+1}=a_n/2^n+1=3$，求 a_n。

（2）若 $a_1=2$，$a_n=1/2a_{n-1}+1$，求 a_n。

5.课后反思

这节课的课堂容量较大，学生理解较好，但是掌握问题灵活性不够。在作业方面，全班80%的同学能独立完成第一层作业。经过讨论，所有学生都能掌握第一层作业，但是只有40%的学生能够在第二层作业中找到思路并独立完成。这说明学生的灵活性不够，不能理解转化与化归的实质，以后应当多进行相应的深化训练。

6.分析

求数列的通项公式是数列学习中的一个重点，也是一个难点，学生往往感到难以把握。从课上学生的反应以及课下作业的反馈来看，这堂课高效地完成了教学任务。这堂课的高效体现在以下方面：

（1）内容难度由易到难，层层递进，让学生易于接受。先是教授观察法、公式法求数列的通项公式，让学生既可以轻松接受，又可以一步步把握通项公式的本质，然后逐步增加难度，学习累加法、累乘法、构造法等，让学生感到像登山一样，最终登上山顶。

（2）构造法求数列的通项公式讲了两种方法，第一种方法简单、易于操作，能激起学生的学习兴趣。在学生接受这种方法后，再讲第二种方法，学生就不会感到突兀，而能以一种自然的心态接受它。

（3）讲完构造法后，要及时做变式训练，让内容逐步深入，最终探讨方法的本质，总结出一般的形式，一劳永逸地解决了应用这种方法的时候可能遇到的问题。

第二节　有效整合信息技术与数学教学

一、信息技术与高中数学教学整合的现状

信息技术在教育领域应用的发展经历了三个主要阶段。首先是计算机辅助教学阶段，主要依赖计算机的计算、图形动画和仿真等功能，辅助教师解决教学中的难点问题，以演示为主。其次是计算机辅助学习阶段，重点转向了如何利用计算机作为学生自主学习的工具，强调辅助学生学习。最后是信息技术与课程整合阶段，在这一阶段，信息技术被有机融合到各个学科的教学中，创造了信息化教学环境，实现了以"自主、探究、合作"为特点的教学方式。这一方式既能发挥教师的主导作用，又能充分发挥学生的主体地位，使学生更加积极、主动、创造性地参与学习，从而实现了传统以教师为中心的课堂教学结构向"主导—主体相结合"的教学结构的根本性转变。

二、信息技术与高中数学教学整合的意义

高中数学教学与信息技术的整合具有多重意义。

首先，它可以丰富教学资源。高中数学涉及抽象性较强的概念和方法，学生可能在理解上遇到困难。信息技术可以为教师和学生提供丰富的在线资源，以便获取相关资料，帮助学生更好地理解数学知识。此外，信息技术还可以用于创建和加工教学资源，使教学更加生动。

其次，信息技术有助于演示和展示数学知识。通过信息技术，教师可以使用多媒体工具展示数学概念、图形和动态变化，从而更清晰地传达抽象的数学概念。这有助于打破传统教材的局限，使学生更容易理解和记忆数学内容。例如，在圆锥曲线的教学中，多媒体技术可以生动地展示曲线的形状和变化，帮助学生更好地理解。

最后，信息技术整合可以促进学生之间和师生之间的交流与合作。教师和学生可以利用通信和交流工具，如 QQ、微信等，进行实时交流和讨论，共同解决学习中遇到的难题。这有助于学生及时克服学习障碍，提高学习质量，同时也促进了师生之间更紧密的互动与合作。

三、信息技术与高中数学教学整合的策略

（一）坚持整合的基本原则

信息技术整合高中数学教学的基本原则有三个方面：首先，将信息技术与传统教学方式相结合，实现两者的优势互补，从而促进信息技术的高效利用；其次，对知识点的重要性进行划分和整理，帮助学生建立良好的学习顺序；最后，加强教师与学生的沟通交流，教学活动是教师和学生共同完成的，因此两者间的互动对教学质量有很大影响。

（二）使用连续化和动态化的图片教学方式

在高中数学教学的过程中，数学知识的抽象性较强，图片可以辅助学生理解知识。但是在图片处于静止状态的时候，学生很难将注意力完全集中到图片上，所以要让图片尽量保持动态化和连续化，从而保证学生有效完成相关知识的学习。

（三）让学生的主体地位得以体现

学生是教学活动中的主要参与者，其在教学活动中占有绝对的主体地位。而教师在开展高中数学教学的过程中，经常会忽视学生的主体地位，导致学生失去对数学的兴趣，从而影响教学质量。所以，在使用信息技术整合高中数学教学的过程中，教师必须让学生的主体地位得到体现，从而为教学质量的提升创造必要的条件。

第三节 基于核心素养的高中数学教学创新

一、核心素养

（一）核心素养的内涵

2014年，中国教育部发布了一系列关于课程改革的政策文件，强调学生需进一步培养核心素养，同时呼吁教师侧重培养让学生终身受益的品质和能力。高中各门课程的教学要重点关注思维教育、体验教育和表达教育。思维教育意味着引导学生在学习专业课程时养成主动思考、反思和总结的良好习惯；体验教育意味着引导学生经历正确的解题过程，总结常见的错误经验，让他们领悟正确的解题方法，从而减少错误和迷茫，在解题过程中不断提升和成长；表达教育则包括在课堂上划出时间让学生交流和讨论，给予学生在公开场合阐述解题步骤的机会，并指出解题中的不足之处。此外，还需详细讲解特定题目的得分要点，帮助学生明确应在卷面上写下哪些内容、哪些是关键点、哪些是不必在纸上展示的过程，以及哪些得分点容易被遗漏。综上所述，核心素养在数学教育中主要体现在数学方法的应用和解题思维的培养方面，涵盖从提出问题，到解决问题，再到总结错误经验的过程，旨在不断培养学生的自主思考和有效表达的能力。

（二）高中数学核心素养的内涵

高中数学新课程定义数学核心素养为"学生应具备的、能够适应终身发展和社会发展需要的、与数学有关的关键能力和思维品质"，由此提出把抽象思维、逻辑推理、直观想象、数学建模、数学运算、数据分析作为高中数学的六大核心素养，它是以《中国学生发展核心素养》和数学学科的本质与特征为依据而确立的，其实这就是针对学科教学提出了一个更高层次的目标要求。这体现了数学学科的本质与功能目标，也就是育人价值。那么其功能目标是什么？这里用史宁中教授的话来诠释是最恰当不过的，那就是"让学生会用数学的眼光观察现实世界，会用数学的思维思考现实世界，会用数学的语言表达现实世界"。

二、培养学生核心素养的策略

（一）准确把握数学内容的本质

作为教师，首先就要明确数学教材所涉及内容的实质，这样才会让学生理解和掌握这些内容的本质，促进学生数学素养的提升。

（二）创设适合的教学设计

核心素养的培养过程侧重学生的自主探究和自我体验，更多地依靠学生自身在实践中的摸索、积累和体悟，因此，如何让学生积极参与数学教学，成为我们迫切需要解决的问题。

（三）创设问题情境，培养学生问题素养，为增强学生的核心素养奠定基础

在新知识教学之前，为了激发学生的好奇心，启发他们的探究思维，在课堂教学中教师要善于利用合理的情境来设疑，从而让学生代入探究活动，为培养学生的数学学科核心素养创造良好的条件。不同的数学知识概念需要创设不同的情景模式，并且创设的问题情境一定要科学合理。这里的"科学合理"是指：第一，要了解学生的学习情况，从而掌握学生的实际认知情况，通过分析数学知识的本质内容来创设有助于学生进行探究的合理情境；第二，设置的问题要让学生在探究的过程中有明确的探究方向与交流的需求，整个过程都需要学生真正付出努力才能获得收获，以便能够有效提升学生的数学学科核心素养。

（四）注重探究教学，增强学生探究素养，为提升学生的核心素养创造条件

高中阶段的复习课非常重要，一旦进入高三便会涉及不同的复习课程。传统的复习课依靠教师讲解来帮助学生对知识的要点进行回忆与总结，然后利用经典的案例进行讲解，最后就是引导学生进行变式训练。实践证明这样的复习效果并不理想，没有充分体现学生的学习主体性，学生只是在被动解题。高三阶段需要复习的内容非常多而且复杂，而教师也总是害怕学生见过的题目不够多，不停地加强技能型习题的训练，从而忽视了数学知识的本质结构，导致学生在考试过程中，来不及运用教师所传授的解题技巧与方法，就已经输在知识本质的漏洞上。

（五）采用想象力语言艺术，拓展学生的数学思维，促进核心素养形成

在具体的高中数学教学中，教师如果善于使用脍炙人口的歌诀、充满时代气息以及贴近学生生活的语言，那么就能够将复杂抽象的数学定理与概念讲得更加通俗易懂，让知识更加生动形象，让学生持续处于学习的"开放期"，从而有效拓展学生的数学思维，逐步增强学生的核心素养。

三、培养学生核心素养的实例

以"直线与圆的位置关系"这一部分内容为例，从教学目标的确定，教学过程的实施，和设计体会三个方面来阐述对数学核心素养的理解。

（一）教学目标的确定

教学目标是教学中师生所预期达到的教学效果和标准，是教学的根本指向和核心任务，是教学设计的关键。教师可根据对课程标准的解读、教材分析、学情分析，以学生为主体，聚焦核心素养来确立课时教学目标和单元教学目标。

1.教材分析

这一部分是解析几何的初始部分，可以为后续学习椭圆、双曲线、抛物线打下坚实的基础。在教学中，教师要引导学生经历下列学习过程（如图3-1所示），感受解析几何解决问题的一般方法。

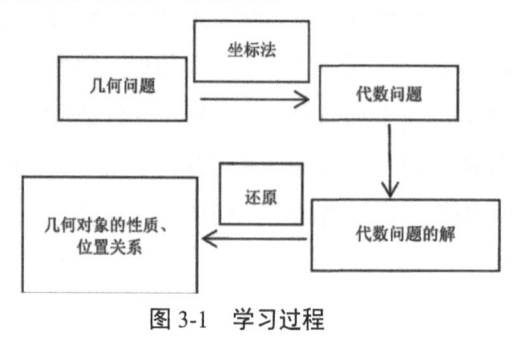

图3-1 学习过程

由此可见，解析几何就是将"形"的问题转化为"数"的问题来解决，数形结合是本章的重要数学思想，而数的计算是能否得到正确答案的关键。所以在学习时，不仅要会将几何问题代数化，还要通过构造"形"来体会问题的本质，拓展思路，选择合理有效的算法，简化运算。

2.学情分析

学生在初中已经学过直线和圆的图形表示，本节课是利用高中所学的方程来研究两者的位置关系，即应用新的知识或新的方法来解决原来的问题。这是一个从旧知中发现和提出新问题的好素材，也是提高分析和解决问题能力的好时机。在教学中应多创造可以让学生提问的机会，给学生充分的思考时间和独立解决问题的空间，努力促进数学核心素养的形成和发展。本章主要提升数学运算、直观想象和逻辑推理三大数学核心素养。

3.课程标准的要求

《普通高中数学课程标准（2017年版2020年修订）》对"圆与方程"这一章内容的教学要求如下：

（1）回顾确定圆的几何要素，在平面直角坐标系中，探索并掌握圆的标准方程与一般方程。

（2）能根据给定直线、圆的方程，判断直线与圆、圆与圆的位置关系。

（3）能用直线与圆的方程解决一些简单的问题。

4.教学目标

《普通高中数学课程标准（2017年版2020年修订）》对每一个数学核心素养都是通过"情境与问题""知识与技能""思维与表达""交流与反思"这四个方面来表述。结合上述解读，通过目标分解的方法，将本节课的教学目标确定如下。

（1）问题与情境

学生根据几何图形，说出直线和圆的位置关系，对于给定的直线和圆的方程，学生能概述方程组的解与位置关系之间的对应情况。

（2）知识与技能

学生由方程组能熟练求出直线与圆的交点坐标；会通过比较圆心到直线的距离与半径的大小关系来判断直线和圆的位置关系。

（3）思维与表达

在观察和交流中，通过直观想象提出与直线和圆有关的数学问题，能够借助图形探索解决问题的思路，形成数形结合的思想，体会几何直观的作用和意义；能用准确的数学语言表达形与数之间的关系，归纳出求弦长、切线长、切线方程等的基本方法。

（4）交流与反思

在师生交流、生生交流中体会用代数方法求解几何问题的一般过程；通过交流和反思不同解法，选择最优解法。

5.教学重难点

（1）教学重点：学会用代数方法判断直线与圆的位置关系，求解与弦长、切线长、切线方程等有关的问题。

（2）教学难点：从形到数和从数到形的灵活转化及方法的选择。

（二）教学过程

教学是一种基于知识的教育活动，目的是提升学生的素养。在教学过程中，不仅应该注重传授知识和技能，还应该注重培养学生的学习方法、思维能力、情感品质和精神境界。因此，在进行教学设计时，应以课程思想为主线，充分研究教材资源，并在深入理解教材内容的基础上进行必要的整合。这一过程包括解构教材内容，然后重新构建教学内容，以便找到更加流畅和新颖的教学途径。这种综合性的教学方法旨在使学生获得更丰富、更深刻的教育体验，以促进他们的全面发展。

1.问题情境

在课堂知识引入时教师可以提出这样的问题：

同学们，我们知道点、直线、圆是平面内最基本的图形，那么：

问题1：点与圆有哪些位置关系？如何判定？

问题2：直线与圆有哪些位置关系？如何判定？若已知直线的方程和圆的方程，则方程组解的个数与上述位置关系有怎样的对应关系？

设计意图：由简单的点与圆入手，寻找最近发展区，通过类比，迁移到直线与圆，学生易联想到用圆心到直线的距离与半径比较大小，从而转化为方程来研究，实现从"形"到"数"的一次转化。这两个问题能够促进和发展直观想象核心素养。

2.意义建构

（1）一个对应

直线和圆的公共点，既要满足直线方程又要满足圆的方程；反之，以方程组的解为坐标的点必是直线和圆的公共点。

（2）两个判定

直线与圆的位置关系及方程组解的判定，如表3-1所示。

表3-1 直线与圆的位置关系及方程组解的判定

直线与圆的位置关系	相离	相切	相交
圆形	(图)	(图)	(图)
判定1	d＞r	d＝r	d＜r
判定2	方程组无解	方程组有且仅有一组解	方程组有两组不同的解

设计意图：将学生通过思考与交流获得的正确结论用图表表示，数形并茂，深化认识。这是对直观想象的具体表示，也是逻辑推理中的等价转化和数学运算中寻求算法的过程，因此是数学核心素养的综合体现。

3.举例与探究

例题：已知直线 l：$4x+3y=40$ 和圆 C：$x^2+y^2=100$；

（1）判断直线 l 和圆 C 的位置关系。

（2）求直线 l 和圆 C 的公共点坐标。

设计意图：与书上例题相比，这里将两个问题调换顺序，目的有二，其一，先判断位置关系的入口宽一点，学生可以通过求圆心到直线的距离进行判断（以下称为方法 1），也可以联立方程组判断△（以下称为方法 2），并比较归纳不同方法的优劣，若先求交点方法就狭隘了；其二，只有相交或相切才有公共点，判断了位置关系再求交点比较合理，考虑到两问都要求解，那么联立方程组是必经之路，解方程组也是解析几何中必须掌握的运算能力。

教师可以继续提出问题：

问题 3：一条直线与一个圆相交，除了例题中包含的问题外，你还能提出什么问题？你能将这个问题解决吗？

设计意图：这个问题也可以直接由老师在例题两个问题的基础上加第三问：求直线 l 被圆 C 截得的弦长。但是，由学生主动提出问题，并产生主动探究的倾向，对提高学生主动学习的积极性，发展学生的自主学习研究能力，有着非常重要的意义。在老师的启发引导下，学生比较容易联想到弦长，但求弦长又会有不同的方法，这也是一个引发讨论和比较的好契机。

问题 4：限定直线需要满足的一个条件（如下），将直线动起来，你能就求直线方程设置哪些问题？（提示：可以从相交、相切、相离这三种不同的位置关系入手）。

（1）若直线斜率为 $-\dfrac{4}{3}$。

（2）若直线过点 A（1，5）。

设计意图：荷兰数学教育家弗莱登塔尔说过："学习数学的唯一正确方法是实行再创造，也就是由学生本人把要学习的知识发现或创造出来。"教师的任务就是引导和帮助学生去进行这种"再创造"，而不是把现成的知识灌输给学生。问题 4 是一个更加开放的问题，更能体现学生发现和提出问题的能力。放手让学生去做，他们会让你有更多的惊喜。教师可以做一些题型准备，根据学生的反应做出不同程度的提示。学生可能提出的问题会类似于题组中的类型，纵使不是大多数学生都能提问，也不是每个类型都能涉及，或学生的思维会跳出教师的预设，都没有关系，要让学生穷其所思，畅所欲言，只有给他们舞台，他们才会有更好的发挥。

4.巩固与提升

选择两道习题，由学生小组讨论，比较不同思路的简洁性，让学生板演过程。辨析两组题的不同，关注直线方程的注意点。

在时间充足的情况下，其余类型或学生其他的想法也可以拿出来讨论，或者给学生练习，也可以留给课后去钻研和思考。

设计意图：叶澜教授说："课堂应是向未知方向挺进的旅程……而不是一切都必须遵循固定线路而没有激情的行程。"在数学教学中要善于洞察"意外"，捕捉"美丽"。课堂也不一定是完整的，适当向课外延伸可以激发学生的学习热情，培养学生自主学习和深度学习的习惯。通过巩固与提升，不仅能找到合适的方法，还能求出正确答案，提高学生的数学运算和逻辑推理的核心素养。

5.小结与反思

（1）通过本节课的学习你会解决哪些问题？

（2）这堂课你最深刻的感受是什么？

设计意图：小结与反思是学习数学的一种好的习惯，它能去伪存真，帮助学生积累更多经验，储备更多的解题方法，并在各种途径中做出合理的选择。

第四章　教学中以学生为主体的实践探索

第一节　学生主体性的内涵与理论基础

一、以生为本的概念界定

人们对"以生为本"的解释基本源自对"以人为本"的借鉴。其思想基础与始于20世纪80年代的评价改革是一致的，均是以杜威的"学生为中心"及"教学民主化"的教育理念作为基本理论根源。当代教育观点认为，谁在学习中获取知识，谁便是学习的主体。

在实际教育教学中，学生才是学习的出发点和归宿，因此教育理应突出学生的主体性，培养学生的主体意识，还需强调对学生本身的关照、关怀、关注，以引导和促进学生的共性与个性协调发展为根本目标，其本质即为"以学生的发展为根本目的"。因此，教育领域中的"以人为本"就是"以学生为本"（以下简称为"以生为本"），即践行"一切为了学生，为了学生的一切，为了一切学生"。核心教育理念是"以学生的发展为本"，即在以人为本的理念下，强化师生的平等意识，培养学生的创新精神和实践动手能力，充分挖掘其潜能；

不仅强调面向全体学生，还要求关注每一位学生；因材施教，重视每一位学生的成长，发展每一位学生的个性和特长；尊重学生，相信学生，要紧密围绕学生的发展来设计教育和教学的过程。

本书将教育教学中的"以生为本"理念界定为：以学生自身的可能性、可塑性、发展性、未完成性和自我生成性为基本前提，尊重学生的自主选择，淡化教育的模式感，弱化教育者的权威性，承认教育中实际存在的无力感，试图让学生自觉探求自己、认识自己、成为自己、对自己负责，让每一位学生在现有的基础上得到最大程度的自我实现和自我发展，在有限的生命内追寻自我发展的最大可能性。

"以生为本"作为现代教育理念，是对以人为本理念的继承和发展，是现代教育从传统的知识性教育向发展性教育的转变。1998年10月，联合国教科文组织提出："在当今这个日新月异的社会里，高等教育显然要有以学生为中心的新的视角和模式。国家和高等院校的决策者应该把学生及其需要作为关心的重点，并应将学生视为高等教育改革的主要参与者。这是时代的召唤，是社会赋予的责任"。这为教育管理者提供了新的视角和模式：以学生为中心。认为教育管理者或决策者要把学生及其需求作为关注的重点，把学生视为教育改革的主要参与者，体现了"以生为本"的思想。

在"以生为本"的内涵研究中，有研究者认为"以生为本"的理念就是："首先要把学生看成学校生存之本，要把促进学生发展看成学校发展之本，要把'一切为了学生，为了学生的一切，为了一切学生'作为推动学校各项工作改革的动力之本。"也有学者认为，"以生为本"就是以学生的需要和权益为根本，学校办学必须一切为了学生的权益，一切着眼于学生的发展，一切落实于学生的成才，实现学生教育培养的主体化、个性化和人性化。由此可见，在教育实践中，"以生为本"中的"本"应该包含"根本"和"本体"这两层意思。

"根本"指的就是将学生视为教育存在的根本，将学生发展视为教育发展的根本。教育是为学生开展的，学校是为培养学生建立的，没有学生就没有教育，也不需要学校，更不需要管理。学生是教育的根本。教育的各项工作的开展都应以学生为本，从学生的实际出发，将学生的发展作为教育活动的出发点和落脚点。

"本体"指的是学生本体。学生是现实、具体存在的，是具有自我意识和思想的生命个体。教育是培养人的活动，教育不可能脱离具体的"人"而独立开展，故教育要把学生视为一个鲜活的个体，着眼于学生的生命价值，重视学生的主体地位，遵循学生的身心发展规律，尊重学生的个性发展，尊重学生的主观能动性。

二、主体性教育理念的界定

（一）主体性教育思想的渊源

尽管主体性教育理论的明确提出并不是很久之前的事情，然而主体性教育思想的萌芽却有着悠久的历史渊源。从苏格拉底、柏拉图的教育思想到近现代的教育学理论，都包含了大量有关主体性思想的真知灼见。

从国外的研究来看，大多数学者在研究过程中只重视对主体性教育思想的研究。在苏格拉底看来，教师不仅仅承担着传播真理的重任，还要承担起成为新思想"助产士"的责任，要在教学过程中充分发挥学生的创造性思维，采取有效的方法来帮助学生掌握正确的学习方法，让学生解决问题的能力得到提升。作为教师，不仅要将知识传授给学生，还要让学生自己掌握获取知识的能力。

卢梭在研究过程中把儿童作为研究对象，提出了主体性相关的思想理论。根据卢梭的研究观点可以看出，首先，他强调要重视儿童的发展；其次，他强调教育的对象是实实在在的人；最后，他针对教育中存在的问题提出了自己的看法和建议。很多教育学家对卢梭的观点进行了分析研究，并且对其进行了丰富和扩展。

霍尔和杜威分别提出了"儿童中心论"和"儿童主体地位说"，这两个学说在教育界引起了广泛反响。根据杜威的观点，教师在教学过程中必须促进学生进行思考，让他们养成思考和实践的习惯。在教学过程中，应当重视培养学生学习的兴趣，充分发挥学生的主动性。

皮亚杰在研究过程中充分借鉴了卢梭和杜威的研究成果，指出学生在学习过程中最重要的就是集中注意力，学生只有集中了注意力，其认知能力才能获得更好的发展。当然，皮亚杰的观点有其局限性，忽视了论证工具的作用。列昂节夫在研究过程中充分认识到了皮亚杰观点的局限性，但是其过于注重理论研究，缺乏实践。

罗杰斯在研究过程中不仅做了大量的理论研究工作，而且还进行了实践性探索。根据罗杰斯的相关理论可以看出，教师必须尊重和信任学生，要充分尊重学生的主体性。罗杰斯的教学理论主张培养学生的独立性和创造力，从而帮助学生获得全面发展。

我国学者在教育学和心理学上明确提出主体性思想是在20世纪80年代。1979年，于光远提出教育"三体论"，其中之一就是"单主体论"，其主要包括"教师主体"和"学生主体"。1981年，顾明远提出"学生既是教育的客体，又是教育的主体"。之后发展到主体性教育，如黄崴1997年发表的《主体性教育论》，他认为主体性教育思想促进了中国传统的教育思想和教育实践转向现代化。王道俊、郭文安教授还指出，主体性思潮将继续为我国教育的长远发展奠定内在的精神动力。王坤庆指出，主体性教育和教育的主体性从实质上来说是一致的。

我国关于主体教育的实验研究开始于20世纪90年代初期。1992年1月，北京师范大学和河南某校共同成立联合课题组开展相关实验研究，为主体性实验研究拉开了序幕。裴娣娜、王策三等人在研究过程中对全国多个城市进行了主体性教育研究，整个研究工作持续了十多年，同时构建了主体性发展理论，对我国中学教育教学改革产生了广泛而深刻的影响。

从实践操作来看，研究者在研究过程中，对于学生的主体性首先进行了概念上的界定；从学者的研究文献来看，多数学者认为学生的主体性主要包括学生自身发展的主体性和学生发展过程中的主体性。前者还是不成熟的，后者则是受到了社会教育的影响，强调对学生的塑造，促使学生在今后能够成为社会发展的主体。如此可以看出，上述所说的社会主体性在很大程度上受到了客观社会的制约。裴娣娜指出："以主体教育为核心的素质教育是促进学生全面发展的基本途径。"

（二）主体性的内涵及特征

主体是哲学上相对客体提出的，有本体论和认识论两种含义。本体论意义上的主体是指属性、关系、状态、运动变化等的载体和承担者。至于认识论意义上的主体，则是认识活动和实践活动的承担者，是与认识与实践的客体相对应、相关联而获得其规定性的，具体来讲就是指从事认识活动和实践活动的人，总是相对于认识的客体而言的。本书在研究过程中，所指的主体是认识论意义层面的主体，是指从事认识、实践等活动的个体。

根据马克思主义哲学理论可以看出，人的主体性是指人作为对象性活动的主体所表现出来的和客体相对的功能特性。人只有和特定的客体产生联系，并通过自觉能动性获得主动权，发挥出自身的主动性，才属于真正的主体。人在获得主体地位之后，主体性会面临着被削弱甚至丧失的危险，因此必须不断进行巩固和强化。主体性是人的个性的核心，主体性越鲜明的人，对自己的行为指向、目的、方式就越明确。人的主体性主要包括自主性、主动性、创造性。

目前，关于学生的主体性有一个较为普遍的认知观点，即主体性是学生在教师的指导下，在处理外界关系过程中展现出来的功能特点。具体表现在学生能够意识到自己在学习、生活中的主体地位和作用，能够以主人翁的态度积极主动地参与到学习、生活中，从而树立乐观向上的生活态度，促进身心全面、健康地成长。

自主性具体是指在满足特定条件的基础上，个体对自己活动具有支配和控制的权利。主动性指主体在对象性关系中，自觉、积极、主动地认识客体，并采取有效措施对客体进行改造。创造性以探索和求新为核心特征，它是个人主体性的最高表现和最高层次，是人的主体性的灵魂，其一方面包括个体对自身的超越；另一方面则把控个体对其他事物的超越。

（三）学生主体性学习原则

1.主动学习原则

对学生而言，学习应当是一个主动的过程，而不是被动接受的过程，那些自己曾试图想要去了解并理解的东西才会记忆深刻，以后再次需要时也可以从大脑中提取出来。相反，那些只凭记忆被动接受的知识，终将从记忆里消失。因此，学习任何东西的最好途径是自己去发现，即为了有效地学习，学生应当在给定的条件下，尽量多地自己去发现要学习的材料。

根据主动学习原理，首先，教师要相信学生的潜能，每个人能够做的总是比已经在做的要多。其次，教师应当让学生主动地为接下来将要研究的问题的明确表述贡献一份力量。假如学生在问题的提出过程中起过作用，则在之后的学习中就会显得更加积极主动。最后，"提出问题比解决问题更重要"是大家都承认的命题，却很少有人真正做到，教师需要做的就是更多地放手让学生自己去思考，养成发现问题的习惯，增强学生的问题意识。

2.最佳动机原则

有时候，学生的主动学习需要某些激励因素，而对所要学习的内容的兴趣就是最佳的刺激。强烈的心智活动所带来的愉悦感和成就感就是对这种活动最好的报偿，这种报偿反过来又能成为其主动学习的动力。因此，为了有效的学习，学生应当对所要学习的材料产生兴趣并在学习活动中找到乐趣。另外，还应当从学生的实际需要出发，让他们意识到自身的需要，并让他们发现满足这种需要的途径，从而产生学习动机。

学习的内部动机原则与最佳动机原理思想一致，它是指学生的创造性、高级思维、好奇心等都有助于产生学习动机，如果呈现给学生的学习任务是新颖的、难度适中、还与他的兴趣有关，并且能够让他自主选择和控制，那么这种学习任务就能激发学生学习的内部动机。所以，首先教师应该让他的学生从内心认为数学是有趣的，并对他的提问或讲述产生兴趣，这也要求教师在选择问题的过程中应当注意难易程度。其次，让学生学会适当的猜测会有利于增加他们对问题的好奇心，也可以尝试先猜测后验证的程序。

3.阶段序讲原理

波利亚说过，学习实质上从行动和感受开始，再上升到语言和概念，最后形成一定的心理习惯。也就是说，在有效的学习过程中，往往需要先通过一个实际的探索阶段才能达到用语言文字来表达并建立概念的阶段，最后将学习所得转化为学生的才能和品质，进而变成精神素质和情感领域的一部分。

根据阶段序讲原理，教师需要重视学生学习的探索阶段和同化阶段，一方面，教师要让学生对即将学习的资料先做一些探索工作，提高他们正式解题的兴趣；另一方面，对已经完成的解题过程适时进行一些回顾性的总结讨论，这不仅有助于学生对这些知识的内化吸收，也会对之后的解题有所帮助。学习是一个循序渐进的过程，学生对知识的探求阶段是关键，教师适当的启发有助于学生对新知的把握。另外，在定义、定理的概括方面，教师应当让学生尝试用自己的语言来表达阐述，以便学生完成对定义、定理的消化吸收。

4.学生主体性原则

要培养和发展学生的个体主体性，需要从以下三个方面着手：增强学生的主体意识、发展学生的主体能力、塑造学生的主体人格。

第一，为促进学生主体性的发展，首先应当唤醒学生的主体意识。只有当学生产生了主体意识，他们才能主动参与自身的发展，进而才能充分促进其主体性发展。

第二，教师必须重视学生的自主活动，并尽可能地为学生充分展示才能创造更多的机会和条件，使他们在尝试和探究性学习、合作学习等活动中，找到自己的"自由发展区"，使他们的主体能力得到发展。

第三，在学生的主体人格塑造方面，需要重视非理性因素的发展。因为非理性因素源于学生自身的需要和利益，它对学生的活动和行为方式有独特的调节和推动功能,并能通过认识和实践活动体现他们的主观意向和理想追求,从而影响他们的主体性发展。

5.学生理解原则

"为理解而教"是现代学习和教学理论的重要信念之一。教师不应在教学课时的压力下,为了赶进度而教学,应当注重学生对知识的理解程度,学生唯有通过理解才能完成知识内化。尤其针对概念、定理的教学,应重视"过程与方法",让学生亲身体验概念的形成和定理的发现过程。

(四)学生主体性在数学课堂中的表现

数学具有高度的抽象性和严谨性,数学的对象与客观现实有紧密联系,但数学仅用空间形式与数量关系来反映客观现实。数学理论是不断抽象的产物,科学家为了证明自己的论断常常求助于实验,而数学家证明定理则需要进行推理和计算,由此可以看出,不但数学的相关概念具有抽象性,数学的方法同样是非常抽象的。任何数学概念和原理的获得,都需要经过严密的逻辑推理。同时,数学作为一门基础学科,在日常生活、生产实践以及科学研究中无处不在,得到了广泛应用。本书所讲的数学课堂教学中学生的主体性主要是指学生对数学学科的认知态度和认知过程的表现,主要体现在以下三个方面:

第一,学生在数学课堂教学中的自主性,首先,学生具有自主意识,有非常明确的目标和积极的态度,能够在教师的指导下对教材进行分析和学习,并且将相关知识内化于心;其次,学生还能够意识到自己在学习中的主体地位,以主人翁的意识投入教学活动中,能够合理安排自己的学习时间,有计划、有选择地进行学习;再次,学生能够根据自己的情况合理选择学习方法,并制订符合自己学习情况的计划;最后,学生能够对自己的学习进行反思,发现学习中的不足并及时改进。

第二,学生的主动性是在教学活动中逐渐产生并发展起来的。首先,学生在课堂上认真思考、积极发言,踊跃参加各种集体活动,具有较强的合作意识和与他人交流的能力;其次,学生能够根据已有的需要、兴趣、爱好、知识经验以及认知水平去建构新知识，然后对新知识进行加工和处理，最终吸收为自己所用，将这些新知识纳入自己的认知结构中。

第三，对学生的学习而言，其创造性不仅限于创造新知识，而应包括以下内容：对事物有自己的见解；喜欢对难题进行分析研究；善于直觉思维和借助具体形象解决问题。在数学学习上，学生的创造性表现为学生能够灵活运用定理概念，举一反三；在解题时，不会只限于教师的讲解方法，喜欢另辟蹊径；有较强的逻辑思维能力，能抽象得到几何对象（如点、线、面、几何图形等），并通过逻辑推理论证获得关于它们的形状、位置关系、度量等的结论；能将学习的数学知识应用到生活实际中，用数学的眼光看问题。

（五）影响学生主体性发挥的因素

根据裴娣娜等人的研究，学生主体性的影响因素可以概括为以下两个主要的方面：一是由家庭、社会、学校等所构成的外在因素；二是由学生自己本身的年龄、性别、认知水平等所构成的内在因素。笔者主要针对以下两个方面进行简单的研究与阐述。

首先是教师，作为教学中的主导者，在现在的高中教学中，教师仍然占据主要地位，由于这个年龄段的学生的自制力还很弱，非常需要教师的引导与教育。同时，因为学生还没有形成正确的三观，这也需要教师在工作中对学生进行协调教育。鉴于上面这些原因，教师作为教学的主导者，为了适应社会对教育的要求，教师必须学会改变传统的"教师教＋学生学"的教学模式，依据本校学生的实际情况，创造出更加多元化的、多样的课堂教学模式。只有不断改进教学环境，才能真正做到让学生自己成为课堂的主人，充分发挥学生的主体作用，让他们能够更好地参与到课堂学习中。

其次是学生本身，作为新课堂要求的主体人物，要想真正发挥学生的主体性，学校教学过程的不断改进只能是其中的一部分外在因素，而要实现这一目标的最终内在因素则是学生本身。学校应该通过多样化的课堂教育以及课堂活动让学生养成一种主体意识，只有这样才能使学生发挥其主观能动性。

从教育教学的角度来分析，教学过程是教学双方活动有机结合的完整过程。教学过程以学生认知为中心，致力于实现学生的全面发展。在现代教学中，学生是教学的主体，掌握着选择包括教育因素在内的外在因素的主动权。他们听到的、看到的必须经过内化才能成为他们自己的知识、想法，这个内化过程是无法被其他人或组织所替代的。教师的主导作用并不仅仅针对学习过程，还具体体现在如何更好地帮助学生成长起来，让学生成为学习和发展的主人。高中生正处于身心成长的关键时期，在这个时期，他们的知识结构、思想品德、心理素质等都不完善，主体性发展水平相对来说非常低，更是需要借助教育手段来唤醒他们的主体性，从而使他们逐渐成为学习的主人。

学生的主体性发挥是指学生的创造潜能得到挖掘、释放和发展，最终达到"自我教育"的目的。活动和实践是人认识和发展的基础，主体性会在活动中产生并表现出来，基于此，在教学过程中，教师务必要重视对学生主体意识的培养，注重提高学生的参与性，借助主体和客体、个体和群体的双向构建，实现主体性的发展。

三、主体性教育理念的理论基础

（一）马克思关于人的全面发展学说

马克思在分析人的本质的过程中，对于人的社会历史性和自觉能动性作了重点分析。人的主体性是人的全面发展最为核心的特征。由对马克思相关理论的分析可以看出，人的全面发展具有非常丰富的内涵，并且是一个复杂的过程。

从个体方面分析，人的全面发展要求人的素质、能力及个性都能够得到发挥，人能够根据自己的意愿来做出具体的行为。可以说，马克思关于人的全面发展理论，为培养学生的主体性提供了非常好的借鉴，因为教育工作的最终目标就是促进人的全面发展。总的来说，社会、自然、遗传及教育等方面的因素都会对人的发展产生影响，而其中教育对于人的发展的影响是最为重要的。

教育从本质上来说就是学生接受教师的指导，汲取知识并自我完善的过程。

对于个体的发展来说，教育虽然发挥主导作用，但主导作用的发挥必须具备特定的条件。在教学过程中，教师应当激发学生的主体意识，充分发挥他们学习的主动性，培养学生的创造性和独立性，这是促使学生获得全面发展的基础。

（二）建构主义学习理论

建构主义认为，知识既不来自主体，也不来自客体，而是在主客体之间的相互作用过程中建构起来的。一方面，新经验的获得需要以原来的经验为基础；另一方面，新经验的进入又会使原有的经验发生一定的改变，使它得到丰富、调整或改造。这就是双向的建构过程。

皮亚杰最早创造的建构主义学习理论对当前的教育产生了很大的影响。该理论强调学习的主动建构性和情境性，提倡学生对知识主动探索、发现和对所学知识及其意义进行主动建构。具体来说，建构主义学习理论对发挥学生在课堂上的主体性有两个方面的重要启示：第一，在教学过程中，学生不仅仅是在接受客观的知识，更是在积极主动地建构对知识的理解。教师应时刻以学生为主体，调动学生的主体性意识，使学生养成自觉意识，树立主人翁意识，积极主动地建构对新事物的理解。第二，教师在教学中应积极创设和学生生活经验相符的学习情境，使学生更多地参与到实际情境中，感受解决问题的探索过程，增强他们的实践能力和创新能力。教师在教学中应为学生的学习提供探究、合作的平台，对学生的发展进行指导。

（三）发展性教学理念

苏联的学者长期以来对发展性教学问题进行了卓有成效的研究。早在 20 世纪 20 至 30 年代，维果茨基就提出："只有当教学走在发展的前面的时候，这才是好的教学。教育学不仅应当以儿童发展的昨天作为方向，还应当以儿童发展的明天作为方向。"裴娣娜认为，发展性教学是促进学生获得全面发展的教学，它以学生为主体，通过引导学生主动学习，促进他们的主体性发展，可以说充分体现了现代教育的特征。

发展性教学的核心是现代教学观念，它有别于传统教学观。现代教学从主体教育论出发，要求确立整体综合的观点、发展的观点、结构的观点、主体性的观点、活动和实践的观点、教学认识的社会性观点，正是这些构成了发展性教学的核心思想。发展性教学的目标是"促进学生主体性的发展与我国社会主义现代化的发展，要求学校培养的人必须具有良好的品格，有较强的适应社会的能力，有较高的文化素养。他们不仅会学习、会生活，而且会创造、会做人"。

发展性教学是对传统教学的扬弃，主要是针对传统教学中严重忽视人的发展这一弊端提出的，强调学生的发展是在教师的引导下自我生成的过程，它是从学生主体性发展的角度展开自己的设计与创造的。要变传统被动的学习为积极主动的参与式与探究式学习，它有自己明确的目标定位，就是学生的发展。因此，学生个性的形成与发展是教育的核心问题；主体性是学生素质发展的核心内容，主体性的发展会有力地促进学生其他方面素质的提高；教学活动与教学交往是学生发展的重要方式。

第二节　教学中学生主体参与意识的培养

一、熟悉教材与课程标准

新一轮的课程改革已进入实施阶段，教育部颁布的《普通高中数学课程标准（2017年版2020年修订）》（以下简称"新课标"）中，将高中数学课程分为必修课程、选择性必修课程和选修课程三种，并在课程设计、课程目标、内容标准及实施建议中作出了一系列具体安排，成为新课程标准的一大亮点（如图4-1所示）。

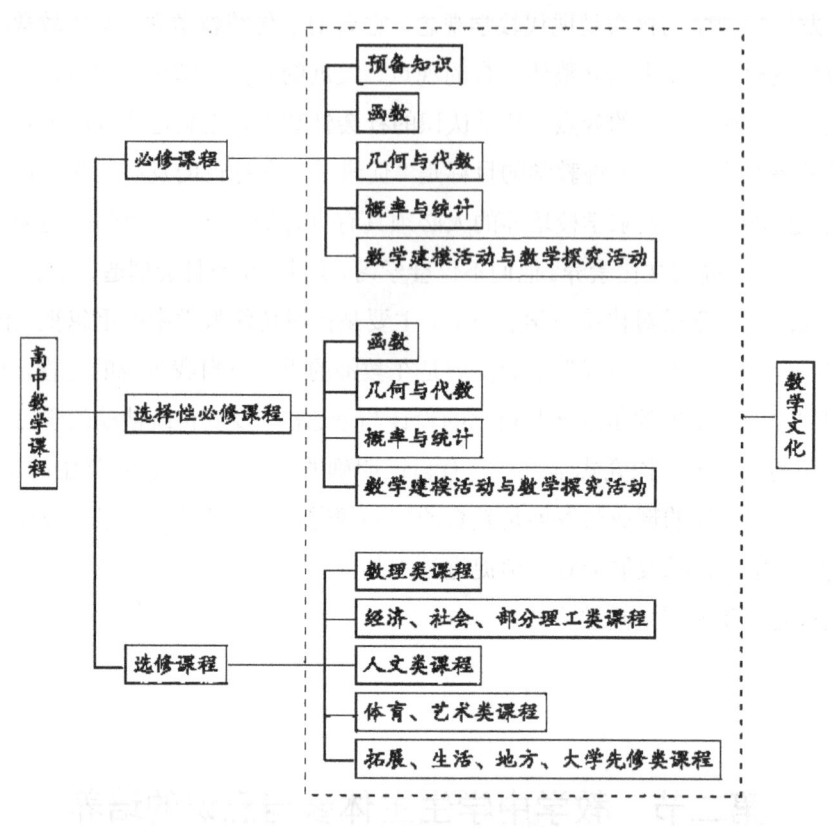

图 4-1 高中数学课程结构图

（一）培养主体参与合情推理

合情推理是创新思维的火花，操作探究是创新的基本技能，在教学中要充分挖掘新教材的教学资源，用火花去点燃学生的学习激情，用技能去武装学生的头脑，使新课程标准的教学过程成为师生交流、共同发展提高的互动过程；使数学的课堂教学真正达到讲述环节"一枝一叶总关情"，导入环节"未成曲调先有情"，情境创设"山雨欲来风满楼"，细节设计"嫁与春风不用媒"，教学机制"随风潜入夜，润物细无声"的境界；使课堂教学真正成为师生富有个性化地培养创新思维的过程。

合情推理就是一种合乎情理的推理，主要包括观察、比较、不完全归纳、类比、猜想、估算、联想、自觉、顿悟、灵感等思维形式。合情推理所得的结果具有偶然性，但也不是完全凭空想象，它是根据一定的知识和方法作出的探索性的判断，因此合情推理被广泛地应用于科学、生产和社会研究之中，如律师的案情推理、历史学家的史料推理、经济学家的统计推理、物理学家的实验归纳推理等。合情推理没有固定的逻辑标准，是笼统、通人情的，它是与个人的情绪、爱好、基础等主观因素有关的一种推理。它是取得创造性成就的工具，是创造性工作所赖以进行的推理。

（二）培养代数几何综合思维

数学课程涉及的领域是广泛的，这些领域是现有的可供学生思考、探究和具体操作的题材。这类题材的设计和编排都充分体现了"数学是思维的体操，问题是思维的钥匙"。因此，教师在备课时不仅要把主要的精力放在设计和安排学生的数学活动上，而且要充分揭示对教学内容中的数学实质、思想方法的研究与思考过程。在教学活动中，教师要充分考虑学生的接受程度，精心设计综合题中的每一个小问题，分清题目的坡度，真正做到"人人学有价值的数学；人人都能获得必需的数学；不同的人能在数学上得到不同的发展"。

（三）培养创新思维

罗杰斯提出，有利于创造活动的一般条件是心理的安全和自由。首先，教师应以训练学生创新能力为目的，保留学生自己的空间，尊重学生的爱好、个性和人格，以平等、宽容、友善的态度对待学生，使学生在教育教学过程中能够做学习的主人，形成一种宽松和谐的教育环境。只有在这种氛围中，学生才能充分发挥自己的聪明才智和创造想象的能力。其次，班集体能集思广益，有利于学生之间的多向交流、取长补短。在课堂教学中可以有意识地搞好合作教学，使教师、学生的角色处于随时互换的动态变化中，还可以设计集体讨论、查缺互补、分组操作等内容，锻炼学生的合作能力。

二、尊重学生的主体地位

(一) 确立学生的主体参与地位

在教育过程中,学生既是接受教育的对象,同时也扮演学习的主体角色。学生不应该被动地接受知识,教师也不能简单地将信息灌输给学生。实现良好的教学效果需要激发学生的主动性,鼓励他们独立思考和参与实际活动。

在每堂课上,教师需要考虑每个学生,并确保每位学生都积极参与学习活动,并有所收获和进步。这意味着在课堂上要减少单一的教师提问、学生回答的模式。这种问答方式通常只涉及少数学生,而其他学生可能不积极参与或不愿意回答问题。相反,可以采用多样化的方式,如分组、排队、分行等,以增加学生的语言实践机会,并充分发挥学生在学习中的积极性。

(二) 帮助学生树立自信心

教学活动过程其实就是师生信息传递的过程,也是师生知识信息相互碰撞的过程。把教师的主导作用和学生的主体作用建立在平等的师生关系上,形成良性互动,是激活学生主体意识的基本条件。

心理学家罗森塔尔说过:"人性最深层的需要就是渴望别人欣赏,而且这种渴望会随着阅历的增加变得更加深层。"他曾经抽取某校 18 个班级部分学生的名单留给学校,8 个月后,他来到学校复试,结果名单上的学生都成绩增长很快,求知欲旺盛。教师和学生事后才知道名单上的学生都是随机抽取的,并非可以挑选出来的天才。罗森塔尔通过"善意的谎言"暗示教师,从而坚定了教师对名单上的学生的信心。在教师的信任和爱护下,这些学生更加自尊、自信、自强。这就是"罗森塔尔效应",说明只要教师能帮助学生树立信心,学生就愿意接近教师,乐于接受教师的教育。

(三) 引导主体参与教学

在学校的教育活动中,学生不仅是接受教育的对象,也是自身发展的主体。

学生的发展受到外部教育活动的影响，也受到其自身主观能动性的影响。这主要取决于学生在教育活动开始时的发展水平。学生的发展水平将决定他们在教育活动中的选择，包括学什么、在何地学、何时学、为何学以及如何学。因此，强调发挥学生的主观能动性需要重视对学生在教育活动起始阶段的差异性发展状态的研究。

对于数学学习而言，仅仅依靠被动听讲是不够的，实践是至关重要的。数学教学应该是教师和学生一起参与的过程，学生在这个过程中扮演主体角色。因此，教师需要尊重学生的主体地位，为他们提供足够的时间进行课堂练习。如果教师的讲解时间过多，将剥夺学生练习的机会，这等于将他们排除在数学学习的核心之外。因此，在发挥教师的主导作用的同时，我们必须确保学生能够积极参与数学学习，鼓励他们充分投入数学学习中，真正确立学生主体参与者的地位。

三、营造自主参与的良好氛围

（一）为学生创造主动参与的教学环境

新课标指出，教师应该是学生学习的合作者、引导者和参与者。教学过程不只是师生之间进行信息交流的过程，更应该是师生之间进行情感交流的过程。在课堂上，教师要为学生积极创造一种民主、和谐、轻松、愉快的教学氛围，使学生获得"我是学习的主人"的体验，以激发他们的求知欲。首先，要树立师生平等的教学观，转变传统的思想观念。教师要与学生交朋友，做到以知、以德、以理服人。其次，给每一位学生提供相同的学习机会，尤其是对那些后进生，更要关怀备至，多为他们创造成功的机会。实践证明，只有树立了民主化的教学观，才能为学生搭建自主学习的平台。

（二）为学生提供主动参与的时间和空间

学生只有在课堂上拥有属于自己的时间和空间，才能真正主动地去学习。

因此，教师应尽量不要求学生表现得整齐划一，不要给学生的思维活动设置过多的禁区，要真正把学生解放出来。首先，教师在课堂上提出一些探究性的问题后，要留给学生自己思维的空间，不要以诱导或暗示的方式，把学生的思路限制在自己为他们设计好的模式中，要给他们自主学习的机会。其次，在分析或讨论问题之前，留给学生自由发挥和想象的空间，教师在课堂上不能只是演"独角戏"，要多搞"小合唱""大合唱""表演唱"。笔者多年的课堂教学实践证明，课堂上没有充分的讨论，学生之间就不可能有高质量的语言交流。

（三）培养学生主动发现问题

波利亚认为，学习任何知识的途径，都是由自己发现的，因为这种发现理解最深刻，也最容易掌握其中的内在规律、性质和联系。因此，为了使学生积极主动地参与教学过程的各个环节，教师可以引导他们利用已经获取的知识和生活经验，自己去发现新问题，学会探求知识的方法，品尝探究成功的喜悦，激发渴望学习的内在动力。对于学生来说，自己主动发现问题、探求新知，印象和感受最深刻，理解也最深刻。

（四）鼓励学生主动提出问题

问题是科学研究的起点。没有问题，就不会有解决问题的思路和方法。问题是产生新思想、新方法、新知识的种子。实际上，每个学生都是天生的发问者，对他们来说，世界由无数个问号构成，只有一个个的问号得到解答，才能让他们逐步地认识世界、了解世界、掌握新知。因此，教师要在课堂上鼓励学生敢于大胆质疑，鼓励学生多角度、全方位地思考问题，提高他们的类比、联想等发散思维能力，使学生不只是停留在对所学内容的表层理解上，而是要利用所学知识去探究和创造。

（五）引导学生全面分析问题

在课堂教学过程中，分析讨论问题是使学生参与教学过程、主动探究新知的有效途径。分析讨论能够集思广益，既有利于学生主动参与，使每个学生都有充分表现的机会，又有利于学生之间的多向交流，学习他人的长处，培养合作精神。因此，在课堂上，教师应该针对教材的关键处和学生的疑难点，适时恰当地选择有讨论价值的问题组织学生进行讨论，使他们各抒己见、互相启发、取长补短，发挥集体智慧，促进学生学习知识和提高能力。

（六）指点学生解决问题

授人以鱼，不如授人以渔。学生学习的过程是在教师的帮助下解决问题的过程。对于在课堂上出现的问题，教师要积极指导学生在分析讨论的基础上，自己找出解决问题的办法，达到自主探究和学习的目的，从而进一步促进他们主动学习能力的提高。

（七）直言学生要善于总结问题

学生在精神世界上也有需求，他们希望自己是探索者和发现者。让他们积极参与知识的形成过程，可以使他们真正成为学习的主人，从而积极、主动、有效地进行学习。因此，学完新的知识之后，教师应该引导学生通过分析、比较和总结，得出结论，找出一些规律。总结能提高学生的概括能力，并使教师及时掌握学生的学习情况，了解他们在学习过程中出现的问题，及时进行补偿教学。

四、调动主体的参与热情

现代教育理论强调，教学不仅是学生在教师的引导下进行认知的过程，也是学生能力发展的过程。数学是一门与现实生活紧密相关的学科，因此，在数学教学中，可以通过三个阶段（课前、课中、课后）来创造与生活相关的情境，将数学问题融入生活实践，让学生认识到数学无处不在，体验到数学的趣味性和实用性，从而激发学生的学习兴趣，增强他们的参与意识。学生只有积极主动地参与教学过程，全身心投入学习活动，才能够将外部的学习活动逐渐内化为个体的智力活动，进而更有效地获取知识、发展智力，提高综合素质。

（一）课前教育情景

学习知识的最佳途径是由自己去发现的，因为这种发现理解最深，也最容易掌握其内在规律、性质和联系。捕捉生活中的数学现象，挖掘数学知识中的生活现象，让数学更贴近生活，将有利于提高学生对数学的参与度。

学生参与课堂教学往往是从无意注意开始的，然后逐步过渡到有意注意。课前教师结合数学内容，让学生从生活中采撷数学实例，为课堂教学服务，从而使学生带着浓厚兴趣主动参与到对新知识的探究中。所以教师应通过课前教学组织，把学生尽快地引向有意注意，使学生对本节课所学的内容尽快地产生兴趣，及时参与到教学活动中来，并且把学生学习新知识的兴趣和主动参与的意识调动起来，达到事半功倍的效果。

（二）课中教育情景

教育家陶行知先生指出："学生有了兴趣，就肯用全副精神去做事，学与乐不可分。"可见，兴趣和情感是影响学习活动的重要因素，要让学生真正参与教学，教师就要根据教学内容让学生在民主、和谐、安全、自由的氛围中产生强烈的探究欲望。

心理学研究表明，在良好的氛围中，人可以发挥出85%的潜能。因此，教师必须树立良好的师德，关注学生好奇、好胜、好问的心理，多给学生表扬和鼓励，在课堂教学中充分发扬民主，让学生各抒己见、畅所欲言，教师与学生在教与学中产生和谐共鸣，能增进相互之间的情感交流。让学生有选择权，要允许学生犯错误，鼓励他们。在教学中，教师要放下"师道尊严"的架子，进入学生中间，用微笑感染学生，用"太棒了""进步真快"等激励性语言鼓励学生。这样才能使学生在良好的氛围中主动探究知识，获得成功的体验，增强参与意识，积极参与教学，主动参与数学学习活动。

在数学教学中，让学生领悟到数学知识源于生活，又服务于生活，能用数学思维去观察、理解生活实际。培养学生解决实际问题的能力，沟通课堂与生活联系，也就能增强其参与能力。

（三）课后教育情景

主体性的课堂教学是一种师生共同参与、相互交流的多边活动。除了在课堂上让学生将数学与生活联系起来，课后，教师还应引导学生参与课外兴趣活动，注重培养他们的创新能力，让他们将数学知识运用到更广阔的生活领域中。教师可以以现实生活为基础设计专题作业，鼓励学生通过分析和交流，运用所学知识来解决实际问题，从而使他们认识到数学在现实生活中的重要作用。在这些活动中，教师可以组织学生根据自身水平开展各种创造性活动，让他们在参与中体验到学习数学的乐趣和运用数学进行创造的满足感。

五、把握学生的个体差异

高中数学课堂教学并不是一个简单的知识传递的过程，而是学生在已有知识经验的基础上不断建构知识的过程。每个学生来自不同的家庭，有着不同的兴趣、爱好和个性。差异是客观存在的，是不以人们的意志而转移的。因此，教师更应关注学生，与学生建立一种和谐的、自由的、发展的、愉快的、以人为本的平等关系。促进教师对学生的人文性关怀，使每个学生都产生终身学习的愿望。

在相关理论的指导下，通过课堂教学实践，笔者认为对课堂教学中学生个体差异的理解和把握有这样的基本思路：从学生参与课堂教学的实际出发，构建一个能涵盖各种重要的个体差异变量、体现课堂教学特征的分析框架，并把众多的个体差异变量放到这个框架中加以分析，确定每一变量的差异状况及其对课堂教学活动的不同意义，进而形成学生个体差异的结构体系。这既是开展有效教学的基础，也是我们检视课堂教学成果的有效工具。

（一）学生的基础性差异

学生的基础性差异主要包括身体素质和知识基础两方面。身体素质是学生一切心理活动的物质基础，对学习活动起着重要作用。而知识基础则是指学生在课堂教学开始前已经积累的知识和经验，以及这些知识的组织结构。这在很大程度上影响了学生对外界信息的接收和处理，进而影响了他们学习的广度和深度。在教学活动中，个体的知识基础差异主要表现在两个方面：首先，它们在已掌握的知识数量方面存在差异，一般来说，知识储备越丰富的学生，越有能力将新知识整合到已有知识体系中。其次，其已掌握的知识在质量方面也有差异，即学生的知识结构和认知能力存在差异。这些差异会影响学生对新知识的理解和运用。

个体知识结构的差异主要表现为陈述性知识、程序性知识和策略性知识在个体知识体系中所占比例的不同。在传统课堂教学中，我们关注得比较多的主要是个体在陈述性知识和程序性知识（即"双基"）上的差异，而相对忽视了策略性知识在个体学习和发展中的重要意义。事实上，学生在策略性知识方面的个体差异是比较大的，其程度可能远远超过学生在陈述性知识和程序性知识方面的个体差异。许多所谓的后进生之所以在学习上出现比其他人更大的困难，很多情况下不是因为他们比其他人少掌握了多少陈述性知识和程序性知识，而是因为他们在策略性知识上存在重大缺失或在具体学习活动中对策略性知识的运用不当。

（二）学生的动力性差异

学生的动力性差异主要指学生学习动机的差异。学习动机是用来表示发动和维持学生某种学习行为以达到一定目标的各种因素的一个中介变量，它由需要、兴趣、情感、意志等非智力因素构成，虽然并不直接参与对教学客体的认知过程，但通过发起或中止、增强或削弱认知活动，间接地影响认知过程。

学生在学习动机方面存在着明显的个体差异。这些差异首先表现在学习动机的构成上。在同一课堂中，学生的学习动机可能会有所不同。有些学生可能更依赖内部动机,而其他学生可能更依赖外部动机。理想情况下,学习动机应该主要建立在对所学知识本身的兴趣上,而不应该被外部奖励左右。否则一旦得到奖励,学习的兴趣就会减弱。其次,学生在学习动机的强度上也存在差异。动机过强或过弱都可能对学习产生不利影响。过强的动机可能导致情感和意志等非智力因素处于亢奋状态,干扰学习进程,而过弱的动机则可能导致学生无法集中注意力,不愿付出足够的努力。因此,在课堂教学中,教师需要了解学生的实际动机状态和个体差异,并采取相应的教育措施进行调整。

(三)学生的操作性差异

1.学习能力的差异

学习能力是指学生在学习活动过程中表现出来的能够提高学习活动成效的各种能力的总和,它担负着对教学客体进行加工的任务,主要包括两大类:一类是适应认知活动需要而应有的各种智力活动能力,称为"认知性学习能力";另一类是适应教学活动中交往活动需要而应有的各种能力,称为"交往性学习能力"。在课堂教学中,这两种学习能力都可能存在较大的个体差异。

认知性学习能力是学习主体的智力和多种能力在其掌握知识的过程中的具体表现,包括预习能力、听课能力、复习能力、作业能力、考试能力、检索能力和组织学习活动的能力等。其中,检索能力和组织学习活动的能力是在传统教学中比较容易忽视,但在当代教学活动中却应该特别关注的内容。

检索能力是指个体从大量的纷繁复杂的信息中迅速准确地查找所需信息的能力。随着教育信息化的日益发展,检索能力越来越受到人们的关注。在信息化教学中,学生能够以什么样的速度、什么样的准确率获取什么数量和质量的信息,将成为制约学生学习活动成效的关键。组织学习活动的能力是一种元认知能力,与学习主体知识结构中的策略性知识相对应,这种能力的高低决定了学习主体能否有效地调控自己的学习活动及其进程,是整个认知性学习能力的核心要素。在大力倡导"教是为了不教""学会学习"的当代社会,这种能力必然会被人们反复强调。

交往性学习能力是个体在学习过程中表现出来的旨在保证个体与他人友好相处、相互促进、共同发展的各种能力的综合能力,在课堂教学中,主要表现为师生交往能力和生生交往能力。传统教学往往只重视学生的认知性学习能力,不谈或很少谈及学生的交往性学习能力;即使谈到学生的交往性学习能力,也往往只重视师生交往,而不谈或很少谈及生生交往。正如有学者所言,在传统的班级教学中"还缺乏真正的集体性,每一个学生独自完成学习任务。教师虽然同样教着许多学生,但每个学生各以自己独特的方式去掌握知识。每个学生分别对教师负责,学生与学生之间并无分工合作,彼此不承担任何责任,无必然的依存关系"。这与传统教学把教学活动简单地理解为师生之间单向的知识授受活动密切相关。实际上,教学活动是认识活动与交往活动的统一,丰富多样的交往活动是一种客观的存在,学习主体的交往性学习能力的高低,决定了主体交往的范围和方式,因而也在很大程度上决定了个体发展的程度与水平。

2.学习风格的差异

学习风格是西方近半个世纪以来心理学关注的一个重要课题。现代心理学研究表明,个体学习成效虽然与个体学习能力水平的高低有较大的相关性,但更依赖于个体所开展的学习活动与其学习风格相适应的程度。借助学习风格这一概念,能够更好地理解学生在学习方式上的个体差异。

自 1954 年哈伯特·塞伦首先提出"学习风格"这一概念以来,出现了众多不同的概念界定。借鉴国内外的相关研究成果,笔者认为学习风格是学习者在学习过程中偏爱的、习惯化了的带有个性色彩的学习方式,是个性化了的学习策略和学习倾向的总和。例如,面对问题,有的学生较为冲动,有的学生较为慎重;有的学生不管他的伙伴怎么想而自己作出决定,有的学生则依赖于教师或同伴的指导;有的学生主要通过听觉系统来学习,有的学生则主要通过视觉系统来学习,而有的学生喜欢通过做或模仿来学习;有的学生喜欢独立学习,而有的学生喜欢在小组中学习等。

学习风格是影响学生差异发展的重要变量之一,它与学习能力同属于学习的操作系统，但却有着很大的不同。这种不同之处在于，学习能力有高和低、好与差之分，只有一个维度；而学习风格一般存在类型的不同，却不太好做好坏之分。

例如，有的学生倾向于采用求异的思维方式，有的学生则倾向于采用求同的思维方式，但我们不能说求异思维方式就一定比求同思维方式好些，因为不同的思维方式适合解决不同的问题。大量的相关研究和教学实践表明，尊重学生的学习风格并依次进行教学，学生的学习会更为有效（表现在学得多、学得快），学业成绩得到了提高；学生对学校、学习、教师及自身的态度得到了好转；课堂违纪、逃学、辍学和青少年过失行为明显下降。

（四）学生的方向性差异

方向性差异主要是指学生在潜在优势领域方面存在的差异。潜能是人身上"沉睡着"的力量，代表着发展的可能性，是教学可以利用的、来自个体发展内部的积极力量。

教育教学的目的就是唤醒这种"沉睡着"的力量，挖掘人的潜能，促进人的发展。而人的潜能是存在个体差异的，这种差异不仅表现在潜能的大小上，更重要的是表现在人的潜在优势领域的不同上。不同的潜在优势领域，往往决定了学生不同的最佳发展方向。

人的潜在优势领域是心理学研究中一直比较关注的问题，特别是20世纪80年代以后，随着多元智力理论的提出、发展和完善，这一问题更成为心理学和教育学共同关注的重要问题。

多元智力理论认为，人的智力是多元的，人除了有语言智力和逻辑数理智力这两种基本智力，还有视觉空间关系智力、音乐节奏智力、身体运动智力、人际交往智力等其他七种智力，它们分别代表个体身上不同类型的九种潜能。

对单个个体来说，任何个体都不可能在这九种智力上获得同样优秀的发展，而往往是在其中某几个方面有比较突出的表现。正是这九种智力间的不同组合方式和结构形式，构成了个体间的智力差异和潜能差异，使每个个体表现出自己的独特性。

由此可知,学生与学生之间的差异不体现在智力的高低上,而体现在智力强项和潜在优势的不同类型上;教育的起点不在于一个人有多么聪明,而在于怎样变得聪明,在哪些方面变得聪明;教育的责任不是去鉴别哪些孩子聪明、哪些孩子不聪明,而是要去发现每个孩子身上的潜能,即他在哪些方面可以变得更聪明,从而采用适当的方法促进他的个性化发展。

用苏霍姆林斯基的话来说就是:"最主要的是在每个孩子的身上发现最强的一面,找出他作为人发展源泉的'机灵点',做到使孩子能够充分地显示和发展他的天赋素质,达到他的年龄可能达到的最卓越的成绩"。

通过对以上影响课堂教学中学生的个体差异的变量进行分析,本书建立了一个可供参考的、可以把握学生个体差异的分析框架。这个框架如表4-1所示。

表4-1 课堂教学中学生个体差异变量分析

学习要素	差异变量(一级)	差异变量(二级)
基础系统	身体状态	神经系统、身体机能和体质
	知识基础	陈述性知识、程序性知识和策略性知识
		正式知识和缄默知识
动力系统	学习动机	内部动机与外部动机
操作系统	学习能力	认知性学习能力
		交往性学习能力
	学习风格	认知风格
方向系统	潜在优势领域	九种智力

对于这个差异表,还有三点需要说明:第一,要注意区分上述个体差异变量在性质上的不同,在教学中加以区别对待;第二,要处理好个体差异的稳定性与可塑性之间的关系;第三,在特定的课堂教学中,上述个体差异变量并非每一个都能被清晰地区分出来。

六、在参与过程中培养学生的思维

首先,在教学过程中,教师不仅要把学生看作"对象""主体",还要把学生看作教学"资源"的重要构成者和生成者。学生进入教学的初始状态，是教学能否对学生发展起真实、有效作用的基础性资源，也是课堂上师生交互作用的起点；学生在课堂活动中的状态，包括他们的学习兴趣、积极性、注意力、学习方法与思维方式、合作能力与质量、发表的意见、建议、观点、提出的问题与争论乃至错误的回答等，无论是以言语还是以行为、情绪方式表达，都是教学过程中的生成性资源；教学后学生呈现的变化状态，则是评价性资源和下一个教学流程的基础性资源。有了这种"活资源"的意识，教师才会在课前、课中和课后把自己的心思不只放在教材、教参和教案上，而努力放在研究学生、倾听学生、发现学生上，才不会把学生在课堂中的活动、回答看作一种对教师的配合，而看作对教的过程的积极参与和教学过程不可缺少的重要组成部分。

其次，教师在教学过程中的角色不仅是知识的呈现者、对话的提问者、学习的指导者、学业的评价者、纪律的管理者，更是课堂教学过程中呈现信息的重组者。学生动起来了，绝对不意味着教师无事可做了，而意味着教师要在收集处理这些信息的水平上做只有教师可以完成也应该由教师来完成的更高水平的"动"，通过教师的"动"，形成新的又具有连续性的兴奋点和教学步骤，使教学过程真正呈现出动态生成的形态。学生的主动活动绝不能自发推进教学过程，如果没有教师这个"重组者"角色的重要作用，就不能有高质量、有效的互动，学生将会变成一盘散沙，教学也失去了它的意义。

七、发挥教师在学生主体参与过程中的作用

在高中阶段进行学生主体参与教学的探索，是实现高中教育摆脱学生被动地掌握知识，走向学生主体参与到自主获取有用经验的重要一步，是素质教育的必然要求。

为使学生能够自主学习、自主发展，必须突破传统课堂教学中制约学生主体发展的一些陈旧观念。教师作为学生的引导者、领路人，不仅要让他们学会知识，更重要的是让学生主动参与学习。同时，打破原有的传统的教学模式，把僵化的数学学习变得生机勃勃，使数学课堂焕发出一派生机，从而切实提高

教学质量，探索新的教学模式，已经成为我国教学改革的基本方向。

在教育活动中，教师的主体性主要体现在三个方面：首先，教师是教育活动的设计者，教师在组织教育活动之前必须理解教育目标，认识教育对象，钻研教育内容，选择教育方法，设计教育程序。其次，教师是教育活动的组织者，从教育活动的开始到教育活动的结束，教师要充分组织各种教育因素、各种教育影响和各种教育资源，组织教育对象进行教育活动，必须把具有主体性的学生组织起来，充分发挥学生积极、能动的主体性因素，并协调多种因素之间的关系，保证教育活动的顺利进行，保证教育任务的完成和教育目标的实现。最后，教师是教育活动的主导者，在活动过程中，一方面，教师要采用一定的教育方法对教育内容进行一定的讲授、示范、指导，促使学生内化和运用知识，并对学生提出适当的问题，布置一定的作业，让学生自主、能动地回答和完成；另一方面，教师还要根据学生学习的情境、状态、方式、结果，根据学生学习中存在的问题和学生的困惑和质疑，纠正自己的教育方法，注重学生的学习方向、学习兴趣、学习需要，从而使整个教育过程向着有利于完成教育任务、实现教育目标的方向发展。

在教育活动中，教师既要把教材、教法、教育环境、教育因素作为自己的认识客体，又要把学生主体性的发挥状况、主体性的发展程度作为自己的认识客体；既要在教育内容的传授中凸显自己的主体性，又要在教育对象主体性开发与培养中凸显自己的主体性，从而充分表现出教师这一教育实践主体的主体性特征。

第三节 教学中促进学生主体性发挥的策略

针对当前学生学习缺乏自主意识,不能很好地监控、调节自己的学习情况;不能积极参与教学活动,不善于合作交流;缺乏创新意识等主体性缺失的问题,笔者提出了以下教学策略:

一、培养学生自主性的策略

(一)激发学生学习数学的兴趣

兴趣是学习的最佳动力,能够激发学生的好奇心和求知欲。数学通常被认为相对抽象,学生可能觉得学习数学很枯燥,因此,培养学生对数学的兴趣尤为重要。学生只有热爱数学,才能保持长期的学习热情,将数学学习视为一件愉快的事情,并积极参与教学活动,发挥他们的主动性。以下是培养学生数学学习兴趣的三种方法:

1.进行数学史教学

在数学教学中,应当尽量介绍与课程内容相关的数学史,包括一些重要的历史事件和数学家。例如,在学习勾股定理时,可以介绍古希腊数学家毕达哥拉斯如何在朋友家发现了直角三角形的特殊关系,进而提出并证明了勾股定理。同时,也可以提到我国古代数学家赵爽在《九章算术》中对勾股定理的证明方法,以及他的作品如何体现了古代数学家的聪明才智。此外,还可以介绍一些与数学相关的历史事件和数学家的故事,以展现数学背后的生动性。这样可以让学生认识到数学不仅是抽象的符号和公式,还是一个充满有趣故事和思维挑战的领域,激发他们的学习兴趣和积极性。

2.进行生活化数学教学

将数学问题融入日常生活情境中，使数学变得生动有趣，同时将生活情境与数学相结合，将抽象的数学问题变得具体易懂。例如，可以提出一些与学生日常生活密切相关的问题，如"你每天需要几点出发才能准时到达学校""在回家的路上如何选择最短路径""学校的伸缩门为何由四边形组成""如何选取最经济的上网套餐"等，这些问题都与数学息息相关。将生活问题转化为数学问题，可以使学生在解决问题的过程中体验到数学与日常生活的紧密联系。以数学的视角看待生活中的问题，学生可以深刻地感受到数学无处不在，从而提高对数学学习的兴趣。

3.组织多样化的教学活动

在教学中，可以定期组织各种形式的数学教学活动，包括数学趣味游戏、数学故事讲解、数学讲座、数学智力竞赛等。这些多样化的活动不仅符合青少年学生的心理特点，还能够将抽象的数学概念具体化，使学习过程更具趣味性。这些活动可以激发学生的学习积极性，让他们在内心深处对数学产生浓厚的兴趣。教师可以根据教学内容、教学需求和学生背景，创造直观、生动的教学场景，鼓励学生观察场景、提取信息、提出问题，并运用各种教学工具如挂图、实物、录像、投影、计算机等，提供形象直观、生动有趣的教学体验。这种教学方式能够让学生更好地理解和应用数学知识。

（二）指导学习方法

良好的学习方法对于提高学习效率至关重要。与其仅仅传授具体知识，不如教会学生适用的学习方法。教师在教学中应该渗透学习方法，教授学生如何观察、思考和记忆，因为这些技能比特定知识更具长期价值。一旦学生掌握了学习方法，他们的学习兴趣将得到极大增强，他们将更积极主动地学习，这是学生真正成为学习的主体的标志。

1.引导学生进行课前预习

预习是学生自主摸索、阅读和思考的过程，有助于提高自学能力。在教学中，教师应提前规划预习任务，让学生有目标地进行预习，以初步掌握知识。学生可以用特定的记号，如波浪线、三角形、五角星等，来标记课本中的关键内容，或目前还不太明白的部分。此外，学生还可以自己搜集整理教学所需的教具和资料。

2.引导学生有效参与课堂学习

学生应该在课堂上积极参与，听讲、思考和回答问题，提出自己的见解。他们应该动手实践，记录不明白的地方和重点内容，并完成课堂练习。叶圣陶曾经指出，有意义的教学需要学生的全面参与，包括动手、思考、观察和口头表达等。这种积极参与能够帮助学生更好地理解和掌握所学内容。

3.引导学生进行复习总结

定期地复习和总结对于知识的记忆和整合至关重要。在日常教学中，教师应当鼓励学生进行小结，在每节课后进行简要总结，每天对所学进行回顾，对课程中遇到的问题进行梳理，及时巩固知识，弥补不足。在进行单元或阶段性的复习时，教师应指导学生对已学知识进行归纳总结，建立完整的知识结构，明确知识的前后衔接、新旧知识之间的关系，以及知识的内在逻辑。

4.指导解题策略

在数学学习中，学生常常遇到以下问题：他们可以理解教师的讲解，但在独立解题时不知如何下手；稍微改变一道题目的条件或类型，就无法解答；陷入大量练习却难以提高成绩的困境。这些问题表明学生的学习可能仅停留在表面，没有真正理解知识或者学习方法不正确，缺乏有效的解题策略。因此，教师应该引导学生明白解题的策略，帮助他们理解问题，找出解决问题的途径，提高解题的效率和准确性。

首先，学生应正确理解数学基本概念，熟练掌握定理、公式、运算法则等，明确它们的数学意义、应用条件以及与其他数学概念和规律的关联。学生需要了解这些概念在高中数学学习中的作用和地位。教师的任务是引导学生探究命题的证明方法，培养学生的推理能力，使他们能够从合情推理到演绎推理的过程中建立自信。

其次，教师应教授解题策略而不仅仅是解答步骤或正确答案。在教学中，教师应清晰地解释解题思路，注重数学思维方法的传授，帮助学生学会用数学的方式思考并解决问题。数学思维方法包括数形结合思想、分类讨论思想、转化思想、模型思想以及归纳法、配方法、换元法、类比法等。例如，若学生在证明几何问题时遇到困难，可以引导他们从结论出发，逆向思考，从已知条件开始证明结论，通过逐步地探索解决问题。

最后，学生应定期总结和交流学习方法。教师可以鼓励学生分享他们的学习方法，使他们可以借鉴其他同学的成功经验，不断优化自己的学习方法。这种经验分享也可以促进学生之间的互动。

（三）开展反思教学

弗赖登塔尔认为，反思是数学思维的核心和动力。学生只有通过不断反思，才能将现实世界与数学联系起来，加深自己对事物的理解，提高自己的思维能力。因此，教师应积极引导学生进行反思，让他们有时间和机会审视自己的学习过程，总结经验教训，发现解决问题的方法和技巧，不断提升自己，并学会监控和评价自己的学习。

在数学学习中，解题是学生掌握数学知识的重要方式。学生应培养反思意识，提高反思能力。通过对解题过程和解题思路的反思，学生可以发现并及时补充自己的知识缺陷；同时，反思也有助于拓宽解题思路，培养创造性思维。培养反思能力对提升学生的学习能力至关重要。

二、培养学生主动性的策略

（一）营造和谐的教学气氛

在课堂教学中，教师应该以平等、真诚的态度对待每个学生，欣赏他们，尊重他们的意见和观点。教师在与学生互动时，应多鼓励、少批评，确保学生有足够的时间来思考和表达自己的看法。对于学生不同的意见，应该及时给予适当的肯定、鼓励和表扬，鼓励他们勇敢地提问和质疑。在这种民主和谐的课堂氛围中，学生会感到学习是愉快的，从而更积极地参与教学活动。

例如，当学生无法回答问题时，教师可以鼓励他们说："你可能还没有想清楚，再思考一下，你一定可以找到答案的。"而不是立刻批评他们，这样既可以提醒学生集中注意力，又不会让他们丧失积极性或产生逆反情绪。如果学生回答问题不准确，教师可以说："这位同学提出了一个很好的观点，其他同学有不同的看法吗？"这样既肯定了学生的参与，也鼓励了其他学生思考和参与讨论。对那些思维活跃、愿意提出不同见解的学生，教师不应该阻止他们思考，而应该给予积极评价，并鼓励其他学生经过思考后表达他们的观点。

（二）创设有效的问题情境

数学教学是一个动态、开放、探索性的过程，问题在其中扮演着关键的角色。问题是激发思维的起点，它引导学生思考，促使他们进行思维活动。因此，提出巧妙而适切的问题，创造有益的思维情境，能够迅速吸引学生的注意力，激发他们的兴趣和主动参与意愿，使他们积极地参与到教学中来，更好地发挥自己的主体性。为了创造有效的问题情境，需要考虑以下三个方面：

1.问题的设置必须具有针对性

建构主义理论强调，每个学生都带着自己的经验和认知进入教室，教学应该从学生已有的知识和经验出发。因此，提出的问题应符合学生的年龄特点，建立在他们已有的生活经验和认知水平之上。然而，这并不意味着提出的问题要紧紧围绕学生已有的知识，而应该对问题进行适度的调整，使其具有明确的教学目标和教学重点。问题的设置应该有意义，不应仅仅为了提问而提问，否则就无法为教学任务提供有效的支持。

2.问题的设计要循序渐进

高中生通常通过由简单到复杂、由表及里、由感性到理性的方式来认识事物。因此，在课堂上设置问题时，应该按照递进的原则，从易到难，层层深入，并确保问题之间有联系，避免在同一知识水平上停留太长时间，这样可以使整堂课更具吸引力和亮点。设置有层次的问题，可以激发学生的认知冲突，引发学生的学习兴趣，并培养学生发散思维的能力。只有这样，学生的思维方式才能变得更加严谨，有助于培养创新思维。

3.问题的设计应具有启发性

教师应该从学生思维的最新发展点入手，提出富有启发性的问题。对于递进的问题，教师应善于利用问题之间的联系，逐步引导学生解决问题。教师在引导学生回答问题时应有耐心，启发学生跟随教师的思路进行推理，得出正确结论。不仅要让学生知道问题的答案，还要确保他们掌握解决问题的方法。

（三）倡导有利于学生主体参与的学习方式

从现代教学理论可以看出，其更加注重多样化的教学，主张在教学过程中以学生为中心，要促进学生的主动参与，改变学生被动接受知识的传统教学模式。作为教师，应当进一步丰富教学组织形式，具体包括以下三种：

1.自主学习

自主学习有两个关键层面：首先，它强调学生学习的主动性，体现在学习活动中的"主动学习"的态度；其次，自主学习是一种独立的学习方式，其核心在于独立性。这两个方面分别对应"我要学"和"我能学"。

自主学习的四个主要特征包括：①在确定学习目标方面，学习者需要积极参与，掌握学习进度，确保对学习方向有全面的了解；②学习者在学习过程中会尝试不同的学习方法和策略，通过解决问题来提高对知识的理解程度；③自主学习中，学习者通常会投入情感，努力学习，并获得积极的情感体验；④学习者具备自我监控认知活动的能力，能够根据外部情况的变化做出适当的调整。

2.合作学习

合作学习主要是指学生在团队中为完成团队任务，通过明确责任分工等，开展互助性学习。对于学生来说，合作学习能够让他们充分参与到学习当中。合作学习包含四个要素：第一，学生之间相互支持和帮助，并且实施一系列的促进性互动活动；第二，学生之间能够进行有效的沟通，彼此之间相互信任，妥善处理矛盾；第三，积极履行任务中个人承担的责任；第四，对共同的活动做全面的评估，并探索最有效的学习方式。合作学习能够在很大程度上增强学生的竞争和合作意识，促进学生之间的相互沟通和相互学习，解决教师难以面向有差异的学生进行教学的不足，实现每一个学生的全面发展。

3.探究学习

探索学习是指通过创设与学术研究相似的情境，鼓励学生自主学习和探索，使其独立发现问题，促进知识、技能、情感和态度的发展，尤其是培养探索精神的学习方式。探索学习具有以下特点：强调问题导向，增强学生参与教学活动的主动性，有助于培养实践和探索能力。它的主要目标包括让学生经历探究过程，促进智力和情感体验的发展，掌握具体知识，培养解决问题的能力。

上述三种学习方式都有助于提高学生学习的自主性，但它们都存在一定的局限性，不适用于所有学习主体或组织形式。在数学教学中，教师应根据具体情况，综合考虑教学内容、学生需求等多种因素来选择适当的学习方式。这些学习方式并不互相排斥，可以在不同情境下使用。目前，许多学者正在探讨新的学习方式，因此我们应该思考在何种情境下学生能够取得最佳学习效果。这对于实施自主学习、合作学习和探究学习都具有重要意义。

三、培养学生创造性的策略

苏霍姆林斯基指出,教育的技巧在于能够结合教学的实际情况,在学生没有察觉的情况下,就做出了具体的调整和变动。

教学方案是教师对教学过程的"预设",而实施教学方案,实际上就是将之前的"预设"过程转变成实际教学活动。从教学实际来看,师生之间的互动可能生成新的教学资源,包括新问题、新现象等。

在教学中,教师应关注学生思维过程的发展,根据学生的变化及时调整教学方法。当然,课前的教学计划和实际课堂的执行之间也可能存在一定的差异。

有些教师过于强调事先设定的教学计划,要求学生完全按照计划思考问题,不允许提出新的观点或问题,这会严重限制学生的积极性和创新能力。另一些教师的计划可能不够充分,当学生未按计划提出观点或问题时,教师可能不知如何继续教学。

在高中数学教学过程中,想要处理好预设和生成之间的关系,必须做好以下两个方面的工作:第一,充分预设,为方案生成提供更加宽广的舞台。教师在预设过程中,如果没有综合考虑学生思维的发展等情况,就难以发挥其引导作用。我们在教学过程中提倡动态生成,这并不意味着要弱化预设工作,反而提高了对预设工作的要求。教师只有充分做好预设工作,才能够确保生成动态的、有生命的课堂。基于此,教师必须做好充分预设,为学生提供更好的学习平台。第二,活用预设,动态生成。在预设时,必须确保内容的灵活性。如果预设过于死板,那么一旦课堂出现新的情况,教师就会手足无措。

第四节 教学中学生主体参与的实践探究

一、提高学生主体参与的策略

我国古代教育家孔子早就把学习分为三个不同的层次——知学、好学和乐学，认为"知之者不如好之者，好之者不如乐之者"。对学生来说，兴趣将直接影响学习效果。而学习兴趣的产生和强化都离不开教师的激发和培养。因此，教师在课堂上应采取多种教学手段，创设生动的教学环境，激发学生的学习兴趣，充分发挥学生的主动性。

（一）培养学生主体参与的信心

在教学中，制定教学目标时，教师应将长期目标分解为几个相对容易实现的短期目标，同时设计问题的难易度应适当，问题本身应具有梯度和趣味性，通过成功解决问题，为学生提供更多学习成功的机会。对于学习成绩较差的学生，可以以在各方面情况相似的学生为榜样，使用激励性的言语，如"只要你努力，你就能学好数学"或"你最近的进步非常明显"等鼓励他们。同时，教师还可以引导学生进行归因反馈，肯定他们的努力和成功，认可他们的能力。通过这些措施，学生可以培养出较高的自我效能感，从而增强他们参与教学活动的信心。

（二）提高学生主体参与的自控能力

在教学中，教师需要将教学目标和教学要求转化为学生的主动学习目标，创造机会使他们有意识地追求这些目标。教师还应引导学生采用有效的学习方法，使学生们可以达到这些目标，并帮助他们通过检查学习结果来自我调整和反思。这种策略有助于促进学生对自己学习状态的主动控制。元认知是指认识主体对自身心理状态、能力、任务目标、认知策略等方面的认识，以及对自身各种认知活动的计划、监控和调节。提升和提高学生的元认知水平，可以促使学生从外部控制向内部控制的主动学习状态不断迁移，使学生的学习变得更加自主。

（三）增强学生主体参与的积极性

学生参与教学活动的动机在教育中扮演着重要角色，主要表现在以下几个方面：首先，动机在学习活动的启动阶段发挥着关键作用。通常学生参与学习活动始于内在或外在的动机。这个动机可以是对课程内容的好奇、兴趣，对特定学科的喜好，或对教师的敬佩等。其次，动机具有定向作用。在学习活动中，学生作为认知主体，不会不加区分地接受提供的所有信息，而会通过情感、意愿等因素对信息进行选择，积极参与和塑造学习过程。最后，动机对学习活动的持续性和调整发挥着作用。动机根据主体的需求状态，通过兴趣、情感等非智力因素维持和调整学生的学习积极性。

了解并满足学生的需求是培养学生学习动机的关键。教师可以采用不同的方法来实现这一目标，如激发学生的自我意识和积极性，创造问题情境以引发学生的好奇心，设定明确但适度的学习期望，提供评估、反馈和奖励等。这些措施可以培养学生积极的情感和态度，有效调动和利用动机系统的力量，从而维持学生积极参与学习活动的状态，确保他们一直处于学习的主体地位。

（四）提供学生主体参与的机会

随着教育领域的不断改革，自主化学习方式以学生积极探索、主动建构知识、重视合作为特点，正日益受到广泛应用和认可。这种学习方式注重教学目标的具体性和任务的明确性，紧密结合学生的实际情况以及教师的自身条件。自主学习鼓励学生自主选择学习内容和方法，使他们能够更好地感受到自己在学习过程中的主导地位。这有助于激发深度学习，而深度学习则是提高学生学业成绩的关键。此外,深度学习还有助于促进学生智力和非智力因素的全面发展,从而进一步增强学生的自主参与意识。

二、对主体性参与的教学实证

学生主体参与课堂教学的基本策略是指在以教师为主导,以学生为主体的和谐情境下,依据教学的一般规律,对教与学的程序以及途径、方法进行有效的操作,从而提高教学质量和效率的一种操作系统。

(一)实证1:等比数列求和

班级A:传统教学方式

教师通过概念介绍,教授了等比数列求和的相关教学要点和目标。传统的教学方式包括公式推导、课堂练习以及分配课后作业。然而,课后调查结果显示,近三分之一的学生对这一概念理解模糊,运算技巧不够熟练,对知识的掌握程度还不够牢固。为了帮助这部分学生,笔者在自习时间重新进行辅导和解释,并进一步强化了相关要点,最终使这些学生成功掌握了这一知识点。

班级B:主体参与式教学

首先创设情境,激发学生主体参与的兴趣,通过引入的方式,激发学生的求知欲。教学时,笔者先讲述了一个小故事:历史传说记载,国际象棋起源于古印度,国王对这种新奇的游戏产生了浓厚的兴趣。有一天国王问那位发明象棋的宰相,他需要得到什么赏赐。宰相开口说道:"请您在棋盘的第一个格子上放1粒麦子,第二个格子上放2粒,第三个格子上放4粒,第四个格子上放8粒……即每一个次序在后的格子中放的麦粒都必须是前一个格子麦粒数目的倍数,直到最后一个格子即第64格放满为止,这样我就十分满足了。""好吧!"国王哈哈大笑,慷慨地答应了宰相这个谦卑的请求。这位聪明的宰相到底要求的是多少麦粒呢?稍微算一下就可以得出:$S=1+2+2^2+2^3+\cdots\cdots+2^{64-1}$,得出的值就是 18 446 744 073 709 551 615 粒,这位宰相所要求的,竟是全世界在两千年内所产的小麦的总和!国王一筹莫展之际,太子的数学教师知道了这件事,他笑着对国王说:"陛下,这个问题很简单啊,就像 1＋1=2 一样容易,您怎么会被它难倒?"国王大怒:"难道你要我把全世界两千年内产的小麦都给他?"太子的数学教师说:"没有必要啊,陛下。其实,您只要让宰相大人到粮仓去,自己数出那些麦子就可以了。假如宰相大人一秒钟数十粒,数完 18 446 744 073 709 551 615 粒麦子所需要的时间,大约是 580 亿年。就算宰相大人日夜不停地数,数到他自己魂归极乐,也只是数出了那些麦粒中极小的一部分。这样的话,就不是陛下无法支付赏赐,而是宰相大人自己没有能力取走赏赐了。"

在这一瞬间,学生被吸引住,激发了他们揭示谜底的浓厚兴趣。接着,笔者逐步展示了教学目标,成功完成了教学任务,同时极大地激发了学生的主动学习动机,取得了出色的教学效果。后续的课后调查结果显示,B 班有 98% 的学生完全掌握了这一知识点,极少数学生尽管在当时没能熟练掌握该知识点,但在辅导后也达到了预期的水平。

这个案例突显了学生的参与是自发的,但并非完全自发的。在教学中,教师需要善于创造一种情境,为学生提供一个主动参与的平台,并营造适当的氛围,以激发学生强烈的学习兴趣,从而激励他们积极主动地学习。

(二)实证 2:函数定义域

设 $f(x)=\lg\dfrac{1+2^x+4^x a}{3}$ 其中 $x\in(-\infty,1]$ 时,$f(x)$ 有意义,求 a 的取值范围。

班级 A:传统教学方式。

在教学过程中,教师首先强调了定义域的概念、应用方法、如何求解等要点,教师在课堂上逐步板书求解过程,告诉学生需要注意的地方等。

班级 B:主体参与式教学。

首先对某一知识接受较快或某一方面能力较强的学生进行适当点拨,之后开始进行师生角色互换,尽可能让他们大胆地走上讲台,当一回"老师",请学生轮流上讲台讲解。因为学生自己对问题的看法、解题的思路更切合学生的实际，往往能取得事半功倍的效果。在数学教学过程中，有两位学生的分析是这样的：

分析 1：利用转化思想，可以将原问题转化为不等式 $1+2^x+4^x a>0$, $x\in(-\infty,1]$ 恒成立，可设 $t=2^x$，进而转化为 $1+t+at^2>0$, $t\in(0,2]$ 恒成立。

经组织学生讨论分析 1，学生很快发现利用二次函数图象，能比较直观地解决问题。

分析 2：利用参数分离思想，整理得 $a>\dfrac{-2^x-1}{4^x}$，即 $a>-\left(\dfrac{1}{2}\right)x-\left(\dfrac{1}{4}\right)x$，令 $t=\left(\dfrac{1}{2}\right)x$，可得 $a>-t-t^2$，问题归纳为当 $t\geqslant\dfrac{1}{2}$ 时，求 $-t-t^2$ 的最大值即可。

在教学实验中，我们进行了班级 A 和班级 B 的对比研究。通过教师和学生之间的角色互换，我们发现这种主体参与方式具有重要的教育价值。首先，教师可以更好地了解学生的思维方式和思考过程，识别学生犯错的原因，并制订相应的指导计划。例如，当学生陷入思维停滞时，教师可以提出问题，启发他们采用不同的思考方法，引导他们继续前进。当学生出现错误的观念或想法时，教师能够诊断问题所在，并促使他们面对认知冲突，使他们有机会主动发现自己的错误以及出错的原因。这有助于学生反思他们的学习过程。其次，这种方式有助于激发学生的自主性和责任感，将学习责任逐渐从教师转移到学生身上。这有助于增强学生的自信心，培养他们在数学学习中所需的积极态度和行为，从而培养出未来社会所需的思维品质。

（三）实证 3：轨迹方程

数学学习不仅涉及个体认知的发展，同时也受到社会化因素的影响。在课堂教学中，除了教师的讲解，同学之间的交流和讨论对于学习过程也具有重要的促进作用。

在讨论中，学生需要学会运用适当的语言将他们的思想和理解清晰地表达出来，并与他人的思想和理解进行比较和联系，以达到更深层次的理解和掌握。

此外，讨论还能激发新的思维方式，交流可以引发创造性思维，并培养团队合作意识。

讨论的时机可以选择在尚未得出规律性结论之前，或者在理解知识的关键时刻，也可以在教材中出现难点、学生理解受阻的情况下进行，还可以在某一问题可能有多种答案或多种解题思路的情况下展开讨论。例如，某教师在课堂上设计了一道这样的开放性问题：

在平面直角坐标系上，设 $A(-1, 0)$，$B(1, 0)$，请再给出一个条件，并求 P 点轨迹方程。

在组织课堂教学时，将学生分成四人小组，鼓励他们充分发表意见，进行相互的分析和讨论。教师可以积极参与学生之间的讨论，关注关键问题，并提供必要的引导。这种教学方式有助于活跃课堂氛围，促进学生之间的互动。甚至可以让不同小组之间进行交流和比较，以激发更多的思考和讨论。这种方法通常能够取得出乎意料的效果。

在短短的 40 分钟课程中，学生共同编了 7 道习题，其中包括了不同类型的问题。在第二节课中，该教师组织了各小组的组长前来分享他们的讨论成果，并根据学生的交流结果，总结出了求解轨迹方程的五种常见方法，包括定义法、直接法、参数法、交轨法和代入法。

三、培养主体参与意识的新思路与做法

（一）主体参与教学原则

1.民主性教学原则

在教学过程中，民主与平等涵盖了知识和情感两个方面。从知识的角度来看，教师与学生之间应该是知识的传递者和接收者的关系。然而，从情感的角度来看，每个学生都是独立的个体，拥有自己丰富的内心世界和独特的情感表达方式，都需要得到教师的理解和尊重。因此，在教学过程中，建立平等和民主的师生关系是培养学生主体意识的外部条件。

在教学中，教师应该积极创造一个平等和民主的教学环境，以减轻学生的学习焦虑和紧张感。教师应该充分尊重和关心学生的各种思维和情感体验。特别是当学生还没有养成提问和质疑的习惯时，教师应该鼓励他们提出问题，培养他们的质疑精神，使他们敢于思考和提问。这将有助于培养学生的创新意识和能力，提高他们的问题解决能力。

2.循序渐进与促进发展相结合原则

教学需要兼顾学生的身心发展特点和学科知识的结构。同时，它也应该致力于促进学生的全面发展。学生是教学活动的主体，教师不能替代学生进行学习。因此，在设计教学活动时，教师应以学生为中心，考虑学生的实际水平和他们能够接受的学习方式。教师应该仔细策划教学过程，激发学生的求知欲望，提高学生的参与度，以确保不同层次的学生都能在课堂学习中取得一定的发展。

3.教师主导作用和学生主体作用相结合原则

教育教学活动需要充分发挥学生的主体作用，通过学生的自主活动，外部知识才能融入学生的认知结构中，并成为其知识结构的一部分。尽管强调学生的主体作用，但这并不意味着要否认教师的主导作用。在整个教育教学过程中，教师应该以引导为主，引导学生主动学习，根据学生的实际学习情况进行教导。因为学生通常是在具备一定目的和疑问的情况下参加课堂学习的，所以教师的主要任务是有计划地引导学生，真正实现"变教为学"。

4.全面性教学原则

在课堂教学中，以学生为主体的全面性教学原则意味着要确保每个学生都有机会积极参与课堂的各个环节。这意味着我们应该针对全体学生，让每个学生都有机会在课堂中思考、表达和实践，以促进他们的全面发展。在实施这一原则时，教师应该尊重每个学生的个体差异，认可他们独特的发展路径，并积极给予评价和支持，以帮助他们建立自信心，充分发挥多方面的潜能，从而取得最佳学习效果，使他们在适当的条件下能够独立深入学习。

（二）主体参与教学方法

1. 创设情境

情境的创建是教学中的关键，它涉及情感因素。创建一个宽松、和谐、民主、平等、实事求是、开放创新的学习环境对于学生的发展至关重要。这种环境可以让学生在轻松、愉快、生动的氛围中学习，激发他们的兴趣和内在动力，引发问题意识，引导他们进入新的学习内容。问题可以由教师或学生提出，但关键是要刺激思维，迅速唤醒学生的认知系统，提高学生的学习效率。通过巧妙的情境刺激，学生的学习兴趣被唤醒，学生开始积极参与学习。情境还包括教师对学生的关心和关爱，教师要营造一个温馨的学习氛围，让每个学生都感受到教师的关怀，激励他们在学习中获得提升，身心得到升华。

2. 主动探索

自主学习鼓励每位学生根据自身经验，以自己的思维方式自由、开放地探索和获取知识。这意味着学生会主动提问，而不只是被动地回答问题。实现教育现代化不仅需要现代教育工具，还需要现代化的教育理念。现代教育应该包括多样的学习主体、民主的教学过程、师生合作以及多样的教学内容和形式。被动回答问题可能只解决了"是什么"，而主动提问则通常涉及"为什么"。被动回答问题容易遗忘，而主动提出问题有时会产生长久的记忆。突破难题不是仅由教师单独完成的，而是在教师的引导下，由广大学生一起努力克服的。

3. 引导主体参与辨析

在教学中，应该培养学生敢于思考、表达、提问、质疑、冒险、创新和突破传统。教师应该摒弃传统的教学方式，鼓励所有学生参与对已学知识之间关系的研究，以激发学生积极思考、提出问题和解决问题的意愿。举个例子，在复习二次函数知识时，教师可以让学生回顾有关顶点坐标、开口方向、与坐标轴相交等内容，然后让他们思考整理二次不等式、二次方程、二次三项式之间的关联，以使得这些知识构成一个有机整体，让学生体验到知识的联系。这种方法不仅可以提高复习效果,还能显著提升学生的思维能力。

4.引导主体善于总结和提炼

通过之前的学习探索和分析,学生已经对本节课的内容有了深刻和全面的理解,教师现在的任务是引导学生进行整理、反思、总结,并提炼出观点。在这个环节,学生应该有机会进行自我总结、自我评价。学生之间可以互相交流、补充和提高,而教师的角色主要是给学生提供启发和引导,而不是把自己的看法强加给学生,从而为学生留出了探索和发展的空间。

(三)主体参与教学目标

课堂教学必须明确教学目标,所有师生的教与学都应围绕这一目标展开。若目标模糊或不明确,课堂可能会变得混乱,学生会感到迷茫,从而影响教学效果。教师可以采用两种方法来确定教学目标:

第一,根据学生的实际水平确定目标。由于学生的数学知识水平差异较大,使用相同的教材可能会给不同学生带来不同的挑战。因此,在确定目标时,教师应考虑学生的实际水平,为优秀学生设定更高的目标,并鼓励他们进一步提高,同时为后进生设定更低的目标,以激发他们的学习兴趣。

第二,根据社会需求确定教学目标。教材编写一般比较稳定,但社会发展迅速,二者之间就产生了冲突。教师需要时刻关注社会的变化,根据社会需求来确定教学目标。例如,当前社会正处于网络信息时代,因此,学生需要具备信息处理能力。尽管数学课程标准中未明确规定与信息技术相关的内容,但教师也应积极将数学知识与信息技术相结合,以引导学生对这两方面产生浓厚兴趣,满足社会的需求。

第五章 在教学中创设教学情境启发学生思考

第一节 创设数学教学情境启发学生思考

一、数学情境的内涵

(一) 数学情境的含义

情境教学中,情境是一个具有广泛含义的词汇,通常被解释为"境地"。情境教学的特点主要表现在"境美""情切""寓情于境"等方面。情境和情景虽然相似,但并不完全相同。情境不局限于真实情景,它包括情景和环境两个要素,其中情景是环境的一部分。尽管情境与环境在概念上有相似之处,但它们并不等同。

很多学者对教学环境提出了不同的定义,例如将其视为学校或课堂班级的氛围,课堂中各种因素和物品的集合,以及影响教育活动的各种客观因素的综合体等。狭义的教学环境通常指的是课堂教学情境,即发生学习活动的具体环境。情境是一种具体的环境,它直接刺激了学生的感知和情感。

在心理学中,情境被解释为对人产生直接刺激的具体环境。而在生态学中,情境则被看作带有情感色彩的场景和环境。在课堂教学中，情境为学生的学习活动和思维提供了背景和环境，最重要的功能之一是激发学生的情感，因为情境本身就带有情感色彩，可以引发学生的情感体验。

数学情境是指包含数学知识和数学思维的背景环境，用于促进问题提出和解决。数学情境的设计需要考虑教学目标和学生的认知水平，同时要提供丰富的数学语境，以鼓励学生提出与数学相关的问题，并参与问题的解决过程，从而积极参与数学知识的构建和发现。如同萨其曼所说的"所有学习都是情境中的学习"，这意味着情境创设应该贯穿整个教学过程，学生的学习活动应该与周围环境相互交织，相互影响。

根据情境的性质，情境可以分为三种类型：真实型、仿真型和资源型。真实型教学情境是指教师让学生在实际的环境中学习数学知识，并将所学的知识与实际生活问题相结合。这种情境为学生提供了将数学知识应用于实际的机会。仿真型教学情境是在无法提供真实条件的情况下，教师通过模拟实际情境的案例来创造一种仿真体验，使学生感觉自己置身于实际情境中，进而提出与情境相关的数学问题并进行研究。提供资源型教学情境是指教师通过图片、视频、故事等丰富的资源，激发学生的学习兴趣，使他们成为学习的主体。学生也可以通过深入探索和分析这些数学资源来探求新的数学知识。

大量研究已经证实，真实型教学情境对学生的数学学习帮助很大，能让学生真正意识到数学来源于现实并应用于实际。但是，由于教学课时及条件的限制，在真实的数学课堂上并不能经常达到真实性情境的创设。因此，本书主要研究的是仿真型和提供资源型情境在数学课堂中的不同创设效果。

（二）情境教学法

情境教学的概念描述有很多种，每种描述都不相同，但其内涵意义的本质都是一样的。吕传汉和汪秉彝教授为了贴合教学改革理念，提出了"情境—问题"教学模式。他们的研究强调，要把从情境中提出的数学问题作为教学的起始点，通过问题线索去引导教学过程，形成一条联系紧密的学习线索链，如图

5-1 所示。

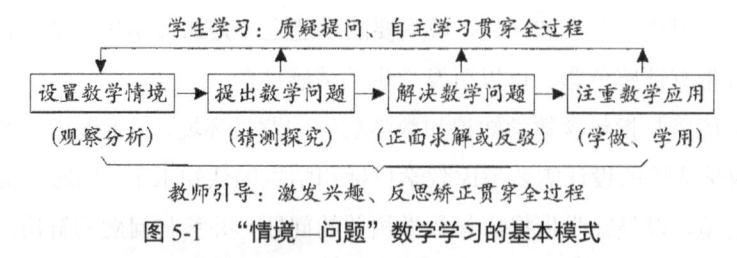

```
        学生学习：质疑提问、自主学习贯穿全过程
    ┌─────────────┬─────────────┬─────────────┐
设置教学情境 → 提出数学问题 → 解决数学问题 → 注重数学应用
 (观察分析)   (猜测探究)    (正面求解或反驳)  (学做、学用)
    └─────────────┴─────────────┴─────────────┘
        教师引导：激发兴趣、反思矫正贯穿全过程
```

图 5-1 "情境—问题"数学学习的基本模式

情境教学法是一种基于教育学和心理学理论的教学方法，旨在根据学生的身心发展差异，创建和谐的学习环境，并激发积极的认知和思维活动。在情境教学中，教育目标和要求被视为起点，然后创造出生动、具体的教学环境或氛围，以促使学生从被动学习转变为主动学习，提高学习效率。

情境教学法的核心是在教学过程中，教师根据自己的经验和相关资料，根据课堂的需求，创建具体而生动的教学情境。学生在这种情境中学习，可以帮助他们更深入地理解学习内容，拓展思维能力。

（三）情境创设有效性的操作定义

有效教学是指通过教育理念的引导、合理的教学策略和方法，在满足教学大纲要求的前提下，使学生在指定时间和空间内取得一定的进步或发展，实现预期目标。教学效益可分为高效、有效、低效和无效四个层次。其核心思想是教学效果，即学生对知识的吸收程度和学习效果。

情境教学的有效性研究则关注完成情境教学活动后，学生在提出问题、解决问题和获取新知识等方面的效果、效率和益处。情境教学的目标是让学生更轻松地学习，教师更轻松地教授。因此，情境教学的有效性研究对于教师和学生都具有重要意义。

具体而言，情境教学的有效性研究包括通过课堂观察和学生的课堂检测效果得出的即时性评价，以及对不同类型情境创设的效果差异的分析。这种研究方法有助于确定不同情境创设方式对学生学习效果的影响。

检测情境创设的教学效果，不仅要重视课后的成绩测评，也要重视课堂进行中的相关情况。课堂三要素包括教育者、受教育者和教育媒介，就数学课堂而言，教育者即数学教师，受教育者即学生，教育媒介即数学教学内容和教学方法。因此，课堂观察量表主要是从三个方面对课上情况进行观察与记录，即教师行为、学生行为和课堂内容。在教师行为方面观察记录的主要内容包括七个方面：一是创设的情境与教学内容联系是否密切；二是创设的情境能否激发学生的学习兴趣；三是创设的情境是否与学生生活联系密切；四是创设的情境是否对学生具有引导启发作用；五是创设的情境是否符合学生的认知发展；六是创设的情境是否能满足不同层次学生的需求；七是创设的情境是否简洁、易操作，便于学生理解。

在学生行为方面观察记录的主要内容包括五个方面：一是学习兴趣是否浓厚；二是注意力是否集中；三是能否从教师给出的情境中提出符合教学目标的问题；四是能否积极主动地探究、分析并解决提出的问题；五是在练习中能否较好地运用新知识解决问题。

在课堂内容方面观察记录的主要内容包括五个方面：第一，教学目标是否明确，并注意目标的达成；第二，教学结构是否合理，教学环节是否得当；第三，教学方法是否灵活且面向全体学生；第四，课堂气氛是否活跃，师生关系是否融洽；第五，是否体现了"教师主导，学生主体"的理念。

（四）理论基础

1.弗赖登塔尔的数学教育理论

弗赖登塔尔强调数学教育与现实生活紧密相关，认为教学应该在现实情境中进行，这里的现实生活不仅指客观现实，还包括从中提炼出的知识和背景。情境问题在教学中扮演着关键角色。在数学课堂中，教师应根据学生的认知特点，充分利用他们已有的知识和经验，创建合适的情境，以激发他们的学习兴趣，并培养他们对知识的探索和创新能力。

弗赖登塔尔的理论强调情境认知，将数学教育视为指导学生认知世界、了解周围环境、探索数学知识的过程。他认为数学课本应与学生的日常生活体验相关联，从实际问题出发引导学生探索数学概念和知识，实现生活与数学的融合。这里提到的情境是具体而直观的，涵盖了学生熟悉的具体环境、经历和相关知识。

弗赖登塔尔强调了现实化和数学化的融合。现实化指学习者运用数学思维和知识来观察和分析现实世界，将获得的信息进行组织整理。数学化指通过具体情境引发实际问题，然后将其转化为数学问题，从而更好地理解抽象的数学概念，并将其应用于实际情境。因此，弗赖登塔尔的数学教育理论强调了数学化和现实化的融合，将情境问题视为数学知识再创造的基础和平台，强调数学教育必须结合现实化和数学化的情境问题。

2.情境认知与学习理论

情境认知理论强调知识与行为的相互关联，认为知识是在特定情境下构建的，是一系列协调的行为，用来适应不断变化的环境。情境观认为，实践与学习相互促进，与情境密切相关，知识不是孤立存在的，而是一个有机系统的建构和组织。该理论还认为情境学习不仅仅是一种教学和学习的理论，更是关于知识如何在行为中发展的理论。

从社会学的角度来看，情境认知与学习理论强调了一些重要因素，如"基于情境的行动""合法边缘性参与"和"实践共同体"，认为学习者应该参与知识获取的过程，作为参与者去获得知识。人类的行动受环境的影响，人们通过与环境互动来决定行动的方向和指导。人们不断思考和探究以解决遇到的问题，确保行动能够持续下去。

3.最近发展区理论

在20世纪30年代初，苏联心理学家维果茨基首次引入了"最近发展区"概念，将其应用于儿童心理学研究。他强调了教学应该在学生的发展水平前进，认为学生的发展包括两个水平：一是学生的现有水平，即他们目前能够独立解决问题的水平；二是学生的潜在发展水平，即通过教学获得的潜力。两者之间的差距被称为最近发展区。这一理论强调了在教学过程中，教师应该抓住学生的最近发展区，为他们创造有一定难度的情境和问题，以激发他们的求知欲，调动积极性，充分发挥潜力，帮助他们到达下一个最近发展区，从而实现有效的教学。

学生的认知水平是一个循环往复、螺旋上升的过程，会从已知区到最近发展区再到未知区。因此，抓住学生的最近发展区可以显著提高教学效果。在教学中，引人入胜的学习情境可以激发学生的积极思考和求知欲，为他们学习新知识提供平台。对于教师来说，关键是要善于创造现实且与教学内容相关的教学情境，提出具有一定难度但又能力可及的问题。只有通过创设这样的情境，才能引发学生原有认知结构与新现象之间的矛盾和冲突，从而激发他们的求知欲望和探索精神。

4.有效教学理论

在 20 世纪上半叶的西方国家教育科学文化运动以及 20 世纪 60 年代的美国能力本位的教师教育运动中，都出现了有效教学的理念，引起了全球教育学者的广泛兴趣，至今仍然备受关注。20 世纪后半叶以来，由于受到科学思潮的影响，人们逐渐认识到教学是一门科学，开始探讨教学的哲学、心理学和社会学理论基础，以及如何使用科学方法如观察和实验来研究教学问题。在英语国家，已经有超过 250 部以"有效教学"为题的著作，但在 21 世纪初，有效教学才成为我国教育领域研究的热门问题。在 20 世纪 80 年代，我国只有两篇关于有效教学的论文，而且都是翻译的国外专家的论文。从 2001 年开始，关于有效教学的著作数量呈倍增的趋势。

对于有效教学，余文森教授在《有效教学的理论和模式》中总结了国外教育家关于有效教学的理论，分析了我国自改革开放以来出现的几种有效教学模式，并在《有效教学十讲》中提到，评估教学的有效性可以从学生学习的有效性和教师教学的有效性两个方面进行。学生学习的有效性可以通过学习速度、学习成果和学习体验这三个指标来评估，而教师教学的有效性则涉及直接促进和间接促进两种方式。直接促进是指教师能够使学生更多、更快、更深刻、更容易地学习，而间接促进则是指教师通过引导学生自主学习，提高他们的思维能力，使他们能够独立学习。直接促进是短期的，而间接促进则是长期的。

有效教学理论的价值不仅在于丰富了教学理论，更重要的是为教学实践提供了指导和借鉴。有效教学理论告诉我们，在教学过程中，我们需要关注教学效果、效率和学生的兴趣，以确保学生能够快速、有效地学习，并且乐于学习。传统的教学方法中，教师常常进入一个误区，即认为只要将所有知识内容在课堂上详细讲解，充分利用每一分钟，就能获得好的教学效果。然而，这种方法往往事倍功半。教师将大量知识灌输给学生，但忽视了知识是否与学生的认知结构相匹配，没有真正理解有效知识传递的本质。此外，在如何实施有效教学方面，缺乏具体的方法指导。情境教学是一种有效教学的实践方法，它能够增强学习的吸引力，提高学生的学习动机。因此，在创建情境教学时，需要考虑选定的情境是否能够帮助学生快速、有效地学习，并激发他们的学习兴趣。我们应该善于运用教材，合理地利用数学情境来满足学生的需求，促进他们的进步和发展，从而实现有效的学习，而不是仅仅教授教材内容。然而，在国内的情境教学中，也存在一些误区，例如有些情境教学仅仅停留在学生的生活经验层面，没有对其进行进一步的抽象、概括和优化，因此需要更加有效地实施情境教学。

二、有效情境创设的原则与特征

（一）有效情境创设的原则

1.数学化原则

无论多么绚丽多彩的情境最终都必须回归到数学上，数学化才是数学教育的本质要求。情境只有与数学知识结合在一起才能变成有价值、有内涵的情境，因此情境必须具有数学性，对数学知识的理解有帮助。

2.科学化原则

数学是一门自然学科,在教学中要注意学生科学素养的形成。在创设情境时,教师应该准确掌握知识的框架与结构,使情境符合课程的目标要求,而且设置的情境也必须符合学生的认知规律,不能一味地追求虚拟或者虚假的情境,影响学生对客观世界的认识。

3.现实性原则

在学生周围的环境中存在着很多的教学实例,以这样的背景作为情境更加有利于吸引学生的关注力,加深学生的理解。义务教育课程标准要求数学教学要重点借助现实背景,使学生在现实情境中理解数学知识。

4.启发性原则

情境的主要作用就是启发学生去思考、提问并解决问题,从而实现对数学内容的理解。好的情境应该可以引导、启发学生一步一步地得出结论,最终使学生能深入理解数学知识的内涵。

5.趣味性原则

高中学生通常更容易把注意力集中在有趣的内容上,因此,在数学课堂上创造有趣的情境可以更好地吸引他们的注意力,让他们感受到新奇和趣味。兴趣对学生来说是一个强大的教育工具,当教师将数学问题嵌入学生感兴趣的具体情境中时,不仅可以激发学生的学习兴趣,还可以促使他们更积极地思考和探究。

(二)有效情境创设的特征

教学情境是一个由诸多要素构成的系统,作为有效学习活动的根本实现机制,情境发挥着激发学习动机、形成问题意识、支持知识建构和促进能力迁移的功能和作用。一个好的数学情境,应该具有以下五个特征:

1.真实性

在选择数学情境时,必须确保情境是真实科学的、合理可信的。这意味着情境必须符合客观规律,而不应该人为地编造与生活不相符的情境。虽然情境可以是虚拟的,但绝不能是虚假的,也不能忽视现实情境的重要性。这样的"失真"情境既不利于学生培养数学应用意识,也难以让学生准确认识和感受生活。

举例来说,在教授独立事件同时发生的概率时,某些教师可能选择以下情境:"在三国演义中,举办了一场知识竞赛。在比赛中,诸葛亮答对问题的概率为90%,而三个臭皮匠分别有40%、45%和50%的概率答对问题。如果三个臭皮匠组成一队,每个参赛选手不能商量,独立回答问题,团队只要有一个人答对就算获胜。请问哪一方最终能获胜?"虽然这个情境可能会引发学生的兴趣和认知冲突,但事实上,情境中的"相互独立"违背了这个情境的含义,与情境鼓励的团结协作精神相矛盾。

2.启发性

兴趣是学习的重要动力,一个有效的情境应该能够吸引学生的注意力、激发他们的学习积极性,并引发认知冲突,从而鼓励他们主动学习、自发发现问题、提出问题并解决问题。这意味着一个有效的情境必须具备启发性的特点,这也是其最重要的特征之一。

例如,在一堂关于"等差数列前 n 和"的课程中,教师可以创建以下情境问题:"泰姬陵位于印度古都阿格,是世界七大奇迹之一。传说陵墓内有一个三角形图案,由大小相同的圆宝石组成,共有100层。你们知道需要多少个相同大小的圆宝石来装饰这个图案吗?"这个问题引发了学生的思考。接着,教师可以介绍高斯的故事:"高斯是德国著名数学家,被誉为'数学王子'。在200多年前,他的数学老师提出了这个问题:$1+2+3+\cdots\cdots+100=?$ 大多数学生开始逐个相加,而高斯却迅速给出了正确答案:$(1+100)+(2+99)+\cdots\cdots+(50+51)=101\times50=5\ 050$。"高斯的算法展示了等差数列前 n 项和的普遍规律。这种情境通过实际问题激发了学生的兴趣，引导他们自行探索等差数列的内在规律。这种情境不仅激发了学生的兴趣，还鼓励他们一起研究高斯算法的更广泛应用，为新课程的学习打下基础，激发了学生的求知欲。

3.针对性

一个有效的数学情境必须具有明确的教学目标，必须是与课本学习任务密切相关的。因此，在设计情境时，必须确保它具有数学的内涵，能够有效地支持教学内容，与问题紧密结合。一旦偏离了这个目标，情境的设计将会无法达到要求。举例来说，在教授"随机事件的概率"时，一位老师选择了以下情境：

老师：同学们，你们都打篮球吗？

学生：打过。

老师：你们是怎么打篮球的？

这个情境显然远离了教学的实际目标，与课程任务毫不相关，且未能达到创设情境的预期效果。因此，有效的数学情境必须有明确的针对性，以便推动课堂教学，激发学生的思维。

4.层次差异性

数学是一门逻辑性、系统性很强的学科，前后知识间联系很紧密。而学生学习数学，也是一个特殊的认知过程，因此设置情境时要具有合理的阶梯性和程序性。也就是说问题情境的设计要由易到难、由浅入深，步步提升难度，把学生的思维层次逐渐提升到一个新的高度。教师可以把一个难度大、比较复杂的课题分解为若干个相互联系的小问题或步骤，或把解决某个问题的完整思维过程分解成几个小阶段。

5.互动性

一个有效的问题情境不仅依赖于教师的巧妙设计，更需要学生积极主动地参与，然后对情境中涉及的数学问题进行探究和完善，以实现教学目标。因此，数学情境的创建是学生、教师和课本知识之间互动的基础。它有助于建立自主、平等和谐的学习氛围，减轻学生的紧张情绪，吸引学生的注意力，促使他们树立正确的学习态度，并营造浓厚的学习氛围。这有助于达到师生互动、团结协作和知情交融的教学境界。

良好的数学情境能够激发学生主动思考的动力，也是解决数学问题的良好起点。因此，有效的情境应该具备上述特征。情境应该以有效实现教学目标为中心，确保情境的设计有针对性，而不是为了情境而情境。只有恰当而巧妙地创设情境，才能取得显著的效果，从而使教师和学生都能受益终身。

三、创设情境教学的重要性和必要性

（一）情境教学的重要性

数学情境是学生掌握知识、形成能力、发展心理品质的重要源泉，是沟通数学学习与生活、具体问题与抽象概念之间的一个重要桥梁。一个有效合理的数学情境，不但能够引导学生积极思考，引起学生更多的联想，也更加容易调动学生自身已有的知识、经验、感受和兴趣，使学生自发主动地参与到知识的获取过程和问题的解决过程之中。

1.激发学生的学习兴趣

俗话说，"兴趣是最好的老师"，所以在教学过程中合理创设情境，不但可以吸引学生的注意力，调动学生学习的积极性，同时还可以激发学生积极探索的愿望，从而提高课堂教学的效率。由于高中的数学知识抽象程度更高，知识面更广，大部分学生对数学学习的兴趣大大降低，因此在课堂教学中，教师需要通过创设恰当的情境来提高学生学习知识的兴趣。

2.培养学生的应用意识

在过去几十年里，我国的数学教育研究对数学与实际生活以及数学与其他学科联系的关注相对较少，导致学生对数学的应用能力下降，有些学生甚至不明白学习数学的实际用途。因此，高中阶段学生在数学应用和与实际生活的联系方面需要进一步提高他们的能力。最近的调查研究显示，我国大学和中学数学建模的实践已经表明，数学应用教学活动的开展已经成为社会需求。这有助于培养学生的应用意识，激发他们学习数学的兴趣，并扩展他们的数学视野。因此，在高中课堂教学中，通过合理设置情境，可以培养学生对数学知识的应用意识，提高他们的实际操作能力。

3.启发学生学习思路，增强学生的创新意识

过去由于应试教育和当时技术手段限制的影响，在教学中过分关注问题的结论、数学的思想方法和解题的技巧，注重数学的逻辑性与严谨性，从而导致了学生不能体会到数学被发现、创造的过程。数学知识的形成和发展都有一个过程，所以教师在教学过程中应积极再现这一个过程，在教与学的过程中通过再创造或再发现，让学生"身临其境"，在感受体验中获得知识，而不是以满堂灌的形式把知识直接呈现给学生，同时，也有助于学生形成组织知识的框架。

（二）情境教学的必要性

新课程标准鼓励教师将数学问题与实际生活相结合，但在笔者的听课和教育实习经历中，笔者注意到一些教师在设置情境时可能走向了极端。有些教师为了创造情境而创造情境，他们提出一些较难的问题，导致学生难以确定这堂课的主要难点。还有一些教师追求生活化的情境，却不关心这些情境是否与教学内容相关，有时甚至提出牵强附会的问题。此外，一些教师为了增加学生的参与度，在课堂上设置了大量的活动和讨论环节，看似热闹，实际上不但内容层次不清晰，而且教学效果不佳。

尽管数学情境本身具有促进学习的潜力，但并不是每个情境都能产生数学思维，并将学习数学与实际生活联系起来。因此，在高中数学课堂中，如何设置有效的数学情境变得至关重要。通过合理设置数学情境，不仅可以激发学生的学习兴趣，培养他们的应用和创新意识，还可以提高课堂教学的效率。这有利于学生的长期发展，符合新课程标准的教育理念。

四、高中数学情境教学的实施策略

情境实质上是一种背景设置,是一种教学铺垫。在教学中设置具体生动的情境,可以使数学教学更具有魅力,也可以使学生更好地进入学习状态,以积极的态度,主动思考、探索,在情境中获得领悟。

(一)利用信息技术创设教学情境

数学知识通常被认为抽象、晦涩难懂,这是许多学生不喜欢数学或学不好数学的主要原因。然而,随着科技的不断发展,信息技术在数学教学中得到了广泛应用,展现了前所未有的魅力。通过利用信息技术创设教学情境,数学知识的神秘面纱得以揭开。通过图文结合和精彩的动画展示,学生可以直观地感知到知识的生成过程,培养感性认知,深入理解数学思维方法。此外,随着信息技术的成熟,许多课堂已经实现了人机互动,学生可以自己使用信息技术进行绘图、计算和编程等活动,自主掌握数学知识。这使得课堂变得更加生动和有趣,大大提高了学生的学习兴趣。信息技术也弥补了传统课堂资源有限的不足,提高了教学效率。实践证明,信息技术是数学实践的天然伙伴,不仅是思维的源泉和沟通的工具,还能够提供直观化的支持,同时也是强大的计算工具。

(二)根据学生的生活经验和生活中的场景创设教学情境

高中数学课程应力求使学生体验数学在解决实际问题中的作用、数学与日常生活及其他学科的联系,促进学生逐步形成和发展数学应用意识,提高实践能力。教师的情境创设应以学生的认知水平和生活经验为基础,提炼有趣、富有挑战、体现数学知识点的数学现实,让学生熟悉的现实生活进入课堂,不仅可以带给学生亲切感,还能将抽象的数学直观化,感觉数学就在身边,数学无处不在,而且能激发学生兴趣,让学生主动进行探究,学会用数学的眼光观察世界,发现数学的实用价值。

（三）利用数学史、数学故事创设教学情境

数学史研究了数学学科的发展、演变和相关规律，不仅考察了数学内容、思想和方法的变迁，还深入探讨了影响数学发展的各种因素，以及数学在历史上对人类文明的影响。著名的美国教育家乔治·波利亚曾指出，为了更好地理解数学，学生需要了解数学的历史，按照发展的历史顺序学习数学，或者亲自参与数学的探索和发现。数学故事则是指那些与数学相关的有趣故事，广泛传播在古今中外。通过学习数学史和数学故事，学生可以体验数学知识的生成过程，不仅有助于更好地理解数学，还能提升学生的学科素养和人文素养。这种学习方式也能使数学变得更加有趣。

（四）利用类比、猜想创设教学情境

类比法是数学研究中最常用且最有效的方法之一，在科学发展史上发挥着重要作用。在数学领域，类比法常用于发现新概念、定理、公式和方法，是开展思维、拓展领域和创新的关键手段。有时，当我们的思路陷入困境时，类比法能够重新引导我们前进。数学中的猜想是推动数学发展和进步的动力之一，许多数学的重大突破都源自猜想，如哥德巴赫猜想和黎曼猜想等。通过设置类比情境，鼓励学生根据两个对象在某些方面的相似性或相同性进行研究，提出假设并推导相关结论，培养他们的发散思维。这种方法有助于激发学生的创造性思维和问题解决能力。

（五）通过其他学科的联系创设教学情境

21世纪信息技术迅速发展，数学在信息技术中的作用日益凸显。作为一门工具性学科，数学与其他学科之间的联系变得愈发紧密。高中数学课程标准也强调了培养学生的数学应用意识和实践能力，力求让学生体验数学在解决实际问题和与其他学科相融合中的作用。数学不仅在自然科学领域如化学和物理中发挥作用，还在人文科学领域如语言学和历史学中有所贡献。通过将数学与其他学科的相关知识结合，创设数学教学情境，学生能够更好地体验数学与其

学科的联系，从而激发兴趣，培养应用意识，提高科学素养和人文素养，感受数学的应用价值和实用性，推动数学与其他学科的共同发展。

（六）创设操作型数学情境

张奠宙教授认为，数学教师的任务在于返璞归真，把数学的形式化逻辑链条，恢复成当初数学家发明创造时的火热思考。最好的方法就是将数学知识的发现过程尽可能变成适合学生的可操作的活动，让学生通过自己的活动建立对数学的认识。在活动过程中，学生与教材及教师产生交互作用，形成数学知识、技能，发展情感态度和思维品质。所以，教师可将现实的、有趣的、有探索性的数学知识设置成数学课题，为学生提供可操作的情境和条件，让学生进行自主探究、合作交流、积极思考和操作实验等，在这个过程中体验、领悟数学的真谛，这样的教学方式也真正实现了以学生为主体。

第二节 创设数学问题情境启发学生思考

一、问题情境的内涵

（一）问题的定义

在教育心理学中，问题通常被定义为个体在特定环境中，面对一种需要解决的情境，而发现现实状况与理想目标之间存在差距，同时缺乏明确的途径和方法来实现理想目标。这表现为个体的本能反应或行为无法满足当前情境的需求，因此问题产生。

著名数学教育家乔治·波利亚在他的著作《数学的发现》中，也对问题进行了明确定义。他认为，问题意味着个体需要通过努力寻找适当的方法，以达到一个可见但尚未实现的目标。

问题的定义在国内外有多种不同的观点，但本质上都强调了一个基本概念，即在已知状态和目标状态之间寻找解决途径的情境。

（二）问题情境

马赫穆托夫提出，问题情境出现在人们面对一特定情景时，无法用现有条件解决问题，即现有知识和经验不适用。在这种情境下，人们必须进行发散思维，寻找解决方案。问题情境包含三个要素：初始状态的描述、情境中的问题、结果状态的描述。

冯忠良指出，对学习者而言，问题情境是一种带有难度和挑战性的情境。学习者不能完全了解情境中的所有内容，认为完成任务有一定难度，但不是完全不可能的。丁念金认为，问题情境是一种心理困境，个体感知到这一情境，但不能用言语表达。

对于问题情境的理解有两种主要观点：一种观点认为问题情境是由情境产生问题，即情境引发了问题，这是马赫穆托夫的观点。另一种观点认为问题情境是由问题产生情境，即问题导致了创设适当情境的需求，或者说将问题嵌入合适的情境中。这两种观点实际上并不相互排斥，无论问题是先存在的还是在情境中产生的，本质上都是在具体情境中解决问题。

问题情境可以包括两种类型。一种是发现式情境，它提供了一个合适的情境，使个体能够主动发现问题并寻求解决方法。这种情境在教学中常被使用，它让学生经历知识形成的过程，激发学生的积极性和主动性。另一种是呈现式情境，它基于特定的数学知识，寻找适合的情境，将数学知识嵌入其中，以便更具体地呈现抽象的概念和知识。这种情境通常在数学命题和考试中应用，教师将要考查的数学知识与现实生活相结合，以测试学生将所学知识应用于实际情境的能力。当然，在这种情境中，情境必须是真实和自然的。

二、问题情境的类型和创设原则

（一）问题情境的类型

问题情境的类型可以从不同角度进行考虑，从情境的角度来看，一直以来都有多种分类方法。例如，有学者提出了生活式问题情境、直接式问题情境、应用式问题情境和复习式问题情境等四种类型。因此，在考虑问题情境的类型划分时，我们主要关注学生的角度，考虑问题情境与学生现有认知经验之间的关系，即问题情境与学生的生活经验之间的关系。

从宏观的角度来看，我们可以参考 PISA 2022 的问题情境类型划分标准（如表 5-1 所示），将数学问题情境分为六种类型，包括无情境、个人情境、教育情境、职业情境、公共情境和科学情境。这种分类方法有助于更全面地理解问题情境的多样性，以及它们对学生学习的影响。

表 5-1 PISA2022 情境类型划分标准

分类	划分标准
个人情境	即与个体的自身、家庭、同伴等相关的日常活动，如个人的衣食住行、健康、娱乐、理财等
教育情境	情境与学生的校园生活相联系，如班级活动、校运动会、教育普查、数学测试、食堂采购等
职业情境	即学生未来可能从事的工作环境，如测量、计算成本质量控制、调度库存、设计决策等
公共情境	即与个体所在社区，社会大环境相关，如投票选举、城市交通、政府政策、人口普查、公益广告等
科学情境	涉及运用数学解决与自然界、与科学技术相关的问题，如天气或气候、生态、医学、空间科学、遗传学等

（二）创设问题情境的原则

并非全部的数学课堂都需要情境，有的内容直接教授才是最恰当的教学方式。教师在教学时要注意分析内容的抽象性，考虑情境的适用性、教师的驾驭能力和专业水平，主要还要分析学生的接受能力，让学生在一堂课中受益匪浅才是教学的基本目标。

1.问题情境应能够唤起全体学生产生参与教学的热情

"以学生为主体"是新课改的要求之一。教学过程是师生互动的双边过程,所以教学过程中要以学生为主体,以教师为主导。教师要做一个优秀的组织者、引导者、合作者,让学生学会自主合作学习,独立思考,积极探究,培养学生的主人公意识,有自己的想法,勇于质疑,不再拘泥于课本知识,而是能够通过自己的探索或者与别人的交流发现新的问题,并加以解决,全身心地投入教师设置的问题情境中,结合自己的预习,在教师的引导下认真思考,满怀热情地去上课。

2.问题情境应具有适度的挑战性

数学与日常生活密切相关,学生通常会对身边的事物产生浓厚兴趣,尤其是与自己相关的事情。因此,在创设问题情境时,教师应该联系学生的实际生活,尽量选择那些学生容易产生兴趣但又感到困惑并急于寻求答案的实际情境,以满足学生的好奇心。然而,教师也不能选择过于简单的情境,因为如果学生都知道答案,就难以引发他们的求知欲。所以,创设具有适度挑战性的问题情境需要教师巧妙平衡,这是教育工作者的一项重要任务。在日常生活中,教师可以与学生保持密切的交流,了解他们的兴趣和好奇的问题,以便在创设情境时可以更好地吸引学生的注意力。这需要教师不断探索,才能够激发学生对数学的兴趣和积极性。

3.问题情境应具有渐进性和开放性特点

在教学中,使用情境串联课程,可以达到事半功倍的效果。学生的学习过程通常是逐步深入的,由简单到复杂,有一定的渐进性。因此,教师创造的问题情境也应该遵循这个原则,从明显有意义的问题开始,逐渐引导学生思考,然后挑战更复杂的问题。这种方法可以使学生的思维逐渐扩展,避免他们因一开始的问题太过复杂而失去兴趣。一个接一个的问题情境,引导学生进行更深入的探究。另外，课堂教学中也会包含一些隐性的教育内容，因此创设的情境应该是开放性的，鼓励学生提出他们的想法和观点。对于学生的每一个小发现都应该给予鼓励，这不仅能增强他们的学习积极性，还可以激发其他学生的思考。总之，教学过程应该是灵活的，教师的角色在课堂中应该得到充分发挥。

4.问题情境应具实践性

数学问题是从生活中来，到生活中去，这源于杜威的实用主义教育，他认为教育就是生活。数学知识的学习就是为生活服务的，教学情境最好可以直接应用到现实中去，这样学生在课堂上学到了问题解决的方法，在生活中碰到类似的问题就会迎刃而解，毕竟数学学习的目的是应用。

三、构建问题情境教学环节

（一）问题情境教学的环节

梅里尔和坎宁汉根据认知学习制的内容，在教学中针对情境性学习的要点，提出了情境性教学这一概念，目的是开展具有情境性的活动，帮助学生建构概念，提高学生迁移应用概念的能力。同时，他们还阐述了情境性教学所具有的特点：一是问题应具有真实性；二是活动过程应具有情境性；三是互动合作应具有真实性；四是评价方式应具有情境性。由于情境性教学根植于建构主义学习理论、情境认知理论，因此在对情境性教学的特点进行分析时，需要依据上述理论。笔者认为，问题情境教学应具有以下四个环节：

1.创设情境——引入概念

建构主义强调学习情境的设置，因此应该以此为基础，将问题情境教学与概念学习相结合，以加强学生对概念的理解。通过创造情境来引入概念，这些情境应该与概念有一定的关联，而不仅仅是孤立的事件。教师应该选择与学生日常生活经验相关的问题情境，使学生能够在面对这些情境时迫切地想要了解答案，从而激发他们的求知欲望。此外，为了强调问题情境教学的完整性，教师应该在情境中引入一系列活动，鼓励学生独立或合作解决问题并构建概念。这样可以为提高学生的问题解决能力创造有利的环境条件。

2.提出问题——形成概念

情境中应涵盖问题，不要求设置的问题绝对真实，但是必须能调动学生的兴趣。所以教师在设计问题时，应选择贴近学生生活的问题，更易使学生陷入认知矛盾，这样会促使学生调动思维去分析问题，主动将新的概念同已有知识经验相结合，积极地整合归纳概念，有意义地建构概念体系。其实，问题自身就含有"情境"的内涵，是人无法跨越鸿沟从一处到另一处时所处的一种情境。

3.开展活动——形成概念

建构主义学习理论强调，学生需要通过共同交流和合作来建构知识。由于个人能力有限，单独收集的信息可能不够全面，因此，在提出问题后，学生需要进行交流和讨论，以获得更全面的认识。为了帮助学生理解概念的本质，构建良好的认知结构，让学生亲身参与概念的生成和应用是必要的，而情境性的活动正是实现这一目标的途径。这种活动还可以培养学生的自主学习和合作能力，使他们成为积极的学习者，并有助于将教材中的知识内化为他们自己的知识。通过与他人交流各自观点，学生可以更全面地构建概念。

4.实施评价——迁移应用概念

与评价概念学习结果相比，教师更应关注评价学习过程。评价标准可以涵盖以下两个方面：首先，评估学生是否建立了情境化的认知结构，以及他们是否能够建立起概念之间的关联；其次，评估学生在新情境下是否能够灵活地应用所学概念。这可以通过观察学生在活动中的表现、了解他们分析问题以及与其他学生的交流情况来实现。学生学习的概念通常与日常生活密切相关，因此，关键问题在于他们是否能够将所学概念应用于实际情境中。因此，评价应该包括对学生概念的迁移应用情况的考察，以检验学生在具体情境中所学概念的可迁移性。问题情境教学在概念学习中的应用流程，如图5-2所示。

```
创设情境——引入概念  →  提出问题——形成概念
                                    ↓
实施评价——迁移应用概念  ←  开展活动——形成概念
```

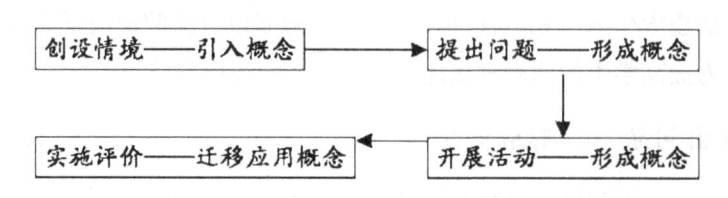

图 5-2　问题情境教学在概念学习中的应用流程

（二）问题情境各环节具备的特点

1. 情境应体现概念关联性

学生学习概念时必须有丰富的、有代表性的事实为建构概念提供支撑。因为学生的认知思维经过"感性"和"理性"两个阶段后才能形成概念，感性认识越到位，越有利于从表象中加工整合抽象出概念。同时，因为知识是具有情境性的，所以创设的情境必须与概念相关联。因此，教师在创设情境时，切勿包含太多与所学概念无关的事实例子，否则不仅不能帮助学生建构概念，反而会分散学生的注意力，使学生毫无所获，混淆学生的思维。

2. 情境应体现交流性

教师应充分了解学生的兴趣和社交需求，鼓励他们在学习小组中积极参与合作，共同解决问题。建构主义理论认为，个体的思维认知是在与他人互动的过程中主动构建的，因此创造有利于交流和合作的环境至关重要。教育者需要精心设计复杂而有挑战性的情境，因为过于简单的任务既无益于交流，也浪费了时间，还可能使学生失去兴趣。学生通过与他人交流，能够不断完善和拓展自己的思维概念。因此真实而有意义的合作是问题导向教学不可或缺的一部分。

3. 情境应体现完整性

如果教师只注重引入新课的 5 分钟的情境创设，不但不会达到促进学生建构情境化的认知结构的目的，而且学生获得的概念仍是与情境相脱离的。所以教师应保证问题情境教学的完整性，并贯穿教学过程的始终，在创设的情境中，紧密联系问题开展一系列的活动来解决问题，有意义地建构概念。

4.情境应体现趣味性和实用性

教师需要设计富有新意的情境，以激发学生的好奇心和求知欲。只有在这种有趣的探究环境中，学生才能真正体验到学习概念的实际价值。同时，情境性学习理论的目标是帮助学生将所学知识应用于实际生活中，因此教师创造的情境应具有实用性。由于学生通常缺乏实际生活经验，他们往往难以将抽象的概念与实际情境联系起来，这使得数学等抽象概念显得难以理解和应用。因此，教师在设计情境时应紧密结合实际生活，使学生能够将课堂中学到的概念灵活地运用到日常生活中。

（三）问题应体现的特点

教师在创设的情境中应紧密联系概念设置相关问题，以问题为引导开展相应的学习活动，将概念应用于问题解决过程中，形成情境化的认知结构。所以在教学中问题具有不可替代的价值，它应体现的特点包括以下四个方面：

1.问题应体现启发性

教师所提出的问题重点在于使学生陷入真正的困境，引发学生已有的认知经验与实际问题间的矛盾，启发学生主动思考。情境认知理论认为，只有在解决问题的过程中运用概念，才能使学生更好地理解概念。

2.问题应体现反馈的及时性

在问题情境教学中，学生对具体问题的解决情况可以反映出其对知识的理解程度，使学生意识到自己理解和应用概念情况的不足之处。如果学生能够灵活地应用概念去解决问题，说明学生已经能够很好地将问题情境与学习的概念相联系，建构了情境化的认知结构，避免了惰性知识的获得，如果情况相反则说明学生还未真正地理解和应用概念。

3.问题应体现层次递进性

教师在设计渐进性问题时，应考虑两个方面的因素。首先，问题的设计应使学生能够逐步解决问题，并在这个过程中体验到逐步接近成功的喜悦。其次，应考虑学生的认知水平差异。对于学习进度较慢的学生，可以设置一些相对简单的问题，以确保他们能参与到问题解决过程中。而对于已有较好基础的学生，则可以设计更具挑战性的问题，鼓励他们深入思考，提升认知水平。建构主义学习理论的核心目标是帮助学生建构相关的认知结构，这强调了意义建构应该发生在真实问题解决的过程中。因此，问题的设计不应过于简化，而应具有逐步递进的复杂性。

4.问题的复杂性需要适度

依据维果茨基的"最近发展区理论"，问题应该在学生的能力范围之内，但需要经过思考或借助他人协助才能解决，这样才能最有效地激发学生学习概念的积极性。如果问题过于困难或过于简单，都可能产生负面影响，影响学习效果。只有难度适当的问题才有助于培养学生勤于思考的习惯，并激发他们继续学习的动力。

四、问题情境创设的策略

（一）创设多元化问题

1.创设"悬念式"问题情境

"悬念式"问题情境迎合了学生的好奇心理，激活了学生的思维，使学生欲答不能，处于一种急切期待的心理状态，从而产生强烈的学习动机和求知欲望，在好奇心的驱动下，积极主动地投入对新知识的探索。通常在一节课的开头和结尾创设"悬念式"的问题情境能达到良好的教学效果。

2. 创设"阶梯式"问题情境

古语云:"善问者,如攻坚木,先其易者,后其节目。"在教学中教师也应该遵循这一规则。对于比较复杂、难点较大的知识点,教师应善于创设层层递进,逐步深入,由简到难,启发性强,符合学生心理特点、认知结构和遵循知识逻辑的"阶梯式"问题情境。这样不仅能使学生产生积极挑战的欲望,还能使学生获得一定的成就感和愉悦感。

3. 创设"辐射式"问题情境

在总复习或综合性较强的知识的教学中,教师可以把某一知识点当作中心,促使学生往多个方向积极思考,寻找和发现与该中心紧密相连的知识点,从而达到对知识的深刻理解。"辐射式"问题情境的创设不仅可以培养学生的发散性思维和知识迁移能力,还能开阔学生的思路,提高学生的创造力。

4. 创设"开放式"问题情境

"开放式"问题可以激发学生的想象力和创造力,提高其创新意识和创新精神,提高其思维的灵敏性和问题解决能力。因此,教师可创设结论开放、解题思路开放等"开放式"问题情境,充分调动学生的积极思维和主动学习的热情,最终提高教学质量。

5. 创设"争论性"问题情境

在教学中,教师要善于抓住学生争强好胜这一心理特点,根据学生已有的认知水平,有意创设"争论性"问题情境,鼓励其大胆质疑、表达自己的见解,在相互辩论中撞击出思维的火花。在争论中,不仅能够加深学生对知识的理解或及时纠正错误,还能发展学生的辩证思维,拓宽学生视野,提高学生的表达能力。

6. 创设"陷阱式"问题情境

"陷阱式"问题情境在习题课、复习课中应用较多,可以打破学生的思维定式，培养其对"陷阱"的防御意识。

（二）创设有效问题教学情境

1.加强教师对创设有效问题情境理论的学习

（1）正确认识创设有效问题情境的内涵

自新课程改革以来，许多一线教师已逐渐认识到有效问题情境教学的重要性。然而，一些教师对有效问题情境的本质理解存在偏差。有效问题情境教学的核心是确保教学活动能够实现既定的教学目标。问题情境教学将问题视为核心，将情境视为辅助。问题情境的设计需要问题具有引导作用，即问题的呈现形式和组织方式应当赋予情境以意义，从而使问题与情境相互补充，而不是将问题置于次要地位，过于强调情境的效果。这种对问题情境教学的曲解既不符合教育理念，也无法实现课程改革的目标。

当前，一些数学教师可能存在对有效问题情境的理解偏差，导致创设的问题情境缺乏效力。为解决这一问题，教师应正确理解问题情境教学的内涵，并在课堂教学中将数学问题合适地融入具体情境中，以引发学生的认知挑战，激发其对数学学习的兴趣。

（2）充分认识创设有效问题情境在新课标中的要求

新课标带来了全新的教学理念和课程改革精神，推动着数学教育不断前进。这一新的标准化的框架为数学教师提供了先进教学理念、课程内容和实施方法的指导，同时明确了创设问题情境教学在新课标中的重要性。只有深入理解新课标中对创设有效问题情境的要求，才能成功应用这一教学方法，从而实现教育目标。

2.明确把握创设有效问题情境的基本特征

（1）创设故事问题情境，注重问题的趣味性

在教学中激发学生学习兴趣，使他们在愉快的氛围下积极参与，具有极大的重要性。尽管不是所有的教学内容都可以直接与学生的生活经验相联系，但

至关重要的是确保与学生的现实生活相关的内容必须是真实的，不应虚构。因此，在处理真实性和虚假性之间的关系时，教师需要特别谨慎。

当一些数学概念与学生的实际生活较为疏远时，教师可以考虑创设情境故事，以便将数学知识与实际应用更紧密地联系在一起。这种故事情境创设需要具备直观、易于理解的特点，同时也应该与学科知识和学生的年龄特点相匹配。通过创设这样的情境故事，教师能够增加问题的趣味性，激发学生的主动学习欲望，促使他们积极思考。此外，在故事情境中提出有趣的问题，能够更好地引导学生进一步深入学习，并真正实现创设有效问题情境进行教学的目标。

（2）创设生活化问题情境，注重问题的可接受性

为了创设有效的问题情境，需要考虑学生的年龄、已有知识和生活经验，并确保他们可以接受所提供的情境。然而，目前存在一些数学教师忽略了问题情境的可接受性，导致创设的情境未能实现有效教学的目标。创设具有生活化特点的问题情境是关键，这意味着情境必须与学生的实际生活相关，但需要在实际情境的基础上进行适当调整，以使其与教学内容相符合，同时也需要适应教学现实，特别注重问题的可接受性。

通过分析和学习钱守旺老师的教学案例，可以提出解决这些问题的策略。在课堂教学中，教师可以通过引入与生活相关的问题情境来传授内容，逐步激发学生对学习内容的兴趣，同时强调提出学生能够接受的问题。这种方法有效地激发了学生积极学习的意愿，真正实现了创设有效问题情境进行教学的目标。

（3）创设梯度式问题情境，注重问题的层次性

创设梯度问题情境的目标是将复杂且具有较高难度的问题细化成多个小问题，或将问题解决的思维过程划分为多个阶段。这意味着问题的引入需要逐渐升级，从容易到困难、从表面到深入，以逐步培养学生的思维能力。梯度问题情境的设计还需要考虑问题的分层次性，根据特定知识内容和教学目标，适应学生的知识水平和认知发展规律。

通过采用解决常见问题的策略，教师可以创设游戏化问题情境，强调问题的分层次性，以激发学生的求知欲望。这种方法可以在课堂学习中多次唤起学

生的兴趣，同时满足他们在学习新知识过程中的满足感，从而实现有效问题情境的创设，以达到最佳的数学教学效果。

（4）创设开放式问题情境，注重问题的探究性

创设开放式问题情境的关键在于确保问题具有高度开放性，存在多种解决途径。这样的问题设计需要建立在学生已有的认知基础之上，并鼓励多元的答案，但问题本身需要足够引人思考，以促进学生的发散性思维、培养创新、勇于挑战和探索的精神。

然而，目前存在一些数学教师在创设问题情境时忽视了开放性，未能激发学生的思维多样性。为了解决这个问题，教师可以在课堂教学中，从学生的角度出发，逐项介绍教学内容、分解重难点，创设开放性问题情境，避免仅设定唯一答案，并确保问题具有一定的探究性。这些问题可以被视为启发学生思考的钥匙，可以激发他们的探索意愿。

3.建立"创设有效问题情境"教学课题小组，发扬团队精神

教学课题小组可以组织同一学科、同一年级的教师在一起进行集体备课，然后进行课堂实践，最后组织一起进行课后反思，充分发挥团队精神。可就目前来看，有一部分数学教师只在讲公开课和领导听课时才进行问题情境教学的创设，平时上课基本不进行、也不注重创设问题情境教学。究其原因是教师工作繁重，而创设有效问题情境教学备课，需要大量的时间和精力，所以教师不愿意在教学设计中进行问题情境的创设。建议教师发扬团队精神组成"创设有效问题情境"课题小组，分工合作、共享资源。只有这样才能减轻教师的负担和工作量，达到双赢的目的。

（1）组织集体备课

建立"创设有效问题情境"教学课题小组，以每个年级为单位，每个年级的所有数学教师确定每周一次集体备课，每位数学教师都要就其他教师提出的教学设计进行评价，每位教师轮流做会议记录。学校领导为了解各年级组备课活动的进展，并指导"创设有效问题情境"教学课题工作顺利进行，要经常参

加备课活动。在备课结束后,教师将其与教学实践结合起来,其他教师去听课,然后提出修改意见。

(2)组织课后教学反思

教学反思是教师在追求专业自主发展、确立主体性的过程中的重要标志,也是教师专业成长的基石。在教学实践中,特别是在为"创设有效问题情境"数学课做集体备课的基础上,教师应该认真准备每一堂课,并在课后进行自我反思,同时与其他教师进行评课和研讨。

为了促进这一过程,每位教师应该定期开展公开课,邀请同年级其他教师参观,然后进行集体评课。在完成公开课后,授课教师应该撰写关于"创设有效问题情境"教学的课后反思,同时其他教师也应该写下听课后的反思,以便进行经验交流和讨论。通过这种课后反思,教师们能够更有效地运用创设问题情境的教学方法,以实现预期的教学效果。

4.多途径帮助教师解读问题情境教学的核心内涵

许多教师通常将问题情境视为仅仅为了帮助学生更好地理解教学内容而设置的背景。然而,问题情境实际上不仅仅是简单的背景,它蕴含一定的情感成分,涉及教学内容,可以激发学生的情感体验,以更好地解决实际问题。问题情境的关键在于情境与教学内容的融合,即"寄情于境,入境会情"。教师在创设数学情境时,不仅需要考虑教学内容的需求,还要考虑学生的发展水平和时代背景。在过去的情境创设中,有些教师仅仅采用了"拿来主义",而没有深入研究问题和数学情境,这导致了情境缺乏明确的针对性和创新性,无法充分解决教学的难点,更无法激发学生主动学习的兴趣。

因此,在教师创设问题情境之前,需要分析教学内容、学生的学情以及当前时代出现的新事物等因素,这些可以为高效问题情境的创设提供灵感。然而,最关键的是深入探究问题情境的内涵,以更深入地理解数学问题情境的本质。

(1)定期举行数学问题情境教学听课互评

数学问题情境是一种高度学科化的情境,数学学习的核心是通过问题来培养学生的思维能力。数学学习还具备与现实世界密切相关的特点。然而，数学问题情境的创设不仅仅是将数学特性添加到问题情境中，而是将数学特性、问题和情境有机融合，进行相互补充。

在进行数学教学时，教师需要深入研究教材内容，挖掘具有思考价值的知识点，并通过展示或模拟生活情境的方式，为学生创造思维空间。通过引导和提出问题，教师可以帮助学生提升知识水平，培养他们自主发现和解决问题的能力。数学问题情境教学有助于激发学生的积极思考和创新性，促进良好的师生互动，创造轻松而高效的课堂氛围。

对于教学模式的深层理解，或许不同的教师有不同的理解思路，通过大家互相学习，取长补短，就会慢慢地对这一教学模式拥有自己的见解。

（2）将生活中的数学带进课堂，提高学生主动性

课程标准强调学习过程必须发挥学生的主体作用，使他们能够自主学习，积极参与学习。与其仅仅教授知识，不如传授学习方法，培养学生的问题分析和解决能力。问题情境是情感与背景的完美结合，教师可以使用日常生活中常见的实例来进行教学，这更容易让学生理解和接受，激发他们的求知欲望，促使他们积极参与问题的解决。

教师可以将教学内容与现实生活中的问题情境结合起来，从而迅速引起学生的兴趣，唤起他们解决问题的愿望。学生在问题解决的过程中，受到真实问题情境的驱动，开始自主探索整个解决问题的过程。这种情境能够激发学生的思维，让他们在问题与情感的交互中真正体验到数学的乐趣。

因此，教师在创设问题情境时应该联系学生的日常生活，强调学生的主体作用，以便能够激发学生的热情，使他们自己学会解决问题。

5.明确问题情境教学的目的

因为学生的理解和思维能力有限，相对抽象的数学知识可能会使他们感到厌倦、学习积极性降低。教师创设与生活相关的问题情境能够唤起学生的学习兴趣。因此，在数学教学中引入问题情境可以激发学生的思维能力，培养他们

独立思考的能力。设计与教学目标密切相关的问题情境可以促使学生进行有意义的学习，提高他们合作探究的能力。通过解决问题的过程，学生可以培养应用和创新意识，并在师生互动中促进情感交流。

（1）增强问题情境教学的意识和能力

许多一线教师认为自己的工作已经相当繁忙，可能没有必要主动进行教学创新或研究，只凭现成的教材就足够完成教学工作、实现教学目标了。然而，如果每个人都不积极学习，不主动接受新事物，就会被时代淘汰。尤其对于教师来说，不研究新的教育趋势，就无法了解有效的教学方法。

教师应该增强问题情境教学的意识，积极学习和研究问题情景教学，可以通过定期的培训活动提高技能。特别是在数学问题情境教学方面，新的教育标准提出了更高的要求，也对教师提出了更高的要求。为了创造有效的问题情境，必须基于对问题情境内涵的深刻理解。学校可以邀请专家来解释问题情境的内涵和创设要求，帮助教师逐渐培养创新能力，不断提高问题情境教学技能水平。

（2）明确问题情境教学对达成教学目标的意义

一切活动都紧随其目的，我们的教学是以教学目标为指导的，不仅要求学生掌握最基本的知识和技能，还强调学习的过程和情感体验，即学生亲历探究、合作、发现问题和解决问题，让他们形成创新精神和实践能力，形成积极向上的人生观。在数学课堂上，相对抽象的数学知识并不能够保证学生可以做到这三个目标的同化，而问题情境教学模式作为一种高度情感化、实践化的教学模式，不仅能够活跃学生的思维，还能促进这三项教学目标的达成。所以数学教师一定要重视问题和情境的结合带给学生的冲击性。

6.提升教师的教学素养

随着社会的不断发展，教师可以通过多种途径提升自己的教育水平。除了观摩其他教师的课堂和通过网络观看教学视频，教师还应该树立终身学习的理念，不断充实自己。随着时代的迅速发展和信息的不断更新，作为教育者，教师需要关注最新的知识和趋势，以避免被时代淘汰。

提升教育素养的方法多种多样，包括自主学习基础理论知识和接触时代的新事物。教师可以通过与同事进行教研和合作来解决困惑，借鉴他人的意见和解决方法，以及思考和阅读来将其内化为自己的能力。此外，定期参加教师培训活动也是提高教育水平的有效途径，这些培训可以由教育专家提供，涵盖最新的教育教学动态和经验总结，帮助一线教师不断更新知识和提高教育素养。

（1）选择合适的途径创设问题情境

创设问题情境要求教师把多种影响因素包括进去。学生的思维缓慢，不成熟，不能接受和理解较复杂的知识。因此，教师在创设问题情境时一定多为学生着想，多创设一些具有可操作性的问题情境，调动上课的气氛，激起学生的积极性。教师可以创设接近生活的问题情境，有利于学生摆脱枯燥的机械学习。在有效问题的牵动下，教师从学生的角度看问题，引导学生积极地思考，给予学生充足的时间，让学生汇报自己的想法，在师生互动中，学生的能力得以提高，通过亲身实践和动手操作真正理解数学知识。

（2）观摩学习优秀案例，破解心中疑惑

作为教师，不断丰富自己的知识和教育素养至关重要。教师有多种方式可以提升自己的教学能力，例如分析出色的公开课、观看优质的教育视频，积累他人的教学经验，然后反思自己，不断追求进步。通过与优秀案例对比，分析自己教案的不足之处，总结获得的启发。

杰出的教师能够巧妙地将问题情境与教学结合，运用精妙的语言渲染，激发学生的学习兴趣和问题意识。他们通过创设生活化的问题情境，将学生带入实际情境，引导他们学会如何从不同角度分析和提出问题。在课堂中，教师鼓励学生参与发言，通过逐步引导，从浅入深，拓展学生的思维，使他们在轻松愉快的氛围中学习。

未来，教师在创设情境时也应力求趣味性、与生活相关，以激发学生的兴趣；将抽象的数学知识生活化，促使学生更愿意思考和解决问题。

第三节 创设数学生活情境启发学生思考

一、创设数学生活情境的原则

数学教学生活化除了坚持传授基本知识、基本技能、基本方法的原则外，针对高中学生自身的特点，笔者又提出了实际需要原则、可实施性原则和提高数学素养原则。

（一）实际需要原则

高中教育肩负着培养学生参加高考的重要任务，每位高中学生都渴望通过自己的努力考上理想的大学。然而，需要认识到数学学科不仅仅是高考的一门关键科目，对于绝大多数学生而言，它也是他们未来走向社会、从事各种工作和研究的关键要素。成为熟练的劳动者和具备专业技能的社会型人才应当是学习数学的终极目标。数学与实际生活密切相关，因此，数学需要被看作是一门需要持续学习，甚至终身学习的科目。

因此，高中数学教育不仅需要遵循以高考为导向、以能力为核心的原则来组织和实施教学活动，还需要考虑到学生未来的实际需求。这对教师提出了更高的要求，需要注重对学生的知识和能力的双重培养，同时也需要激发学生对数学学习的兴趣。

总之，高中数学教育既要为学生参加高考提供充分的准备，也要考虑学生未来的实际需求。在实现数学与生活融合方面，需要从以下三个方面进行分析：

1.数学教师改变传统教学观念，树立数学实用性强的教学理念

长期以来，高中数学教师受应试教育的影响，普遍认为数学只是高考中的

一门重要科目，学生需要被迫学习。加之教师通常采用传统的"讲、练、再讲、再练"模式，这种题海战术导致了繁重的课业负担，进一步增加了学生对数学的厌恶情绪。这种反复的填鸭式教学方法使学生被动地接受知识，难以将数学运用到实际生活中，导致了数学与生活之间的脱节，学以致用的目标难以实现。

为了改变这种僵化的教学模式，教师可以努力让学生爱上数学课，同时不降低知识的难度和深度。这需要教师从自身做起，转变传统的教学观念，准确把握数学教育在高中教学中的地位，并将数学知识与实际生活有机结合，以实现学以致用的目标。这样，数学知识将能够为生活服务，而生活也能成为提升数学知识的一部分，形成一种融合的教学模式。

2.改变传统教学模式，实现数学基础教学与分层教学相互融合的模式

在高中教育中，学生分为文科和理科，还有一部分学生直接就业，不参加高考。因此，教师需要根据不同学生的情况来设计教学模式。理科生需要学习更多且更难的数学知识，因为他们可能会选择工程、经济、航空等专业，会用到更多的数学知识。例如，在工程领域，他们需要了解不规则图形的面积、立体体积等知识；在经济金融领域，需要进行数理统计分析；在市场营销领域，需要解决利润和最优化问题，因此线性规划知识非常重要。

而文科生的数学应用机会较少，所以教师在教学中可以更注重应对高考的内容。不同行业对数学知识的侧重点也不同。例如，在教学几何体的性质、面积和体积时，可以结合实物如汽车轮胎、螺母、杯子等进行讲解，这样更形象、更直观。

另外，一些学生可能已经对将来从事的行业有了一定程度的了解，教师可以根据他们的需求，有针对性地确定高中阶段需要深入掌握的数学知识，以及哪些知识可以简单介绍。总之，学习数学不需要面面俱到，而需要能够有的放矢、学以致用，需要以胜任工作和适应生活需求为目标。

3.加强实践教学，实现数学教学的生活化

让学生亲历一个再认识的过程，训练学生运用数学知识去解决实际问题的能力，培养他们的创新能力。在条件允许的情况下，带领学生参加一些日常的生产、生活实践活动，为学生布置有针对性的调查实习作业，找出生活中的数学实例，用所学知识去分析解决这些问题。

需要说明的是，高中数学教学以数学知识为背景，数学教学的生活化并不意味着数学课就要成为生活课，任何数学知识都要向生活"看齐"，更不是像有些师生片面地把数学生活化理解为浅显的"依附"于生活的数学课，而是通过教学内容的相通相融，通过教学方法的改进，既能在数学中渗透实际生活，又能在生活中体会到数学的价值，从而实现数学与生活的"双赢"。

（二）可实施性原则

高中数学教学生活化并非空穴来风，而是通过反复实践总结出的有效教学方法。可实施性原则主要体现在以下几个方面：

首先，从教师角度来看。教师在教育中扮演主导角色，需要引导学生达到教学目标的最佳途径，设计有效的教学策略。在生活化数学教学中，教师是引导者和组织者，帮助学生理解知识的实际背景和意义，激发他们的学习积极性。教师还要帮助学生寻找和运用生活中的数学，设计生活化的教学活动，引导他们发现知识的内在联系，体验数学与生活的紧密关联。

其次，教师是教学的组织者。在生活化数学教学中，教师需要组织、启发、引导学生积极参与，并设计合理的数学生活化模型，安排适当的时间和进度。教师需要思考如何让学生愿意参与，并确保不丧失知识的深度和广度。

最后，教师是教学活动的参与者，而不是居高临下的施令者，在参与教学的过程中分享学生的喜怒哀乐，与学生平等交流，建立融洽的师生关系。一个专职数学教师除了要具有深厚的专业知识外，还要能够构建和谐的学习氛围。只有在愉快的学习氛围中才能更好地开展教学工作。

（三）提高数学素养原则

数学素养主要是指在数学学习中能将基本的数学知识、基本的数学技能、数学思想方法、数学应用意识、数学美学价值的欣赏等方面相互渗透，彼此联系。

高中学生走进大学，数学学习除了为将来成为具备专业技能的新型人才打下坚实的基础以外，还对人一生的可持续发展有着更深远的意义。数学知识和技能学习的过程需要理解数学所蕴含的思想方法，体会实事求是的数学精神，培养求真务实的数学品质，懂得欣赏数学美。数学学习有利于培养学生的数学素养。

1.在生活情景中培养数学兴趣

"兴趣是最好的老师"，作为高中数学教师，首要任务是让数学融入生活，打造具有生活化氛围的数学课堂，培养学生对数学的亲近感。高中学生已经不再是中小学生，他们积累了丰富的生活经验，对生活中与数学相关的现象和事物充满了好奇心，具备分析和解决问题的能力。因此，在数学教学中，要充分利用生活情境，激发学生的学习兴趣。教师可以提出引人入胜的问题，展示数学的实际应用，让学生在日常生活中体验数学，从中汲取数学的乐趣。语言表达要生动幽默，教学工具可以多元化，包括多媒体和网络技术，以及计算机互动等，这不仅可以丰富学生的信息来源，还能增加他们的参与度，激发积极性。此外，教师还可以分享一些数学家的故事和成就，增强数学学习的趣味性，例如，在讲解极限时，可以提到刘徽的割圆术，或者在数列求和时，介绍高斯小时候的故事等。通过这些故事，学生可以了解数学家的奋斗历程，同时也可以使其更深入地理解概念、公式和定理的演变过程，激发其学习兴趣。教师应该从学生熟悉的生活现象中收集素材，作为课堂教学的切入点，采用多种方式将数学与生活联系起来。这不仅能让学生感到新奇，更能激发他们积极参与学习的态度，通过亲身经历来探索知识，激发学生的学习兴趣，提高学习积极性，使学生全身心投入数学学习。

2.在生活体验中形成数学技能

关注数学知识与生活的联系，鼓励学生积极探索问题，这是促进学生学习数学的有效途径。在课堂教学中，除了传授知识和技能，教师还应注重学生的学习体验。

首先，创设适合学生参与的活动，让他们亲身体验数学知识的应用和问题解决的过程。例如，在讲解正弦曲线之前，可以利用多媒体展示钢琴键盘按下时的声音波形图象，让学生观察并发现其中的规律。通过这种方式，学生会产生兴趣，并主动思考如何用数学来描述这些声音波形。这样的生动情境能够激发学生的学习兴趣，使他们更积极地参与学习，意识到数学在日常生活中的实际应用。

其次，强调数学知识的生活联系，引导学生从生活中寻找数学题材，体验知识的生成过程。教师应充分利用学生的生活经验，开展与生活相关的教学实践活动，挖掘生活中的数学素材，创设具有生活化特点的情境教学。这种教学方式能够帮助学生感受到数学与生活密切相关，增强他们对数学的实际应用意识。

总之，关注数学与生活的融合，鼓励学生积极参与实践和探索，是提高数学教学效果的关键。通过生动的教学活动和生活化的情境教学，可以激发学生的兴趣，促进他们更深入地理解和应用数学知识。

3.在生活实践中培养数学意识

数学意识指用数学的方式去观察、解释和表示事物间的数量关系以及空间形式，并能主动运用数学的思想和方法去发现问题、思考问题。遇到实际问题，能自觉地从数量上进行观察并加以分析，逐渐形成具有量化的数学思维习惯，并形成良好的"数感"。在生活中注重培养学生的数学意识，首先可以培养学生有意识地对生活中的数据进行搜集，使学生养成善于发现生活中的数学问题，学会写数学日记，制作有趣的数学小报等习惯。这样就能逐渐促使学生从数学的视角搜集生活中的数学信息，并能简单归类、整理学过的数学知识，逐步学会利用数学语言去描绘和刻画现实生活中的一些简单现象，根据需要再将信息进行处理，最终做出猜想，形成较强的数学意识。

二、创设数学生活情境的方式

（一）捕捉生活素材，使教学内容生活化

设置生活化的教学情境，让生活走进课堂。在新课程理念下，教师不再是知识的解释者和执行者，而是知识的开拓者，教师要结合生活实际合理组织教材，对教学内容进行合理的补充和重组，在深入理解教科书编写意图的前提下，渗透数学的思想方法和教学理念，使教学内容更接近生活，用学生感兴趣的、熟悉的实际生活中的数学问题来充实数学教学内容，使数学教学更具有现实意义。

（二）利用生活经验，使教学过程生活化

教学过程是教学中一个重要的环节，在教学过程中结合生活实例，教学效果会更好。因为生活中处处存在着数学问题，教师可以根据自身丰富的生活经验为学生创设生活情境进行教学，这样更能促使学生将数学的理论知识与生活中的实际联系起来，并且通过生活中的事物更加深入地了解数学知识的概念与理论，帮助学生巩固知识、夯实基础。

（三）联系生活实际，培养学生创造思维

为了培养学生的创造性思维，教育工作者应注重以学生为中心，建立平等和谐的师生关系，鼓励学生积极提问和表达，以激发他们的创新意识。此外，创造愉快轻松的学习氛围也至关重要。苏霍姆林斯基曾提到："教学应该引发积极的情感体验。"在轻松的学习环境中，学生更有可能自由展开思维，从而促进创造性思维的培养。学生的创造性思维还需要时间和空间的支持。教师在提出问题时应该给予学生足够的思考时间，而且问题的设计应具备广泛的思考

空间。开放性问题和条件开放问题是培养创造性思维的有效方式。举例来说，学生可以探讨地理位置的经纬度如何影响日出和日落时间，他们可以自己搜集数据、构建模型，并通过各种途径获取信息来支持他们的结论。这种方式有助于激发学生的求异思维，培养他们的创造性思维能力。

三、创设数学生活情境的策略

（一）培养融入生活的应用性教学意识

17世纪法国哲学家笛卡尔曾经表达过"我思故我在"的思想，强调了人的意识是生物反应机能进化的最高级形态，意识对于塑造个体行为习惯具有深远影响。要实现数学教学的生活化，我们必须转变传统教育观念，增强数学与生活的意识。这种数学与生活的意识主要表现在以下两个方面。

首先，它包括了理论联系实际的觉察，即认识到生活中蕴含的数学信息，意识到数学在我们的日常生活中有广泛的应用。学生需要主动地发现身边的数学现象，对生活中的数学问题有较强的敏感性。此外，学生应该拥有更客观的数学认知，深刻理解数学的实际应用价值以及数学的魅力。

其次，它涵盖了主动应用数学知识的自觉，这表明学生具备主动寻求数学方法解决问题的能力，尤其是解决实际问题。这一概念不仅包括在日常生活中发现问题和提出问题的能力，还包括主动运用数学知识来解决这些问题的能力。学生应该能够将生活问题与数学知识相结合，积极思考，并主动寻求解决方案。这种主动应用数学知识的自觉对于培养学生的数学思维能力具有深远的意义。

要培养学生的数学生活化意识，教师需要改变传统教育观念，并在教学中关注以下四个方面：

第一，树立正确的教学价值观。数学的核心价值在于它能发展人的思维，能使人变得更聪明，那么应该如何看待数学，如何理解数学，如何运用数学的思想方法去观察、分析、解决生活中的实际问题，这就需要我们树立正确的教学价值观，提高学生的数学素养。教师要引导学生用数学的眼光去关注生活，发现生活中的数学现象，并运用数学知识去解决问题。

第二，创设生活化的问题情境。教师在教学时应当利用学生身边的数学现象、自然界、社会环境以及其他学科中的数学问题，将其融入数学知识学习，创造出生活化、富有趣味和挑战性的问题情境。举例而言，可以提取超市的打折策略、网购中的团购原理等与学生生活密切相关的数学素材，将这些素材设置为学习的背景，以激发学生的兴趣。正如爱因斯坦所言："兴趣是最好的老师。"学习兴趣的程度直接关系到学习效果的优劣。因此，教师应当根据具体的教学内容，设计富有趣味和挑战性的问题情境，以引发学生的积极参与。

第三，强调数学知识的生成和发展过程。数学领域涵盖众多的概念、公式、定理和公理，这些内容背后蕴含着深刻的数学思维方式。因此，教师应根据学生的知识水平和能力，结合实际生活情境，演绎数学知识的生成和发展过程。这种方法不仅有助于学生理解知识的演化过程，还能让他们认识到数学知识源自生活，又回馈生活。这样的教学方式有助于激发学生的学习兴趣，并将数学融入他们的日常生活中。

第四，拓宽学生的视野，强调数学的价值。在数学教学中，教师除了着眼于学生的基本知识、技能和方法之外，还应当助力学生拓宽自己的视野，认识到数学的无穷价值。数学作为一种必不可少的工具已经深刻地融入了人类的日常生活和学习中。数学的发展与人类文化、经济和科技的进步密切相关，影响着社会和生活的各个层面，其价值无所不在。

数学的深刻思辨性质有助于更好地理解事物。它的严密性和卓越的逻辑性能潜移默化地影响着人们的世界观和方法论，培养了坚忍的毅力和不屈不挠的精神，有助于塑造求真务实、自强不息的品格。此外，数学还能拓展人的智慧，训练思维，培养逻辑思维、推理能力和想象力，激发创造潜力。这是数学的人文价值，但其科学价值同样不容小觑，在现代生物技术、航空领域、社会科学、自然科学等众多领域都有广泛的应用。对于一般数学学习者来说，最能深刻感受到的莫过于数学的生活应用价值，因为数学已经无处不在，贯穿我们的生活。

（二）开展走进生活的开放性教学活动

开放性数学教学是指在开放的人文环境下创设有利于学生进行探索学习、合作交流的开放性问题情境，解决问题的过程，使不同水平的学生能在不同层次上有相应的发展，获得不同的学习效果和情感体验，它既是一种教学思想，也是一种教学理念。

走进生活的开放性数学教学是将生活作为数学教学的大课堂，建立一个开放的、宽松的数学学习氛围。其内涵包括明确的教学目标、丰富的教学内容、多元的教学方式、开放的教学过程、融洽的师生关系、开放的教学环境、多样的评价方式等。

生活化的开放性的课堂教学，应以学生为主体。解决开放性的问题，更需要学生接受变被动为主动、变封闭为开放、变注入式为探索式的开放性数学教学。

1.联系生活，建立开放的人文环境，挖掘学生自主探索的潜能

建立一个开放的人文环境意味着要建立相互尊重和信任的关系，营造平等、自由和谐的师生互动氛围，通过言语和情感的交流来创造宽松和愉悦的教学氛围。这样的环境可以鼓励学生敢于表达他们的想法，鼓励他们大胆提出问题，鼓励他们在学习中尝试新的方法。积极的学习心理对于学习的促进和发展具有积极作用，有助于学生积极主动地探索和发现，有助于打破封闭的学习心态，改变被动的学习方式，以及创造活跃的课堂氛围。

作为教师，需要认识到学生之间存在差异，要努力为不同水平的学生提供展示自己才能的机会。应该给予学生积极的激励和鼓励性的评价，支持他们的合理观点，同时建立起与学生之间的互信关系，共同创造一个积极互助的学习环境，以提高学习效率。

2.创设开放的问题情境，为学生提供自主探索的机会

联系生活创设开放的问题情境是实施数学教学生活化的关键。问题情境旨

在帮助学生理解新知识，并引入新的概念。这些情境可以是抽象的，也可以是基于真实生活经验的。生活化的开放性数学问题情境应具备启发性、发展性和开放性。

在设置问题情境时，教师需要考虑多个因素，包括问题的复杂程度、问题的现实背景、学生的兴趣等。最好选择那些与学生熟悉的生活情境相关的问题，以便引发学生的兴趣和好奇心。同时，问题情境应该能够拓宽学生的思维，鼓励他们从多个角度来思考和解决问题。

3.联系生活，创设多元化的开放性的教学评价

有问题就需要解决，问题解决之后就应该有相应的评价。评价是教学中不可缺少的环节。有了教师的评价学生才会更好地发现自己在学习过程中存在的优点和不足，才会更有收获。那么建立了开放的人文环境、开放的教学内容之后，与之匹配的还应有多元的教学评价。因此，我们要摒弃传统的单一的评价方式——考试，采取更丰富的评价方式。

（三）构建回归生活的实践性教学模式

实践教学是一种教学形式，通常在实验室或生产场地中进行，由教师指导学生通过实际操作来提高其知识和技能水平的一种教育方法。在高中教育中，实践教学旨在培养学生的综合能力，不仅为了备战高考，还要提高数学修养，因此需要将数学知识应用于实际生活。

回归生活的数学教学不是简单地重复，而是在已有知识和经验的基础上进行进一步的选择、加工和发展。这种教学方法以学生为中心，从学生的日常生活出发，强调与现实世界的联系，以避免将数学教育与现实生活脱节。这有助于学生更好地发展。

回归生活的实践教学要求教师利用生活中的现象、事例、实地调查和实验等方式，将数学教学融入学生的生活世界中。教材内容应与学生的生活、现代社会和科技发展相联系，以动态的生活情境呈现出来。同时，不仅要将数学教学看作是知识和智力发展的过程，还要在整个数学教学过程中激发出学生顽强

的生活意识和积极的生活态度,并培养他们解决实际问题的能力、发展实践和创新能力,充分挖掘他们的潜力,使他们在日常生活中可以灵活运用学到的知识解决实际生活中遇到的问题。

第六章　开展合作交流的教学实践探索

第一节　合作学习的理论概述

一、合作学习的产生与发展

合作学习是一种现代教育理论，随着人类文明的不断进步，教育事业受到越来越多的重视。合作学习的观念早已存在，早在《论语》中就提到了"三人行，必有我师焉"的合作学习雏形，古罗马教育家昆体良也提出了相似的概念。然而，合作学习在20世纪70年代才迎来了较大的发展，主要是因为那个时期具备了相应的条件。

首先，美国从20世纪70年代初开始，深入研究合作学习理论，并将其广泛应用于教育领域。这引发了世界上许多国家对合作学习的广泛研究和应用，特别是在中小学教育中。实践证明，合作学习可以有效提高学生的学业成绩，并增强班级内部的凝聚力和团结性。在20世纪80年代，合作学习理论进一步发展壮大，成为具有广泛影响力的教育理论。

我国在20世纪80年代试点开展了合作学习的实验研究，并不断改进和发展，探索适合我国国情的合作学习方式。这一举措旨在推动我国教育的发展提高学生的综合素质，培养更多的科研人才。

二、合作学习的内涵

随着科学技术的迅速发展，国际竞争越来越激烈。要获得强大的国际竞争力不仅需要有世界科研项目领先的个人和科研团队，还需要提高整体的国民素质。合作学习正是适应国家发展的一种学习方法，其注重个人的发展也注重集体的提高，因为参与合作的集体成员相互之间需要竞争、也需要合作，在这个过程中，大家共同提高。合作学习以每个小组为一个单元，各个小组在学习时以竞争的状态提高他们学习的劲头，从而让每个成员的学习能力与水平都有很大的提升。合作学习就是在教学上运用小组合作的形式，使学员共同活动以最大程度地促进他们自己以及他人的学习。心理学家莎兰认为，合作学习是组织和促进课堂教学的一系列方法的总称。合作学习涵盖了以下三个方面的内容：

首先，合作学习需要参与的学生以小组形式参与教育活动。这种形式是合作学习的核心，小组成员的选择应基于多方面考虑，如他们的背景、技能、智力水平等，以确保小组内成员的互补性。在合作学习的过程中，小组成员在教师的指导下积极交流，尊重对方的贡献，吸取对方的长处，并勇敢地表现出自己的不足，期待获得真诚的建议。每个成员都有机会感受到自己的价值，为小组的成功贡献自己的努力。当意见不一致时，小组可以通过协商等方式解决分歧，实现和谐的合作。

其次，合作学习是一种系统利用互动教学因素的方法。在这种方法中，合作性互动是关键。与传统教育不同，合作学习强调每个学生都是主体，他们之间的互动是学习过程的核心。传统教育通常由教师单向传授知识，学生独自完成作业，有时甚至限制学生之间的交流以防止作弊和抄袭。合作学习则鼓励学生之间积极互动，创造性地应用知识，以促进学术表现的提高。

最后，合作学习侧重于小组的整体成绩，而不是个体成绩。它强调小组的整体表现，而不仅仅关注个人成绩的表现。这有助于增强小组的集体荣誉感，由个人之间的竞争转变为小组之间的竞争，内部合作关系得以建立，每个小组成员都能够充分发挥自己的潜力。在小组内，所有成员不仅要考虑自己的个人成绩，还要具备团队合作意识，确保自己分配的任务得以准确完成，维持紧密的合作关系。

总之，合作学习是以小组活动为基础、最大程度地发挥集体中每个人的主观能动性、人与人之间互相合作、用集体成绩考核合格与否的所有教学行为的总和。

三、合作学习的理论依据

大量的理论基础和科学研究为合作学习提供了理论依据。

（一）最近发展区理论

首先，这一理论是由著名的苏联心理学家维果茨基提出并研究的。维果茨基强调学生的发展能力主要表现在两个方面：首先是学生的初始基础水平，其次是学生能够提高到的水平与目前水平之间的差距。因此，小组合作学习理论与最近发展区理论有相似之处，最近发展区理论可用作衡量学生水平的基准。只有当学生的提问和创新水平超越了这一发展理论，他们的潜力才能够得到充分发挥，促进个体的成长。因此，在小组合作学习中，学生能够充分认识到他们的认知水平以及与目标认知水平之间的差距，这使得他们可以有针对性地学习，从而提高学习效率。

其次，将这一理论应用于小组合作学习中，学生通过与同伴的互动合作来实现这一理念。他们在小组内部合作和讨论，逐渐达成共识，从而优化他们自己的知识结构。这种互动有助于学生更好地理解和应用所学知识。维果茨基的研究表明，学生更多地关注自己的最近发展区，他们就能取得良好的学习效果。

综上所述，合作学习强调学生之间的合作互动，以实现知识的更好理解和应用。这一方法符合维果茨基的理论，鼓励学生关注他们的学习差距，通过合作学习以及与同伴的互动来优化自己的学习效果。

（二）动机理论

一些学者将动机理论称为集体动力理论。这一理论的关键特点在于，人们只有通过相互交往才能够互相激发和成长，从而增强学习的愿望和兴趣。在人际交往过程中，个体的差异性会产生思想上的碰撞，最终的目标是解决问题，以使双方都能实现自己的目标，最大程度地发挥各自的优势，实现有效协作，以达到预期的结果。动机理论明确指出传统的课堂教学存在局限性，其成效有限。传统竞争机制的假设只会导致某一些学生成功，而其他学生由于各种原因成功机会较少。在这种情况下，这些成功学生可能会缺乏同学的认可，进而受到排斥，这不利于团队的凝聚力，也不利于整体成绩的提高。解决这个问题的关键是培养学生"团结一致，共同进步"的观念。因此，合作学习与这一理念是高度契合的，其认为个体的进步建立在整体进步的基础上。

（三）社会互赖理论

格式塔学派的创始人道奇与约翰逊兄弟的门徒是社会互赖理论的代表性人物，首先他们创新研究出了合作竞争这个观点。社会互赖理论认为在一个群体里，各个独立的个体由于共同的目标会形成相互依赖的关系。相互依赖关系包括"积极依赖""消极依赖"。这里所说的"积极依赖"指的是真诚的合作，个体之间是共同进步、共同前行的，只有这样才可以提高问题解决的效率。从字面意思来理解"消极依赖"，就是团队各个体未实现有效配合，也就是我们所说的竞争，个体之间存在不信任，并会互相打压，纵使目标实现了，也存在很多问题。这种社会相互依赖的结果就是个体的互动模式。社会互赖理论指出，针对小组合作学习来说，整体目标的实现是个体目标实现的前提。社会互赖理论认为，如果某个团队要实现一个共同的目标，那么前提是这个团队内的所有个体都团结起来，只有这样才能有利于使人们之间产生鼓励、照顾、帮助，才能有助于目标的实现。

（四）社会凝聚力理论

沙伦与阿朗逊是社会凝聚力理论的知名学者。与传统的认知导向合作学习观点不同，他们强调学生必须相互支持和协作，这是合作所带来的团结力量的关键。社会凝聚力理论更加关注个体与集体之间的关系，认为成功的关键在于个体不仅仅要关注自身进步，还要依赖团队合作来达成共同目标。从这一角度来看，个体需要将整体利益置于个人努力的核心，以确保小组整体能够取得成功。因此，小组合作学习的成功部分归功于社会凝聚力理论的提出。从凝聚力理论的角度来看，建立科学的评价机制以确保团队和个体都能充分发挥力量变得尤为重要。只有实现这一点，团队的协同效能才能充分展现出来。

四、合作学习的必要性

（一）社会发展的需要

21世纪，科技的进步和技术的创新已经使人类社会进入了全新时代。信息技术和科技的发展加速了全球化，知识经济占据主导地位，国际社会相互依存，竞争也变得日益激烈。在这个竞争激烈的环境中，仅凭个人努力很难取得优势，因此团队合作成为取得成功的关键。人们逐渐认识到，合作意识、合作能力和团队精神对在竞争激烈的时代中取得成功至关重要。团队协作的程度决定了成果的大小。因此，合作已经成为现代人不可或缺的基本素养和生存技能，具备合作能力和合作精神已经成为新时代人才的重要标志。

在这一趋势下，教育也面临着类似的挑战。社会对人才的要求更高，为了培养适应新时代挑战的高素质人才，教育必须与时俱进，紧跟时代的步伐。随着教育改革的深入推进和教育者的不断探索，人们逐渐达成共识，即应该推广合作学习。合作学习有助于培养学生的合作能力，增强他们的合作意识，并通过互相帮助促进学习。

（二）新课程改革的需要

为适应新时代的需求，我国自20世纪90年代以来一直进行着教育改革。

从素质教育的提出到现今新课程改革的进行，无论是教育理念还是教学方法都经历了显著的变革，逐渐建立了具有中国特色、体现时代精神、贯彻素质教育理念的基础教育课程体系。《义务教育数学课程标准》明确指出："有效的数学学习不应仅依赖于模仿和记忆，而应包括动手实践、自主探索和合作交流等重要方式。"

在这一新的课程理念下，教育者逐渐探索出小组合作学习这一新型学习方式。与传统教学模式不同，小组合作学习将学生之间的个人竞争转化为小组之间的竞争，有机地融合了竞争和合作。这不仅激发了学生的上进心，还培养了他们的合作能力、加强了合作意识，养成了解决问题时利用团队合作的良好习惯。

小组合作学习能够有效地克服传统教学模式的一些弊端，如过于程式化和机械化、教学方法的单一陈旧，以及学生学习缺乏主动性等问题。在合作学习的过程中，学生学会了如何与他人协作和交流。因此，深入研究小组合作学习，了解和掌握它，具有重要的价值。

（三）学生自身发展的需要

随着素质教育的提出和新课程改革的不断深化，"以教师为主导，学生为主体"的教学观念已经被广泛接受。各种新的教育理念和教学方法都旨在促进学生的全面发展。然而，在应试教育的影响下，课堂教学常常采用传统的教学方式，即"填鸭式教学"，教师只注重灌输知识，学生只能机械地接受。这种教学方法限制了学生的创造力和个性发展。此外，学生的评价方式通常只依赖静态的、单一的成绩数据，导致学生过于追求高分和高排名，个人竞争意识过强，常常采取孤立竞争的方式。这对学生之间的交流合作不利，也妨碍了健康同伴关系的建立。

学生之间的互动对于他们的心理健康发展具有重要影响。鉴于学生的心理发展特点，数学合作学习可以满足他们的心理需求。在这种模式下，学生有充分的时间进行交流，同时感受到同伴之间的友情和团队协作的力量，有助于培养积极、乐观的人生态度。在合作中，学生需要发现他人的优点，相互鼓励和帮助，学会辨别和选择、倾听和表达，不断完善自己的思想，促进个性的发展。

（四）高中数学学科特点的要求

高中数学具有三个显著特点，即高度抽象性、严密的逻辑性和广泛的应用性。这些特点使得数学具备了严密的逻辑和广泛的应用领域。然而，由于数学的高度抽象性和逻辑性，学生有时难以理解某些数学概念，因此需要借助小组合作学习来解决这些问题。数学活动中还涉及许多需要学生自行探索和思考的问题，有时个人难以全面思考，这时小组合作学习可以提供帮助。此外，数学问题通常存在多种解法，合作学习小组可以让学生相互学习、相互启发、共同进步。

五、研究合作学习的意义

（一）有助于加深教师对小组合作学习的认识

小组合作学习是符合新课程改革理念的一种重要教学方式，因此受到广泛关注。教师在课堂中充当组织者和参与者的角色，发挥着关键作用，他们对小组合作学习的理解直接影响着实际教学的效果。然而，在实际教学中，小组合作学习有时可能流于形式。因此，通过对小组合作学习的研究，有助于更深入地理解这种教学方式，认识其本质，从而将理论与实践相结合，解决形式主义教学问题，提高教育质量。

（二）有利于为更好地应用小组合作学习提供指导

在数学课堂中有效地利用小组合作学习能够使原来单一、死板的课堂变得开放、活跃，形成积极向上的学习氛围。在小组成员交流的过程中，学生可以相互激励、相互促进，彼此之间取长补短，逐步提高每一位成员的数学学习能力和学习效率。通过对小组合作学习的研究，提出一些行之有效的实施策略与建议，为广大教师提供了一些教学参考，可以帮助教师在教学中更好地运用小组合作学习、应对教学中出现的一些问题。

（三）有助于深化小组合作学习的理论研究和实践探索

小组合作学习作为一股新鲜血液，既对我国教育有着重要的促进作用，同时也可能会与原有的教学产生不可避免的矛盾，而这些问题必须通过教学实践去发现。本研究不仅着眼于小组合作学习的理论研究，还包括对小组合作学习的实践探索。实践探索可以让理论联系实际，也可以通过具体的教学实践过程发现小组合作学习对数学教学有着怎样的促进作用，同时还能够揭示小组合作学习在实际应用中还存在哪些问题，为其理论和实践研究提供材料。

六、构建数学合作学习教学策略的要点

（一）小组合作学习的一般实施环节

小组合作更需要的是实施，不能仅仅停留在理论上，如果要在实施上更好地发挥出它的实效，还应该注意以下四个方面：

1.合理构建学习小组

在进行合作学习时，小组的构建方式至关重要。应按照"组间同质，组内异质"的原则合理分组，以确保小组成员能够更好地理解、支持和合作，从而促进整个小组的共同提高和个体的发展。此外，在实际操作中，需要定期进行动态调整，以确保小组合作学习达到最佳效果。

2.恰当选择学习内容

合作学习的内容应经过精心筛选，通常应选取只有通过团队合作才能完成的任务或者只有通过合作才能解决的问题。如果存在无法有效合作或存在争议的情况，可以让不同小组进行探讨。在选择问题时，应确保问题具有一定的挑战性，以促进小组之间的交流、支持和鼓励，以实现最佳结果。但是，问题的

难度需要适中，过于困难的问题可能无法通过合作讨论解决，导致学生无法体验到合作的意义，因此需要在难易程度上进行适当的控制，以突显合作的价值。

3.教师的有效组织指导

教师在小组合作学习中的角色是非常关键的。教师需要提供方向性引导，以确保小组的有效运作。教师需要精心策划小组合作学习活动，深思熟虑问题的提出，并选择合适的内容。尽管可能会出现意外情况，但充分的准备可以防止混乱。在课堂上，教师应融入学生群体，仔细观察和倾听学生的互动，及时引导学生自行解决问题，确保学生间的交流顺畅，保持各组的平衡讨论，促进组间有效交流。

4.科学合理的评价

合作学习的目标是提升学生的知识和能力。因此，评价的科学性和合理性至关重要。首先，需要对评价有初步认识；其次，要考察整个评价小组和成员的成果。只有进行合理和公正的评价，才能推动小组合作学习的发展，促使小组更深入地合作和发展。

（二）注重小组合作学习的可行性与独特性

1.可行性

初中阶段的数学在内容方面相对简单，同时需要的逻辑方面的能力也不强。然而，高中时期的数学更多地集中在抽象化语言上，学生不是对文字进行简单理解就可以获得不错的学习效果了，还要借助于其自身的逻辑能力才能有效学习。这对学生思维能力的要求就很高了。高中数学教学实践过程中经常出现这样的现象：教师教学的时候，学生觉得自己明白了，然而真正到自己操作时，发现无处下手，一筹莫展。在高中数学课堂上实施小组合作学习可以很好地解决这一问题。与传统的教学模式相比，在合作学习的课堂上，教师在新授课时可以通过明确目标任务的方法，留出时间让学生独立思考将自己对问题的想法形成后，再通过与小组其他学生一起讨论探讨，让学生更喜欢学习数学，如此可以更好地解决数学问题。

2.独特性

学生在个性、观察力、问题处理方式、内心状态等方面存在着差异，这导致了每个学生的学习方式都有其独特性。在教学中，教师应该敏感地注意到这些差异，因材施教。教师不仅不应该歧视能力较差的学生，反而应该更加重视和关心他们的差异。在高中数学合作学习中，应以差异为主要考虑因素，辅以特色，这样能更好地推动学生的数学能力和情感交流，实现他们的全面发展。

在传统的高中数学课堂中，学生常常感到枯燥，课堂内容主要包括教师讲解新的公式和知识点，然后学生解答题目。在这种模式中，学生往往只是抄写教师在黑板上展示的运算过程，使得数学课变成了单纯的计算和抄写，这会逐渐削弱学生对数学的兴趣。高中数学的合作学习模式则不同，其允许学生与同学一起讨论问题，并与教师互动探讨，最后通过小组合作呈现结果，这有助于学生发挥自己的能力。这种成功体验会提高学生的学习兴趣，同时也增强了他们的自信心。

高中数学强调基础知识和基本方法，这些知识和方法通常相对抽象，让人难以理解。数学问题往往可以通过不同的方法和角度来解决。在高中数学课堂的合作学习模式中，学生有足够的时间可以进行独立思考，整理自己解决问题的思路，并在小组合作活动中用清晰的数学语言表达自己的解决方法。学生更愿意在小组活动中分享自己的想法，同时也可以借助合作来扩展和深化自己的思考。

将合作学习引入高中数学教学，使每个学生都有机会展示自己的独特解决方法，并从其他学生那里学习到不同的解题方式。教师可以收集每个小组的成果和潜在问题，并通过评价来解决小组的问题，这有助于激发学生的学习兴趣，因为他们的问题得到了解决。

（三）构建数学合作学习教学策略的原则

合作学习模式下数学课堂文化的构建与一般的合作学习模式的不同在于教学策略制定过程中所遵循的原则，这是决定策略走向的关键，笔者所构建的合作学习模式下的数学课堂文化，其教学策略需遵循以下五个原则：

1.伦理审思原则

自从引入合作学习模式以来，有人认为这些课堂问题主要是因为教师对合作学习的实质理解不够深入，导致他们无法有效掌控课堂而产生的。实际上，这些问题更多地与教师在教学中忽视了个体道德品性的培养有关，这使得数学合作学习容易陷入工具化的标准化陷阱。许多教师似乎将合作学习带来的实质性改变主要看作是学生学习成绩的提高，而个体德行的发展和完善则排在次要位置。当前应试教育的现状使得"提高学生学业成绩"成为衡量合作学习有效性的唯一标准，而忽视了学生整体发展的方面。

（1）合作中彰显个体存在

在合作学习小组中，个体的存在与合作的理念决定了合作学习小组的成绩与定位，为了让学生在合作中彰显个体的存在，教师要把追求教育的平等与民主当作教育的主题之一，它强调在教学的过程中，所有学生拥有平等的学习环境以及平等的成功机会。教育是为了完善个体的品格，而伦理学的主旨就是协调个人与社会的关系问题，使人更加完善，更好地生活。古希腊教育家苏格拉底就提出"美德可教"的理论，同时他本人被看作美德的化身，这体现了当时人们对积极的合作交往能力和社会化的一种认同。

（2）成就道德自我

当代西方哲学文化思潮学派林立，但最核心的、对中国文化影响最大的思潮之一就是"自我"问题。自我的实现是以他者的实现为前提的，这样的交往才是健康的。因为自我的实现是公共的，一个个体品格的凸显不能以另一个个体品格的失去为代价，否则，交往就不是基于一种平等的关系。这就需要学生在教学活动中学会合作，消解自我中心主义。

2.学生参与原则

在数学教学中，学生不参与或投入不足的现象给中学数学教育工作者带来了困扰，也妨碍了中学数学课程的进一步发展。

建构主义理论认为，学习的本质是主体对客体的思维进行构建，在新知识与原有认知结构之间建立联系的过程中获得心理上的意义。学习者的主动参与实际上是学习主体积极参与学习的过程。

建构学习具有三个主要特征，即学习者的个体体验、学习者的智力参与和学习者的自主活动。学生要在教学活动中积极主动地获取知识并提高能力，在数学教学中初步学习数学知识和技能、尝试自主探究、培养科学精神。学生的参与是有效的数学合作学习的核心，学生的积极参与涉及情感、认知和行为三个方面，这种参与对于学生的健全人格发展至关重要。

从发展的角度来看，影响学生参与的因素主要包括以下四个方面：①个人背景因素：个人背景包括个人的人口学特征和家庭背景。良好的家庭物质文化资源和文化氛围可以激发学生的学习动机，影响他们对学习环境的感知和参与程度。②学习环境因素：支持性的学习环境有助于提高学生的学习参与度。学校提供的资源和氛围可以影响学生的积极性。③教师教学因素：教师在教学中的角色和方法对学生的学习参与有重要影响。当学生有选择权来决定课程、学习材料以及采用的学习策略和方法时，他们更愿意积极参与学习。一些具有挑战性的任务、积极的参与机会和合作学习可以吸引学生的参与。④自我效能感：学生的自我效能感是影响学习参与的关键因素。自我效能感强的学生更有信心，更愿意投入情感和努力，他们体验到的紧张、焦虑和恐惧的程度较低，学习效率更高。

3.有效的课堂交往原则

合作学习实质上就是主体间的交往活动。有效的课堂交往原则具有多方面的作用：

一是可以促进学生主体性的生成。①能够使学生对课堂教学内容有选择的机会。课堂教学内容在难度上是有差异性的,学生本身的发展也是存在差异的,根据因材施教原则,不同的学生在课堂学习时对课堂教学内容可以有不同的选择。②学生可以根据自己对教学内容的接受情况及时地提出对教学进度的建议。③学生与教师可以一起设计课堂教学过程,并对课堂教学结果进行评价,学生对学的思维的积极参与可以拓展到对教的积极参与。

二是可以促进学生社会性的形成。①培养学生的责任感。有责任感是完整的人的重要品质。②帮助学生形成人际兼容性。人际兼容性是衡量个体社会化程度高低的标志,一个人只有在集体中才能得到更好的发展。③帮助学生提高其交往的技能。交往技能的高低是衡量一个人是否成熟的重要标志,在自己有问题时要学会主动向他人请教。

三是可以帮助学生合理地认识自己和形成自我评价机制。学生有效的课堂交往受以下几个因素的影响,①课堂交往主体的意识,包括课堂交往主体的动机、需要、兴趣、态度、情感、价值观及其相互认知。这些因素虽然是内在的,但在某种意义和程度上决定着有效课堂交往的成败。②作为交往主体的学生的知识经验水平。课堂教学受学生的心理发展水平、原知识经验的制约,这是最基本的课堂教学规律。③课堂交往主体的心理疲劳程度。在有效课堂交往过程中,课堂交往信息的发出者和接受者工作的时间长短或工作强度大小,以及他们的健康状况、用脑程度,都会引起课堂交往主体的心理疲乏,影响课堂交往的有效性。④课堂交往焦虑。课堂交往焦虑对有效课堂交往既有促进作用又有抑制作用,唯有因自尊心受到威胁而产生的课堂交往焦虑达到中等程度时,才会让师生想要努力改变现状而进入唤起状态,推动师生不断努力以达到课堂教学目标。

4.团体效能原则

合作学习与传统的个别学习相比,具有多方面的益处:第一,合作学习允许学生之间进行思想交流,一个思想可以转化为多个思想,从而提高学习效率。同伴更容易理解并接受同学们共同理解的方法,这有助于加深对学习内容的理解；第二，数学课堂中的小组讨论可以为学生提供一种心理安全感，增强他们解决问题的信心，从而鼓励他们积极参与学习讨论；第三，每个学生的思维方式不同，合作学习让学生有机会了解到不同的思维方式，从而培养其多角度思考问题的能力；第四，有小组作为支持，学生对自己的成功更有信心，从而激发了更具创造性的思维；第五，讨论问题的过程可以适度培养学生的协作精神、批判性思维和沟通能力，提高学生的心理素质。

团队效能在合作学习中起着关键作用，教师应对学生进行相关的合作技能培训，以促进学生之间的协作建设。学习者的个体差异性意味着他们具有不同的人格和智力特点。在合作学习中，教师应充分利用学生的个体差异性，因为这种差异性会对学习产生双向影响。合作学习可以通过创造合力的方式来应对个体差异性，共同解决学习难题。

合作学习中的团队效能体现为合作智能，它包括多个方面的特征，如相互帮助、资源共享、提供反馈、质疑和解释、共同目标、相互信任、彼此激励和良好的沟通能力。合作学习的结果包括获得成就感、发展良好的人际交往能力、建立良好的人际关系以及培养积极的心态。

5.对话原则

学生在学习过程中不应该仅仅成为被动的知识接收者，相反，他们应该进行积极的合作互动，在不断的互动中内化知识和经验。小组合作学习正是通过师生之间和同学之间的互动来实现知识的内化。在小组合作学习中，互动通常通过语言活动进行。

师生之间的互动被称为垂直互动，其作用因情境而异。首先，它可以作为脚手架，即在学生主导的小组讨论中，当学生的讨论变得混乱或偏离方向时，教师可以及时提供指导和支持。其次，它也可以作为社会文化活动的一种，因为认知发展是通过文化工具的媒介以及与更有经验的伙伴之间的互动和交流来实现的，这是一种社会化的过程。

此外，同龄学生之间的合作学习被称为水平互动，学生利用语言表达自己的思考和见解，努力使对方理解自己的思考和见解。在讨论过程中，他们会展开积极的语言对话，表达各自的观点。

第二节　合作学习的策略探究

高中数学教学应该实施合作学习教学模式，这对高中生及教师都是有益的。怎么将合作学习发挥得更有效，需要我们不断探索。下面笔者针对高中数学合作学习的现状提出一些相应的解决策略。

一、教师改变旧的教育态度及角色转变

"态度决定一切"，教师转变教育观念能促进教师在教学活动中对新的教学模式的尝试，产生教学改革的愿望，在教学过程中应用合作学习。为了更好地应用合作学习，教师要主动地研究合作学习的相关理论知识，不断探索与创新，将合作学习更好地运用到自己的教学上，不断地充实自己的教学，而不是简单地去模仿或者仅是形式上的合作学习。

合作学习强调了教师和学生在教学过程中的不同角色。传统教学强调教师的权威，要求教师既是"导演"又是"演员"，但在实践中，这可能导致教学的效果不明显。相比之下，合作学习更注重学生的主体性，将生生互动融入教学，明确了教师和学生的分工和角色。这样，教师就有更多的时间来研究教学问题、设计科学的教学方案、进行教学改革，以确保学生在合作学习中的表现质量和效果。

在合作学习中，教师需要在管理、咨询和参与等多种角色之间灵活切换，以促进合作教学的顺利开展。教师应将自己视为合作者，与学生建立指导和参

与的关系,从而更好地引导学生参与学习。

二、组织优秀的合作学习小组

大卫·约翰逊和罗格·约翰逊认为:"优秀的合作学习小组组员之间积极相互依赖,相互维持彼此的个人责任来完成自己的工作,促进相互的学习和成功,能恰当地使用合作所需要的人际交往技能,反思小组成员合作学习的效果。"因此,进行小组合作学习之前,必须要组建一个优秀的合作小组。在小组组建上我们提倡按照"组间同质,组内异质"的原则。

(一)确定小组人数、组数及小组的排列方式

教师在分组时,将每组的人数设置为偶数比较合适,常见人数是 2 人、4 人或者 6 人。组数在教室允许的范围内尽量控制在 6~10 组。组数确定之后,可以根据教室的大小来排列小组。以 6 人一组、6 个小组为例,可以使用如图 6-1 所示的排列方式进行排列。各个小组之间应空出一条通道让教师通行。

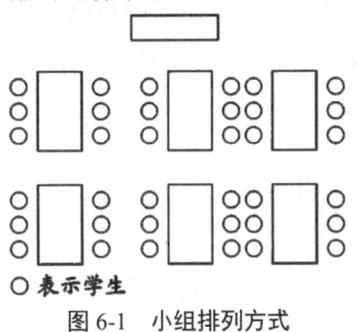

○表示学生

图 6-1 小组排列方式

(二)确定组员及组员的职责分工

对于小组成员的构成,教师通常需要考虑学生的知识水平、学习兴趣、性格等因素,以确保各个小组的构成具有多样性和平衡性。这意味着小组之间的成员整体状态应该保持一致,但每个小组的构成需要综合考虑不同因素。这种平衡的构成有利于公平竞争和成果评估。

在选择小组成员时，教师需要认真分析每个成员的优势和能力，以确保资源均衡分配。例如，在学业表现方面，可以将成绩较好的学生与成绩较差的学生组合在一起，以相互帮助。在社交和性格方面，可以将爱发表观点的学生和更加习惯倾听的学生进行搭配，以促进合作和交流。

同时，小组成员之间应该具有差异性，避免成员的性格和能力过于相似，以免产生争议、妨碍合作。小组合作的组长可以由教师指定或者由学生推荐，他们应该具备一定的管理、沟通和学术能力。组长的角色可以轮流交替，以确保每个组员都有管理的机会，并获得管理的经验。这样，小组合作就可以更好地发挥内部优势，形成公平的竞争基础。

为了确保每个小组成员都积极参与合作学习，需要进行角色分工。这包括以下几个角色：组长，负责协调活动和任务分配；汇报员，负责向全班学生汇报小组的最终成果；时间管理员，负责管理合作学习的进度和时间；记录员，负责记录学习过程和结果。角色分工使每个学生可以根据自己的特长和兴趣在合作学习中发挥作用，增强自信心，并感到自己在小组中的重要性。

同时，学生也应该有机会不断挑战新的角色，因此小组成员的角色可以定期轮换。确定了小组成员后，要对组员和组长进行培训。培训组长时，需要强调管理职责，使其了解合作学习的重要性和方法，带领小组进行团队文化建设。

三、培养学生合作学习的方法

教师要让学生认识到思路清晰与沟通明确、积极倾听、给出反馈和从不同角度思考问题对提高合作学习的有效性很重要。帮助学生建立一些社交技巧是必要的，要让学生学会协调不同文化和价值观，学会与他人合作。这也需要多练习、多反思，才能不断完善。

一是思路清晰与沟通明确。在小组活动的过程中向其他组员说出自己的想法之前，学生必须将自己的想法组织打磨好。思维导图是帮助学生整理自己思路的有效工具。高中数学知识点多、方法多、较抽象，学生需要学会提炼及表述。

二是积极倾听。为了实现合作小组内部互动和吸取相互的想法，学生要积极地倾听，并理解小组成员所表达的内容和方法。

三是给出反馈。在合作学习的过程中，学生要对其他组员提出的观点给予具有建设意义的评论，这样学生也会从中进一步地开阔自己的技能。给出反馈应该是对同伴想法的回应而不是对想法的批判。

四是从不同角度思考问题。为了使合作小组能够有效实施，培养学生从不同角度去考虑问题和情境，然后创造机会去发现问题，让学生接触不同的观点，构建学生理解他人的观点并确认自己的观点的能力是合作学习的理念。

教师要引导学生总结合作学习经验。让学生在完成任务时有机会思考从中获得的经验是很重要的。经验的总结是合作学习的重要组成部分，有益于小组活动取得良好的效果，对于发展元认知和学生反思自己的学习能力也是很有好处的。教师可以使用几种方法来帮助学生经验总结，如自我监控问卷、学习日记和圆桌活动。

四、合作学习任务问题设计到位

教师在课前需要明确定义两个关键目标：首先是关于数学知识方面的目标，这需要考虑学生的数学发展水平，以确保概念或任务与他们的数学水平相匹配；其次是关于合作技能的目标，学生需要明确了解这门课程中重要的合作技能是什么。在教学活动中，教师需要合理平衡这两个目标，以达到教学效果。

在选择学习内容和设置问题时，应该考虑以下几个因素：首先，学生是否具备解决这些问题所需的方法和能力；其次，学生是否具备适当的社交能力；再次，学生在解决问题和完成任务方面已经具备哪些基本知识；最后，要评估学生对问题的了解程度以及他们已有的知识如何能够被激活和应用。这些因素有助于确保所选择的学习内容和问题与学生的实际需求和水平相匹配。设计合作学习任务时可以选择以下类型的问题：

（一）与生活相关的数学问题

学生乐于合作的内容是他们感兴趣的、熟悉的，有利于他们掌握相关的数学知识与思维方法的问题。数学在生活中处处可见，课堂是数学的一个舞台，而实际生活却是数学的更大的舞台，教师应该根据现实问题，让学生可以自主去学习数学。爱因斯坦说："兴趣是最好的老师。"有了学习数学的兴趣，学生才会更加主动地进行钻研和创新。

（二）开放创新的数学问题

一个小组合作学习任务的好坏不是以它产生的结果具有多大的实用价值来衡量的，而是在于该学习任务能否激发学生探究的欲望，能否让学生向更深层次挖掘出问题的本质，能否促使学生在问题上提出新的问题。教师要有创造性地设计数学问题，设计的问题要给学生拓展的空间，要根据学生掌握的数学知识和技能结合教材设计具有开放性、探索性的问题，为学生的合作提供更多机会。

（三）个性化与挑战性问题

小组合作学习的任务应该有一定的难度，具有一定的挑战性，这样才有合作的价值。针对个人也可以设计符合学生本身特点的个性化、具有挑战性的问题，将问题分层，让每个学生都能感受到成功带来的快乐，激励学生学习的意识。一题多解的问题是高中数学中常见的问题，也很适合采用小组合作的方式来解决。

五、合作学习课堂的合理操作

在教师让学生开始小组合作学习时起，教师就将监控权在很大程度上进行了交接，但是学生的学习是否成功还是需要教师来负责的。

（一）小组合作的时间需要掌控

对小组合作的时间与次数进行科学的设定是保证学习效果的关键。过于频繁的小组合作活动，只是看上去热闹，学习任务不一定能够完成；而如果合作时间太短，问题还不能得到很好的解决，就会使得合作学习仅仅是走个形式。合作的时间应该结合合作学习问题进行相应的改变，也要适当考虑到小组成员的人数，让每个学生都有机会和时间发表自己的见解和看法。

（二）要空出时间让学生独立思考

学生有感知世界并主动动脑思考的能力，因此在合作学习中需要强调学生的主体地位，突出学生的主动性。想要发挥学生的主动性，就应该空出时间让学生主动思考问题，在合作中更好地发表自己的见解和想法，即"思考—交换—分享"。例如，有这样一个"6—3—5"法，即6个人一组，每个学生有独立思考的时间，尝试在5分钟内选出3种合适的想法、解决方法或主题角度，随后进行小组讨论。

（三）巡视和参与相结合

教师最好不要不停地在课堂上走动，频繁走动会使得学生的思考和讨论受到干扰，应该尽量做到只做一次巡视，巡视时可以参与到小组活动中，主要是倾听学生阐述，必要时可以给出一定的点拨，但不要给出自己明确的意见。要通过较具体的表述强化学习，促使学生用已有的知识解决问题，实现知识的正迁移。教师也要通过观察了解学生的状态并控制学生的小组合作。

（四）介入并教授合作技能

在监控合作学习活动过程中，教师应适当地介入小组，提供更好的合作方法。介入与否以及介入的时机对教师来讲都是很重要的。

（五）组织好展示交流

合作学习的重要环节是各个合作小组成果的展示。因为是"组间同质"，各小组间差异不大，可以将竞争机制引入，以激发学生展示的积极性，使学生表达出具有新意的见解。为了避免重复，教师要善于组织，挑选在巡视中发现的亮点（包括错误的）。在展示中，教师应以参与者的身份去交流和欣赏。

六、科学评价小组合作学习

为了有效地了解学生在合作学习中的能力发展和数学知识掌握情况，以便教师在后续小组合作学习过程中提供有效帮助和指导，教师结合形成性评价和总结性评价两种模式来评价学生小组合作过程和成果是非常必要的。形成性评价，也称为过程性评价，是一种在教学过程中对学生学习情况进行评价的方式。这种评价非常注重目标和过程，旨在评估学生的参与程度，同时也考虑了学生的学习动机、效果以及与学习相关的非智力因素。它倡导学生和教师一起参与评价的过程，以促进学生的学习能力不断提高。

在对小组合作学习进行评价时，评价需要结合合作小组和每位学生的个人表现，重点在于对合作小组的评价。合作学习注重结果和过程，但更加强调过程。合作学习的目标是使每个学生都能够取得进步，而不是要求每个学生都必须取得成功。因此，我们可以从以下多个角度来评价合作学习的效果：

（一）学生自我评价

自我评价表、学习日记等都是自我评价合作学习过程的重要方法，也是教师进行最终评价的根源。根据教师给定的评价标准，学生可以进行自我评价。通过自我评价，学生可以从中找到自己在合作学习过程中的优点和不足。

（二）小组组员互评

合作学习不仅需要进行自我评价，还需要对小组内的成员进行评价，这被称为互评。如苏霍姆林斯基指出的："通过鼓励学习成就的取得，兴趣才能够形成。"组内成员之间的鼓励和支持至关重要，通过组内评价，成员可以协同发展。在互评过程中，主要关注合作态度和主动性等方面，可以制定评价表来帮助学生对其他成员进行评价。这有助于营造积极的心理氛围，提升合作氛围，让学生认识到成功的前提是小组中每个成员取得成功，从而树立为了集体荣誉而学习的信念。

（三）小组间互评

合作学习实际上也是存在竞争的，只是主体发生了转变，由学生竞争变成小组的竞争。这样一来，互评是必要且关键的一个环节。借助于互评，不仅能体现出学生小组整体及个人的能力，还可以了解其他合作小组的情况，同时也增强了学生的集体荣誉感和责任感。评价可以从成员分工、合作能力、合作氛围等角度出发来进行。

（四）教师评价

这个方面的评价是合作学习取得效果的重要保障，也是学生水平提高的一个促进因素。教师的评价可以把以下三个方面当作切入点：

第一，教师在评价小组组员时，不仅是对思维的引导，而且更强调评价的激励作用。评价过程应以鼓励为出发点，教师需要具备一双发现学生优势与特色的眼睛。教师应真切地认识到学生的优势，通过语言上的鼓励和表扬来提升学生的自信心，并帮助他们取得更好的成绩。例如，对于那些喜欢探讨的学生，他们愿意参与合作学习，具备领导和组织能力，教师可以给予真实的、中肯的评价，如"在小组学习中，你领导同学一起学习，共同探讨问题，而且有独到的见解。我非常欣慰，你的表现让我感到高兴和自豪！"相对地，对于一些反应较慢、比较自卑的学生，教师需要注意他们的心理敏感性，给予鼓励，如"你很聪明，如果愿意积极参与讨论，我相信你能够做得更好。我们一起学习，好吗？"对于学习成绩不好、不够勇敢、内心有见解但不敢表达的学生，教师也应提供机会，鼓励他们勇敢分享观点，如"我认为你是个有见解的学生，如果愿意分享你的观点，同学们会非常欢迎。大家都是伙伴，都愿意倾听，给自己一点鼓励和勇气，你可以做到的！"

第二，教师在评价学生合作学习情况时，扮演的是指导者的角色，应该注重学生自主学习，让他们成为课堂的主体。教师的作用是维护秩序，给予适当的引导。评价合作学习方案的研究和设计要认真完成，观察学生的合作情况，观察学生在团队中的合作意识，并提出科学的评价，这是完成合作学习任务的重要途径。

合作情况包括两个方面的内容：一是小组内部的合作情况，即小组成员是否明确了自己的任务和责任；二是小组之间的合作情况，即不同小组之间是否存在问题，是否能够达成一致意见，最终制订出统一的解决方案。对于合作效果显著的小组，教师应该给予鼓励，激励其他小组积极进取，取得更显著的成绩。例如，对于那些在任务分工和协作方面表现出色的小组，可以使用鼓励性的语言，如"这个小组的任务分工非常明确，每个成员都表现出色，值得其他小组学习！"这样可以激发其他小组的积极性，促使他们改进合作方式，提高合作效果。

第三，合作学习的评价包括对学生主动性、学习兴趣、合作配合等方面的考察，侧重于学生是否有进步。评价应当公正、公平、合理，且对所有合作小组和每一位成员都适用。建立奖惩制度也是必要的，除了口头表扬外，可以采用其他方式奖励，但要适度，多样化，以确保表达支持和认可的实际效果。奖励方式可以包括小组加分、发放奖品、制作荣誉榜等。在评价中也可以适度使用惩罚，但应该客观公正。对于存在的问题，教师应提供批评性的反馈和改进方法。对于较为严重的问题，可以采取批评与鼓励相结合的方式，以鼓励学生改进。这样做不但不会打击他们的学习热情，反而可能会提高团队成员的合作学习技能。

小组合作学习评价表如表 6-1 所示，学生评价表如表 6-2 所示。

表 6-1　小组合作学习评价表

小组名称			
组长		组员	
活动起止时间		指导教师	

续表

	内容	自评	互评	师评
组长所做组织工作	1.很喜欢为小组服务			
	2.可以有效地安排任务			
	3.可以规范地搜集、整理资料			
小组合作情况	1.小组内部成员参加活动的主观意愿较强			
	2.各个成员需要承担的责任都是明确的,而且可以很好地完成任务			
	3.小组成员可以互相帮助,共同努力			
	4.小组合作配合良好,成效显著			

开展活动时存在的制约因素与障碍是什么,是如何解决的?(需要写明详细的经过与具体是如何解决的)
小组活动开展时在各个环节中哪个成员表现得非常可圈可点,他的可赞之处包含几个方面
小组活动还有哪些方面存在问题,如何完善?

小组名称	
组长签字:	
小组成员签字:	

表 6-2 学生评价表

	评价内容	自评	互评	师评
参与态度	1.参加活动的意愿非常强烈,而且每次都非常积极主动			
	2.对于各类电子产品较为精通,可以借助电脑和别人沟通			
	3.自己可以付出全部的努力来为小组分担与解决问题,而且对其个人承担的部分任务要保质按期完成			
协作精神	4.小组的规定与要求都完全照做,只要小组需要,一定全方位辅助			
	5.自己很愿意与小组成员进行交流,并针对一些问题提出不同的看法,而且还尊重与吸收别人的有益观点			

续表

评价内容		自评	互评	师评
协作精神	6.活动开展时，自己与所有成员都能彼此鼓励与支持，统一成长			
创新和实践	7.喜欢挑战与刺激，更对事物充满好奇			
	8.如果小组有什么问题无法解决的情况下，自己通常会出面并勇于寻找解决问题的办法			
	9.进行具体活动时，自己可以完全将优势展现出来			
创新和实践	7.喜欢挑战与刺激，更对事物充满好奇			
	8.如果在小组有什么问题无法解决的情况下，自己通常会出面并勇于寻找解决问题的办法			
	9.进行具体活动时，自己可以完全将优势展现出来			
能力提高	10.具体实行活动时，自己有很多可以获得信息的途径，足够满足需要			
	11.对于生活中出现的问题，一直都积极应对			
	12.可以很好地和别人交流			
总体体会	得到了什么：			
	感受为：			
	应该进一步努力的是：			

注：①在对应的单元格用√标记；

②评价方式 A 等，五个√；B 等，四个√；C 等，三个√；D 等，两个√以下。

第三节 合作学习教学过程设计与案例分析

一、合作学习教学过程设计

合作学习的课堂教学设计应该考虑合作学习的基本原则，同时满足一般的教学要求，以充分发挥合作学习的优势。在设计教学目标和流程时，教师需要考虑以下几个方面的因素：教学目标和任务，教学内容，学生的认知水平、情感状态和数学技能水平以及学生之间的差异。同时，还需要充分了解学生的现状和能力差异。具体合作学习教学过程设计如图 6-2 所示。

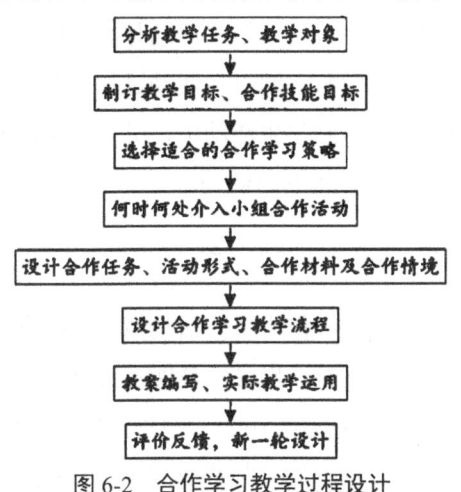

```
分析教学任务、教学对象
        ↓
制订教学目标、合作技能目标
        ↓
选择适合的合作学习策略
        ↓
何时何处介入小组合作活动
        ↓
设计合作任务、活动形式、合作材料及合作情境
        ↓
设计合作学习教学流程
        ↓
教案编写、实际教学运用
        ↓
评价反馈，新一轮设计
```

图 6-2 合作学习教学过程设计

二、高中数学课堂合作学习教学流程设计

（一）情境引入

根据本节课的教学任务，结合之前所学的知识点与本节课相关的知识点与

技能，可以设计一定的情境教学。教学情境具有生活化、简单化的特点，能够吸引学生的学习兴趣。例如，讲到求等比数列前 n 项和（人教 A 版高中数学选择性必修二）时，教师可以利用数学小故事来引入；研究幂函数图象的特征时，可以让学生分组去画出一些常见的幂函数，如 $y=x^2$，$y=\sqrt{x}$，$y=x^{-1}$，$y=x^3$ 的图像，通过画出这些函数的图象去探究幂函数的图像性质。

（二）建构数学

新的知识点的展开可以选择集体讲授或独立思考、合作学习的方式，如果学习内容不是很好理解可以将集体讲授和合作学习结合起来，教师进行适当的点拨，为学生解决矛盾点。

（三）合作小组活动的展开

有别于其他的教学模式，合作小组的活动是教学中最关键的环节。活动之前教师要明确活动的内容和目标，同时在活动过程中，教师要观察各个小组的合作进展，适时地介入，参与到学生活动中，引导学生，为学生提供合作技能和其他技能的帮助，纠正一些跑题的活动。

（四）展示合作成果与评价总结

合作活动结束后，根据各合作小组的活动情况，由小组汇报员展示本组的合作成果，形式可以是口头回答，也可以是展示实物并讲演。教师应该及时搜集信息，做好反馈。教师要通过对小组活动中学生和各组的活动情况的了解，及时纠正学生在活动中出现的问题，提高学生的合作技能和认知发展能力。

（五）检测合作学习效果

教师可以通过当堂检测的方式来检验学生的知识掌握情况。

（六）利用合作小组进行纠错

并不是所有的学生都能很快地理解和掌握新知识，遇到的问题可以通过小组成员之间的相互帮助来解决。

以上六步在教学中不一定固定不变，教师可根据教学内容及任务适当地改变顺序，基本模式如图 6-3 所示。

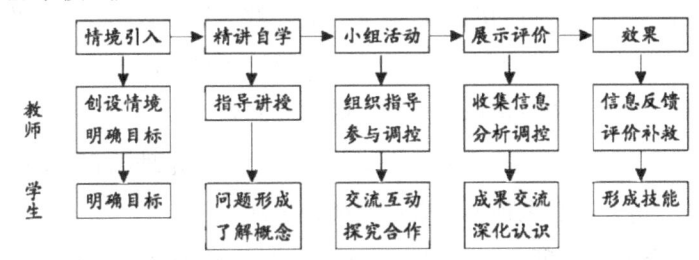

图 6-3 高中数学课堂合作学习教学流程

三、案例分析

以"余弦定理"这一节内容的教学设计为典型案例进行分析。

（一）教学内容解析

正、余弦定理是用来研究三角形的边与角之间关系的重要工具，它为解决各种三角形问题提供了理论支持和实际运用的方法。余弦定理是在正弦定理的基础上发展而来的，对于解决三角形问题提供了另一种有效的途径，为定量分析三角形的边角关系提供了新的方式。这两个定理可以用来处理任意三角形的边和角的关系问题，将原本只有定性描述的三角形全等条件转化为了可计算的公式。

余弦定理的历史可以追溯到公元前 3 世纪，欧几里得在《几何原本》中使用了勾股定理来证明了余弦定理的几何形式，解释了钝角和锐角三角形的三边关系。随后，法国数学家韦达于 1593 年首次将这一思想用三角形的形式明确表述出来，进一步推广了余弦定理的应用。直到 1951 年，美国数学家荷尔莫斯在他的著作《三角学》中采用解析几何方法正式证明了余弦定理，而向量方法的应用则是相对较新的发展。这些历史背景表明余弦定理的发展经历了漫长的过程，最终成为解决三角形问题的重要工具之一。

（二）教学目标设置

结合课程标准和教材的编排，课堂的实际教学目标包括三个方面：

（1）认识以及掌握对应的余弦定理，以及该定理的配套推导方式，借助这个定理可以解决部分和三角形边角相关的计算问题。

（2）在了解三角形边角关系以后，可以说明余弦定理的存在，能用向量、解析方式与三角方法等多种渠道来说明余弦定理。

（3）在全面掌握所有知识以后，可以让学生感受到数学研究行为的基础性原则，让学生可以主动去研究、探索解决问题的方法。

（三）学生学情分析

在开始课堂教学之前，学生已初步掌握了与课堂内容相关的知识，包括三角函数和解析几何等，这为本堂课的学习提供了坚实的知识基础，使得他们能够更好地理解和运用余弦定理。学生的知识结构已经包括了直角三角形的解法、锐角三角函数以及勾股定理等内容，这些知识为余弦定理的学习打下了坚实的基础。此外，学生还了解了三角形的转化、向量夹角与角度的关系，这为使用向量方法证明余弦定理提供了支持。学生还熟悉平面直角坐标系中两点之间的距离公式和三角函数的定义，这将有助于他们更好地理解和应用余弦定理。此外，学生还具备了一定的观察、对比、转化和问题分析的能力，这些能力都会在学习余弦定理时发挥作用。

然而，在证明过程中，关键是如何引导学生将已有的知识与当前的学习内容联系起来。可以从多角度来理解和解决问题，鼓励他们积极探讨、自主学习，以主动学习的方式掌握新知识。因此，本堂课的关键任务是通过分析三角形的边角关系，来帮助学生理解和证明余弦定理。

（四）教学策略分析

（1）课堂活动重探究重合作，采用合作学习课堂教学模式。

（2）精心设计问题串，以问题为驱动，使学生主动参与知识的建构，形成方法、提升能力。

（3）发展为对应的问题学习链，独立思考以及合作之间互相综合，学生汇报以及教师的点拨互相综合，形成以提出问题与解决问题相互引发、携手并进的"探究问题"学习链。

（4）重视生成性思维，在探究过程中，重视激发学生思维，让学生真正成为知识的"发现者"和"研究者"，在知识的发生、发展过程中展开思维。

（五）教学过程设计

1.复习回顾，提出问题

（1）复习回顾

问题1：前面我们学习了正弦定理，它的形式是什么？

问题2：利用正弦定理，我们已经解决了三角形的哪些类型的问题？

设置意图：通过回顾正弦定理的形式和能用其解三角形的类型，让学生认识到正弦定理属于计算三角形的基础工具，属于定量分析三角形的关键知识。

（2）提出问题

问题3：对于解三角形的问题，我们还有哪些类型的问题没有解决呢？

设置意图：借此引发学生的认知冲突，引导学生提出问题，完善解三角形体系，确定"边角边"和"边边边"是两类可解的解三角形问题，使学生产生进一步探索解决问题方法的动机。

2.分析问题，确定方案

探究一：已知两边及其夹角解三角形

如图6-4所示，在 $\triangle ABC$ 中，已知 a，b，及角 C，解三角形。

图 6-4

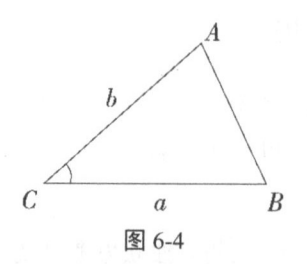

问题：怎样确定解决问题的方案？

设置意图：学生可以独立思考，畅所欲言，确定思路。要让更多的学生有的放矢，明确解决问题的方向。

学生活动：小组合作，相互讨论，展示结果。

过程说明：教师通过制订指导方案，鼓励学生自主进行探究，以便他们能够自行发现和证明余弦定理。在必要时，可以提供一些引导性问题，如：是否可以将第三边放入直角三角形中进行求解？是否涉及边长和夹角？能否使用向量等式来表示三角形？两点之间的距离是否可以用坐标法求解？这些问题有助于激发学生的思考和提高独立解决问题的能力。

设置意图：将原有的知识与现有的推理相联系，引导学生从多个角度展开联想，发现并解决问题，自主探究证明定理的方法，使学生在探究中对问题本质的思考逐步深入，思维水平不断提高。

3.发现定理，分析内涵

学生活动：学生实际提出的方法可能包括可以先进行航拍操作，随后参照实际的比例尺来计算距离参数。或者有些学生认为可以依靠等高线来计算具体的距离。也有些学生可能提出，可以在远处选择对应的 C，随后计算 AC、BC 的长度，再度测定 $\angle ACB$。$\triangle ABC$ 属于确定的，即可获得对应的 AB 长度参数。随后，让两个小组的代表来回答。

解法一：（构造直角三角形）

如图 6-5 的标识，过点 A 作垂线交 BC 于点 D，则 $|AD|=|AC|\sin C$，$|BD|=|BC|-|CD|=|BC|-|AC|\cos C$，

所以 $|AB|=\sqrt{|AD|^2+|BD|^2}=\sqrt{|AC|^2+|BC|^2-2|AC|\cdot|BC|\cdot\cos C}$

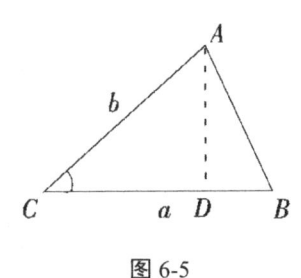

图 6-5

解法二：（使用向量量化图形）

如图 6-6 所示，因为 $\overrightarrow{AB}=\overrightarrow{AC}+\overrightarrow{CB}$

所以 $\overrightarrow{AB}^2=(\overrightarrow{AC}+\overrightarrow{CB})^2=\overrightarrow{AC}^2+\overrightarrow{CB}^2+2|\overrightarrow{AC}|\cdot|\overrightarrow{CB}|\cdot\cos(\pi-C)$

即 $|AB|=\sqrt{|AC|^2+|BC|^2-2|AC|\cdot|BC|\cdot\cos C}$

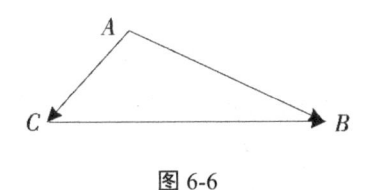

图 6-6

解法三：（构建直角坐标系）

证明过程略。

活动评价：师生共同评价。

以不同方法探索并证明余弦定理之后，通过观察余弦定理的结构特征，层层深入，去分析余弦定理的内涵。

教师可以提出一些问题供学生思考：

问题1：观察 $c^2=a^2+b^2-2ab\cos C$ 的结构特征，谈一谈你对该等式的理解。

设置意图：分析等式的外延和内涵，自然地得到余弦定理及其推论。

教师：针对刚才阐述的问题，得到的结果是，在 $\triangle ABC$ 中，a，b，c 分别为角 A，B，C 的对边长，则有 $c^2=a^2+b^2-2ab\cos C$ 成立。相似地存在别的等式，如 $a^2=c^2+b^2-2cb\cos A$，$b^2=c^2+a^2-2ab\cos B$。

正弦定理涉及三角形内边长和角度之间的关系，因其与正弦函数相关，因此得名正弦定理。上述等式都涉及余弦函数，因此被称为余弦定理。

问题2：上述问题是否能够作为余弦定理的证明？

设计意图：在进行定理证明时，学生需要谨慎认真，这有助于培养他们良好的学习习惯。

学生活动：通过思考，学生们认识到如果将解法一视为对余弦定理的证明，则需要分别证明角C是锐角、直角和钝角时的情况，而解法二和解法三都能够直接证明余弦定理。

教师总结：事实上，余弦定理的证明本质上就是对等式的证明。在这种情况下，可以将一般的三角形转化为已学过的直角三角形；可以构建向量等式，进而使用向量量化图形；还可以构建直角坐标系，并运用点与点之间的距离公式进行证明。

问题3：对余弦定理的特点有哪些认识？

学生活动：勾股定理为余弦定理的一种特殊形式。当角C不为锐角时，各个边长的关系为 $a^2+b^2>c^2$，$a^2+b^2<c^2$；$c^2=a^2+b^2-2ab\cos C$ 为 a，b，c 的轮换式，并且等式两边的角都是平衡的。

教师总结：事实上，对等式的理解与对人的理解相似，最初是由远及近，接着是由外到内。在观察等式的过程中，会从整体观察到逐渐关注部分，从一般性的认识逐渐深入到对特殊情况的理解。

问题4：为什么研究余弦定理，它的必要性体现在哪些方面？

设计意图：学生通常需要明确了解学习这个定理的重要性，以及如何使用余弦定理来解决三角形问题。此外，他们需要体会到余弦定理在不同情境下的多样应用，以提高他们运用公式和定理解决问题的能力。

学生活动：给出三角形两条边与两条边的夹角；假设给出三条边，能得到角度的多少，来解三角形，具体为 $\cos A=\dfrac{b^2+c^2-a^2}{2bc}$，$\cos B=\dfrac{a^2+c^2-b^2}{2ac}$，

$\cos C = \dfrac{a^2+b^2-c^2}{2ab}$。

4.解决问题，理解定理

认识具体的余弦定理，继续进行已知边角边求解角的有关操作，即已知三边解三角形的过程。

探究二：已知三边解三角形

如图6-7，在$\triangle ABC$中，已知a，b，c，解三角形。

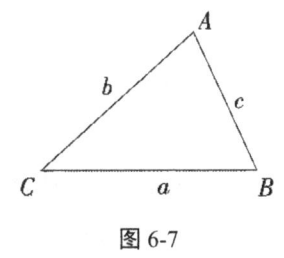

图 6-7

设置意图：解三角形，不但能发现余弦定理，而且能在求解中进一步理解和应用余弦定理。

5.例题展示，巩固定理

例：在△ABC中，已知$c=2\sqrt{3}$，$b=3$，$A=30°$，解三角形。

设置意图：巩固熟悉余弦定理，从例题的思考、展示、交流、点评中使学生对利用正余弦定理解三角形有进一步的体验。

6.课堂小结，提炼过程

思考：余弦定理及其推论发现和证明的过程是怎样的？在这个过程中你有什么体会？

设置意图：小结环节设置了两个问题：谈过程，谈体会，目的是让学生经历整个探究学习过程，在此基础上对本节课有整体的认识，说出整个过程的环节，感受以及发现证明定理运用的方法等。

7.布置作业，课后探究

（1）结合教材，布置课本习题。

（2）拓展思考：相等和不等是一对辩证的关系，请根据角的范围讨论余弦定理中所蕴含的相等和不等关系。

设置意图：作业（1）的目的是巩固、熟悉利用余弦定理解三角形的方法，作业（2）的目的是进一步挖掘余弦定理的内涵。

8.教学反思

在高中数学教学中，实施合作学习的目标是让学生在协作中体验到独立思考和合作交流的乐趣，同时感受到成功的满足。为了实现这一目标，合作学习的内容和任务应该具有针对性，并且难度应该适合学生的水平。

本节课是余弦定理的首次教学，通过提出问题，将学生分成小组，让他们共同合作来推导余弦定理，使学生们成为余弦定理的发现者。在数学教学中，教师应该更加关注学生的学习过程，注重学生在数学活动中的情感和态度，培养学生的数学问题意识。这有助于激发学生的兴趣，促使他们更深入地参与数学学习。

第七章 核心素养下的教学实践探索

第一节 培养数学抽象素养与能力

一、数学抽象素养的内涵

（一）数学抽象素养的含义

"数学抽象素养"在六大核心素养中占据首要地位，深刻地促进了学生的思维发展。史宁中教授强调，数学实质上探究的是抽象概念，而数学发展的核心理念恰恰也是抽象性思维最为重要的依托。

数学抽象涵盖了摒弃实物的各种物理属性，以获取数学研究对象的思维过程。这一过程主要包含两个方面：首先，它能够从数量和图形之间的相互关系中提炼出数学概念及其概念之间的联系；其次，它能够从具体事物的背景中提炼出规则和结构，并且能够以数学语言和符号来表达这些内容。

数学抽象是数学的核心特质，为培养学生的理性思维提供了基础。作为数学最根本的思维方式之一，数学抽象不仅在数学领域的形成中具有重要地位，还在数学的演进和实际应用中扮演着不可或缺的角色，这使得数学成为一个高度概括、表达准确、结构有序、多层次的体系。

数学核心素养是在新的历史时期发展素质教育的体现，为了适应时代的要求和学生的发展，教育部和有关研究人员正在抓紧研究不同学段数学核心素养的具体内容，制定核心素养的学科结构体系，促进课程改革和建设。在修订稿的课程标准中，从课程宗旨、课程内容、教学活动和学习评价四个方面对核心素养的培养提出了具体要求。具体落实到"数学抽象"素养，《普通高中数学课程标准（2017年版2020年修订）》（以下简称课程标准）指出："在情境中抽象出数学概念、命题、方法和体系，积累从具体到抽象的活动经验；养成在日常生活和实践中一般性思考问题的习惯，把握事物的本质，以简驭繁；运用数学抽象的思维方式思考并解决问题。"

数学抽象思维是所有数学思维中最基础也最重要的一个过程。在学生的日常生活和学习中，它都扮演着不可或缺的角色。在日常生活中，数学抽象能帮助学生从具体事物中提炼出本质特征，排除无关因素，得到所需信息。而在数学学习中，形成数学概念、证明数学命题和运用数学规律都离不开数学抽象思维的支持。六大核心素养相互独立又相互交融，构成了一个有机整体。比如，"数学建模"素养是基于对实际问题进行数学抽象，建立模型解决问题的过程。因此，在教学中，我们要着重培养学生的数学素养，特别是将数学抽象素养作为首要核心素养进行培养。这样对于学生未来的实际生活和数学学科的学习都具有十分重要的作用和价值。

课程标准中对数学抽象进行了定义，认为"数学抽象是指通过对数量关系与空间形式的抽象，得到数学研究对象的素养。主要包括：从数量与数量关系、图形与图形关系中抽象出数学概念及概念之间的关系，从事物的具体背景中抽象出一般规律和结构，并用数学语言予以表征。"

数学抽象是数学的核心思想，为理性思维的基础，准确地反映了数学的本质特征，并贯穿数学的起源、演进以及应用。数学抽象的存在使得数学成为一个高度概括、表达准确、结论一般、结构有序的多层次系统。

数学抽象素养指的是通过高中数学课程的学习，学生能够在各种情境中将数学概念、命题、方法和体系从具体情况中提取出来，积累从具体到抽象的思维经验。它还培养了学生在日常生活和实践中习惯性地思考问题的能力，让他们能够理解事物的本质，以简化复杂情况，并且能够运用数学抽象的方式来思考和解决各种问题。数学抽象素养的主要体现包括：掌握数学概念和规则；提出数学命题和模型；形成数学方法与思维；理解数学结构与体系。

（二）数学抽象素养水平的划分

课程标准中对数学抽象素养水平进行了划分，主要包括以下三个方面：

1.水平一

能够在熟悉的情境中直接抽象出数学概念和规则，能够在特例的基础上归纳并形成简单的数学命题，能够模仿学过的数学方法解决简单问题。能够解释数学概念和规则的含义，了解数学命题的条件与结论，能够在熟悉的情境中抽象出数学问题。能够了解用数学语言表达的推理和论证；能够在解决相似的问题中感悟数学的通性通法，体会其中的数学思想。在交流的过程中，能够结合实际情境解释相关的抽象概念。

2.水平二

能够在关联的情境中抽象出一般的数学概念和规则，能够将已知数学命题推广到更一般的情形，能够在新的情境中选择和运用数学方法解决问题。能够用恰当的例子解释抽象的数学概念和规则；理解数学命题的条件与结论；能够理解和构建相关数学知识之间的联系。能够理解用数学语言表达的概念、规则、推理和论证；能够提炼出解决一类问题的数学方法，理解其中的数学思想。在交流的过程中，能够用一般的概念解释具体现象。

3.水平三

能够在综合的情境中抽象出数学问题，并用恰当的数学语言予以表达；能够在得到的数学结论基础上形成新命题；能够针对具体问题运用或创造数学方法解决问题。能够通过数学对象、运算或关系理解数学的抽象结构，能够理解数学结论的一般性，能够感悟高度概括、有序多级的数学知识体系。在现实问题中，能够把握研究对象的数学特征，并用准确的数学语言予以表达；能够感悟通形通法的数学原理和其中蕴含的数学思想。在交流的过程中，能够用数学原理解释自然现象和社会现象。

二、培养学生数学抽象素养与能力的建议

（一）制定有利于学生数学抽象素养发展的教学目标

教师在制定教学目标时，应该明确培养学生数学抽象素养的重要性。学生的数学抽象素养是在他们日常的数学学习过程中逐渐建立起来的，这个发展过程具有连续性和阶段性的特点。因此，教学目标的设计应该包括阶段性目标以及每节课的具体教学目标。这意味着要将长期的总目标分解为可操作的每节课具体目标，注重实现教学过程中的目标，以推动学生稳步提升，最终实现阶段性的总目标。

同时，需要认识到数学学科中的每个核心素养都不是独立存在的，它们是相互联系的整体。在培养学生数学抽象素养的过程中，也会涵盖其他核心素养的培养。这意味着数学教育应该关注综合性的素养培养，确保学生能够在不同数学概念和技能之间建立有机联系，以便更好地理解和应用数学知识。

在制定教学目标时，可以从以下四个方面入手，以促进学生数学核心素养的提升：

1.培养学生从情境中抽象得到数学问题的能力

强调培养学生从实际情境中提炼出数学问题，将抽象与具体相结合，促使他们能够在日常生活中运用数学思维。

2.感悟数学知识之间的相互联系

强调让学生意识到数学知识是相互关联的，帮助他们构建知识体系，而不是孤立地记忆知识点。

3.设置课堂的学生活动，积累基本活动经验

强调在课堂中引入学生活动，让学生亲身参与，积累数学思维和问题解决的经验，培养他们的主动性。

4.设置交流与反思的环节

强调鼓励学生在学习过程中进行交流和反思，让他们有机会思考和分享自己对数学基本思想的理解。

以对"函数性质"这一部分的教学为例，教学目标应考虑函数性质与函数概念的结合，注重知识的系统性和完整性，培养学生在各种情境中发现和提出问题的能力。在课堂活动中，教师可以引导学生去发现函数性质，进行交流和反思，以加深对函数的理解。

教师在设置教学目标时，应该从传统地强调数学知识的理解和运用转向培养学生个体能力和学习习惯。同时，需要结合具体的教学内容，思考如何将数学抽象素养的培养融入教学内容和教学过程，以确保学生在数学学习中全面发展并提高数学核心素养。

（二）创设有利于学生数学抽象素养发展的教学情境

创设问题情境不仅是为了有效传授新知识，更重要的是能够将课堂中学到的数学知识与实际生活相关联，拓宽学生的认知范围，使他们能够将数学融入真实而有趣的生活、社会和科学环境。关键在于创造与学生的智力和知识水平相匹配，同时与社会文化背景相关的情境。这有助于激发学生的学习兴趣，培养数学抽象素养。

情境的作用在于，通过生动直观的形象，能够有效地引发学生的联想，唤起他们原有认知结构中的相关知识和经验。这样，学生就可以运用这些知识和经验来理解和应用新的知识，从而构建新的理解。因此，教师可以巧妙地设置情境，以激发学生对问题的好奇心，促使他们积极探究并发展数学抽象素养。

教师在设计数学情境和问题时，应该考虑以下几个方面：

1.结合具体的教学任务设计

数学情境和问题的设计应该紧密结合具体的教学任务，确保能够有效地实现教学目标。

2.多样化设计

数学情境和问题的形式可以多样化,从学生熟悉的生活情境出发,将抽象的数学知识具体化,从而激发学生的求知欲望,促进对知识点的理解和掌握。

3.打破思维定式

设计新颖的数学情境和问题,可以打破学生固有的思维定式,让他们真正体验数学与生活的联系,树立学以致用的观念,提升解决实际问题的能力。

4.考虑学生的知识水平

教师需要考虑学生已经掌握了哪些知识,掌握到何种程度,然后根据数学教学内容的难易程度来提出问题,使学生原有的认知结构与新的数学知识相融合。

5.让学生体验数学发现的过程

设计情境,让学生了解数学知识的实际发现过程,体验数学家探索和发现知识的方式,实现对数学知识的再认知。

6.跨学科资源利用

教师可以从其他学科中挖掘资源,创设问题情境,让学生感受到数学思想是普遍存在的,提高学生学习的兴趣和解决问题的能力,培养其科学素养和人文素养,同时加强学科之间的联系与综合。

恰当的情境与问题的设置,可以帮助学生更好地理解数学的本质,促进其数学抽象素养的发展。这样的教学设计有助于将数学知识与实际生活紧密联系,提高学生的学习积极性和主动性,同时也促进了学科之间的融合与应用。

(三)注重数学知识系统性以促进数学抽象素养持续发展

数学知识与技能在数学抽象素养培养中有着重要的地位和作用。数学知识是数学素养的载体,很多数、量的计算与表达,包括一些语言和图形描述的信息的抽象过程都需要相应的数学知识。分析这些数、量、语言和图形所表达的含义要比单纯教给学生怎么解题更加重要。根据学生的认知水平和数学知识的抽象度，每个数学知识与其他数学知识之间都有着递进的抽象关系，数学知识都不是独立的，而是相互之间有着逻辑关系。教师在实际教学中，要充分认识到数学知识的联系性和系统性，加强数学知识间联系的教学。新知识的传授要在原有认知结构的基础上，通过同化来获得。教师要对学生学习新知的过程进行密切关注和适当调节。

在巩固新知识的习题类型选择上力求多样化，通过各种不同的呈现形式，让学生体会到看待问题要从多角度出发，要看到问题的本质。只有这样学生在面临复杂的实际问题时，才能做到从整体上考虑，对抽象所得数学问题进行合理推断，真正做到学以致用。整体把握数学课程内容，有利于数学抽象素养水平的发展。

（四）感悟数学基本思想方法以促进数学抽象素养养成

数学思想方法是在认识数学知识的过程中逐渐提炼出来的一种数学观点，它具有更为一般性的指导意义，是数学的核心。数学抽象作为数学最基本的思想之一，在数学思维中扮演着关键角色。因此，引导学生理解和掌握以数学知识为基础的数学思想方法是非常重要的，这样他们就能在生活和科学情境中灵活选择和应用数学方法来解决问题，真正认识到数学的实际价值，树立科学的数学观念，促进数学抽象素养的培养。

通过培养数学思想方法，学生不仅仅能学会应对具体数学问题，还能理解数学背后的原理和思维方式，这对于提高数学素养、建立数学信心以及将数学应用于实际生活和科学领域都具有重要作用。数学思想方法的学习有助于学生更深刻地理解数学的本质，鼓励他们去思考、探索、创新，从而培养出优秀的数学思维和抽象能力。这对于他们未来的学术发展和职业成功都具有重要的价值。

在教学中，教师的角色是非常关键的。他们应该有意识地挖掘数学知识中体现的数学思想方法，并有计划、有步骤地引导学生体会和掌握这些思想方法。

以下是一些在教学中实现这一目标的方法:

1.引导性学习

在教授新数学概念时,教师可以采用引导性学习的方法,通过提出问题、让学生进行讨论和实际操作,以帮助学生亲身体验并理解概念的本质。这有助于学生从实际经验中建立数学思想方法。

2.问题解决

教师可以设计具体的数学问题,让学生在解决问题的过程中运用数学思想方法。通过分析和解决问题,学生将能够逐渐掌握这些方法。

3.示例和模型

提供简单而直观的示例和模型,帮助学生理解数学概念和思想方法。通过具体案例的分析,学生可以推广和应用这些方法。

4.反思和总结

在学习过程中,鼓励学生反思和总结他们所学的数学思想方法。这有助于学生深化对这些方法的理解,并将它们纳入自己的数学思维工具中。

5.跨学科联系

教师可以帮助学生看到数学思想方法与其他学科的联系。这有助于学生将数学知识应用于多领域问题的解决中,提高数学抽象素养。

总之,教师在教学中应该有意识地引导学生体验和掌握数学思想方法。这需要教师有清晰的教学计划和教学方法,以确保学生在学习过程中积极参与、深刻理解,并将这些方法应用于实际问题的解决中,从而提高数学抽象素养水平。

(五)探索多样化课堂教学方式培养学生数学抽象素养

教师的最终目标是培养学生的数学素养,使学生学会学习,因此,数学课堂教学应该采用多样化方式，而不仅仅局限于传统的讲授和练习。阅读自学是一种有效的教学方式，有助于提供个性化学习空间，提高学生的数学语言水平，以及培养学生的数学抽象素养。

在教学中，要注重学生独立思考的过程。传统的教学方式通常是教师向学生传授知识，这可能增加学生对教师的依赖，不利于数学素养的培养。相反，教师应该引导学生通过独立思考来解决问题。此外，学生应该积累独立思考的经验，通过动手实践来发展数学抽象素养。动手实践可以激发学生的兴趣，让他们自己经历知识的发现过程，并从中抽象出数学问题，促进其数学抽象素养的发展。自主探索和合作交流是重要的学习方式，可以使学生更加积极主动地参与课堂活动，培养数学抽象素养。这种学习方式强调学生的主动性和主体性，有助于提高他们的学习兴趣。最后，利用计算器和相关软件可以促进数学抽象素养的发展。特别是对于特别抽象的数学问题，教师可以利用教学软件进行处理，以帮助学生理解数学原理和思想。

总结来说，培养数学抽象素养是一个受多种因素影响的复杂过程。在实际教学中，教师不仅要传授数学知识和技能，还应该采用多种有效的教学方式和途径。这有助于学生将所学的数学知识内化为自己的思维方式和问题解决方法，从而培养适应未来社会生活需求的数学素养。教育过程中的多样性和综合性对于提高学生的数学抽象素养至关重要。

第二节　培养逻辑推理素养与能力

一、逻辑推理素养的内涵

（一）逻辑推理素养的含义

逻辑推理素养是指学生在已有逻辑推理能力的基础上，在逻辑推理活动中通过对逻辑推理的体会、感悟和反思，在真实情境中表现出来的一种综合性特征。从广义上来说，它是一种综合性特征；从狭义上说，是指在真实情境中应用逻辑推理能力与相关技能理性地处理问题的行为特征。

（二）逻辑推理素养的构成要素

1.逻辑推理知识

逻辑推理素养的核心是逻辑推理知识，这些知识构成了素养的基础。没有逻辑推理知识，逻辑推理素养将无法形成。

2.逻辑推理应用

这指的是学生在真实情境中应用逻辑推理知识和技能解决问题的能力。这是逻辑推理素养的直接体现，通过实际应用，其他素养也能够得以发展。

3.逻辑推理思想方法

这表示学生能够掌握逻辑推理中的科学和特定方法，并能在实际情境中运用这些方法。逻辑推理能力包括判断、抽象、论证、理解、形式推理等方面的能力。

4.逻辑推理思维

这强调培养学生的思维能力，包括创造性思维、系统性思维和深思熟虑的能力。思维是教育的主要价值之一，它影响着行动和决策的质量。

5.逻辑推理精神

这是逻辑推理素养的最高层次，强调培养学生的精神。教育的目标之一是培养学生的精神，使他们可以深思熟虑与自觉行动，以实现长远的目标。但是，逻辑推理精神的生成是逻辑推理教学中最容易忽视的部分。在我们的逻辑推理教学中，对逻辑推理精神的教育与研究尚未引起应有的重视，相当多的教师不懂得什么是逻辑推理精神，更谈不上用逻辑推理精神铸造学生高尚的人格。因此，这导致不少学生在数学学习中会解题、能考试，却缺乏理性精神；唯书、唯师、唯上，却缺乏求真与创新精神；有追求，敢实践，却不知反思和自省。这种在数学工具论指导下的形式主义的数学教学，对学生的发展是不利的，既影响了他们的综合素质，又影响了他们的专业水平。

这五个要素共同构成了逻辑推理素养，在教育中重视这些要素，可以培养学生的逻辑推理能力，使他们能够更好地适应信息社会的需求，提高公民素质，以及满足现代教育要求。

总之，上述讨论基本明确了逻辑推理素养各层次的含义，而这五者之间的关系是，逻辑推理知识是逻辑推理的本体性素养，在逻辑推理知识的基础上拓展出逻辑推理应用、逻辑推理思想方法、逻辑推理思维和逻辑推理精神。

二、培养学生逻辑推理素养与能力的建议

马克思主义原理告诉我们，一切科学的理论认识，如果离开了为实践服务这个根本的目的，都将失去其存在的意义，而且人类认识世界的根本任务不仅是要正确地说明世界，更重要的是要有效地改造世界。前面讨论了逻辑推理素养的内涵与构成要素，并结合笔者的相关调查，为逻辑推理素养生成的教学策

略构建奠定了坚实的基础。

（一）以具有真实情境的问题为驱动，指向素养的各个层面

逻辑推理素养的内容构成包括逻辑推理知识、逻辑推理应用、逻辑推理思想方法、逻辑推理思维和逻辑推理精神。然而，我国在逻辑推理素养方面的教学现仍存在一些问题。教育界普遍关注数学知识的传授，而忽视了对逻辑推理素养的整体培养。此外，教育系统偏重常规数学知识和技能的应用，而较少关注学生在真实、多样和开放性问题情境中的逻辑推理应用能力。同样，课堂教学侧重于问题的解决，而忽视了学生的问题解决体验、感悟、反思和表现能力。

为了更好地培养学生的逻辑推理素养，教育需要以真实情景中的问题为驱动，将数学应用作为核心，引导学生在数学应用过程中培养逻辑推理精神素养、思维素养、思想方法素养和知识素养。这意味着教育需要更注重学生的综合能力和创造性思维，使他们能够在不同情境下灵活运用逻辑推理知识和技能。逻辑推理素养的培养不仅仅是数学知识的传授，还包括了在解决实际问题时的实际运用和思考，以及对数学的深入理解和感悟。通过这种综合的教育方法，学生将更好地适应信息社会的需求，提高他们的逻辑推理素养和综合素质。

用具有真实情境的问题进行教学，旨在将数学与现实生活情境相结合，以突显数学在实际应用中的重要性，帮助学生建立数学和逻辑推理与现实生活之间的联系。这种方法鼓励学生应用数学知识和逻辑推理技能来解决与实际情境相关的问题。这不仅可以提高学生的数学素养，还可以激发他们对数学的兴趣。

在逻辑推理素养的培养中，强调以具有真实情境的问题为引导。这种问题类型能够让学生亲身感受、深刻理解，并反思数学在现实生活中的实际应用，同时也有助于学生展示其逻辑推理知识、逻辑推理应用、逻辑推理思想方法、逻辑推理思维、逻辑推理精神。若情境不真实，可能导致学生对数学与实际生活的关联性产生疑虑。

逻辑推理素养的实践导向意味着它是在解决现实问题、完成实际任务的过程中发展起来的。因此，逻辑推理素养的培养与数学与实际世界的联系密不可分。著名数学家柯朗指出，尽管数学思维是基于抽象概念的，但这需要逐步将

抽象概念精练、明确和公理化。在对问题的结构有了更深的洞察之后，重要的简化工作也变得可能。然而，科学的生命力在于与现实世界的密切联系。数学的概念和结论虽然抽象，却来源于现实世界，且在其他科学、技术以及日常生活中得到了广泛应用。因此，无论是获取数学知识，还是理解数学；无论是掌握数学思想方法，还是保持数学思维的活跃，都源自学生对真实情境问题的处理。

（二）以多样化的数学活动为载体，引领学生体验与感悟逻辑推理素养

逻辑推理素养的生成需要引导学生体验数学问题的发现、质疑、解决过程，受到数学审美以及数学精神的熏陶，对结果进行感悟和反思，并在各种活动中表现出来。也就是说，课堂教学应该关注在成长中的人的整个生命。对智慧没有挑战性的课堂教学不具有生成性；没有生命气息的课堂教学也不具有生成性。从生命的高度来看，每一节课都是不可重复的激情与智慧综合生成的过程。逻辑推理素养生成的教学过程需要通过设计多样化的数学活动，从而引领和激发学生体验、感悟逻辑推理素养。

所以，需要在数学教学中设计与逻辑推理素养各层面对应的综合性的数学学习过程，在这个过程中，学生要有与之对应的数学活动经验，并在此过程中引领和激发学生体验、感悟逻辑推理素养。

（三）开发从教材走向社会生活的教学资源，引导学生体验逻辑推理在现实生活的应用

课程资源在课程构建和教学中具有重要地位。逻辑推理素养的特性要求课程资源的开放性。逻辑推理素养的培养不能仅依赖教科书和辅助练习册，还需要在教学过程中不断进行构建。逻辑推理素养的课程资源应该来源于真实的社会生活。杜威认为，教学不应局限于学校，而应与校外和日常生活情境相联系，创造出能够促进学生经验增长的生活情境，也就是经验的情境。

逻辑推理素养的课程资源需要数学教师和学生的共同努力，通过挖掘社会资源中的真实问题来展示逻辑推理素养的开放性。

逻辑推理素养生成的课程资源包括逻辑推理应用、逻辑推理思想方法、逻辑推理思维以及逻辑推理精神等方面。这些资源需要教师和学生共同挖掘社会中不同层面的逻辑推理应用，包括生活中的逻辑推理、数学作为文化遗产的逻辑推理、工作场合的逻辑推理以及科技领域的逻辑推理等。逻辑推理素养生成的课程资源应该走向社会，使学生能够在真实情境中体验、感悟和反思逻辑推理的应用，同时展现他们自身的逻辑推理素养。

（四）以开放性的情境问题为工具，激发和引导学生逻辑推理素养的养成

逻辑推理素养的特点包括境域性、综合性和外显性，因此在评价逻辑推理素养时需要考虑适合的真实情境。多元化的评价方式也是培养逻辑推理素养的必要条件。学生需要在评价中展现他们的逻辑推理素养。在逻辑推理素养的评价策略中，需要关注表现性评价和真实性评价策略。隆贝尔格指出，当前的挑战在于如何创造涵盖社会、政治、经济等多领域成果的课程体系，以帮助学生理解问题的复杂性，并在解决问题的过程中培养逻辑推理素养，使他们能够有效地运用数学来解决实际问题。

真实情境指的是学生所面临的实际情境，与为了数学知识应用而刻意编写的情境相对。调查结果显示，我国学生在回答开放性问题时的平均正确率相对较低，这与我国长期强调数学问题正确答案的唯一性有关。因此，在培养逻辑推理素养时，构建真实的、开放性的问题情境至关重要。这种情境的构建有助于学生更好地理解和应用逻辑推理素养。

总结来说，生成逻辑推理素养的教学策略对数学教育具有重要价值。要全面促进逻辑推理素养的生成，就必须要拓展策略，以适应不同情境和问题。此外，进一步的分析表明，对素养生成的策略影响包括以下三个方面。

第一，逻辑推理素养生成策略主要就是针对当前高中生的学习情况进行掌控，保持一定的优势，并给予相应的弥补。

第二，逻辑推理素养生成策略对学生的学习情况具有较强的影响，同时对素养生成教育教学也发挥了巨大的作用。

第三，逻辑推理素养生成的教学策略以具有真实情境为侧重点，将情境与数学知识进行有机结合，共同促进学生逻辑推理素养的提升。

第三节 培养数学建模素养与能力

一、数学建模素养的内涵

（一）数学建模素养的含义

数学建模是将现实生活中的问题经过适当简化和假设，使用数学符号、公式、图表等工具进行描述，并利用适当的数学方法得到一个抽象、简化的数学结构，然后将这个数学结构应用于研究实际问题的过程。与普通应用题相比，数学建模在问题条件的充分性、假设的需求、问题的复杂性和解决问题的表达形式等方面有明显差异，但又与普通应用题密切相关。

（二）数学建模素养的重要性

数学建模素养是指运用数学建模知识解决实际问题的思维和能力，是素质教育的高级体现。

这对青少年的发展至关重要。近年来，国内外专家越来越关注数学建模素养，将数学建模纳入中学课堂教学不仅符合课程标准要求，也填补了高中生数学学习中的一项重要素养。数学建模活动连接了现实世界与数学世界，因此引发了广泛的研究兴趣。这也是国内教育专家将数学建模素养列为数学核心素养的原因之一。

随着科学技术的迅速发展，数学建模素养的重要性日益凸显。数学的思考方式十分重要，它为知识的组织和构建提供了方法。在信息技术的支持下，数学建模对社会的影响将更加强大。因此，数学建模素养的培养受到越来越多的重视。数学建模的重要性主要体现在以下四个方面。

首先，数学建模素养打破了传统观念，重新定义了数学的形象。过去，人们通常将数学视为一种计算工具，认为学数学主要是为了做算术运算。然而，现在的数学教育已经转变了这种观念。学生从小学开始学习数学，并参加各种国内外数学竞赛，这些竞赛旨在培养学生的创造性思维，拓宽他们的知识视野，鼓励他们在学习过程中不断探索和创新。因此，数学建模素养的培养让数学焕发了新的活力，使其不再局限于简单的计算，而成为一种更广泛、更有趣的知识领域。

其次，数学建模素养的培养有助于提高学生的想象力、洞察力和创造能力，同时也有助于培养他们的语言表达能力和文字理解能力。一般的建模问题往往没有固定的模型和唯一的标准答案，因此，学生需要根据自己的知识储备和计算能力来分析和解决问题。这要求学生发挥想象力，提出新的观点和解决方案，结合个人经验和相关研究资料，将实际问题抽象为数学问题并找到解决方法。这个过程培养了学生的创造性思维，同时也提高了他们的文字表达和理解能力，使他们能够清晰地传达他们的思想和观点。

再次，数学建模素养的培养有助于促进学生的身心发展。培养中学生的数学建模素养，可以帮助他们养成严谨求实、一丝不苟的学习态度，培养独立自主和善于团结协作的学习工作品质，以及鼓励他们积极迎接挑战、养成敢于攀登的拼搏精神。这种全面的素养培养不仅有助于学术上的提高，还有助于塑造学生的性格和人生态度，促进他们的全面发展。

最后，数学建模素养将数学与其他学科领域相结合，从而实现跨学科多领域研究，充分发挥数学建模在科学发展中的重要作用。数学建模是一个数学家转型成为精通其他领域的专家的必经之路。可见，数学建模素养对科学领域发展的作用不容小觑。

（三）数学建模素养水平划分

国际学生评估项目（PISA）将数学建模定义为以下五个步骤：一是真实世界中的问题，二是简化并结构化现实问题，三是转译为数学问题，四是实际解决数学问题，五是还原到真实世界检验能否解决问题。数学建模素养水平反映了学生对数学建模知识的掌握程度，以及对数学模型建立、求解、检验的运用能力，同时也包括对数学建模过程的认知感悟。为了进一步深入研究高中生的数学建模素养，课程标准根据青少年的智力和身心发展规律，将建模素养水平划分为三个不同的层次：

1. 水平一

了解熟悉的数学模型的实际背景及其数学描述，了解数学模型中的参数、结论的实际含义。知道数学建模的过程包括：提出问题、建立模型、求解模型、检验结果、完善模型。能够在熟悉的实际情境中，模仿学过的数学建模过程解决问题。对于学过的数学模型，能够举例说明建模的意义，体会其蕴含的数学思想；感悟数学表达对数学建模的重要性。在交流的过程中，能够借助或引用已有数学建模的结果说明问题。

2. 水平二

能够在熟悉的情境中，发现问题并转化为数学问题，知道数学问题的价值与作用。能够选择合适的数学模型表达所要解决的数学问题；理解模型中参数的意义，知道如何确定参数，建立模型，求解模型；能够根据问题的实际意义检验结果，完善模型，解决问题。能够在关联的情境中，经历数学建模的过程，理解数学建模的意义；能够运用数学语言，表述数学建模过程中的问题以及解决问题的过程和结果，形成研究报告，展示研究成果。在交流的过程中，能够用模型的思想说明问题。

3. 水平三

能够在综合的情境中，运用数学思维进行分析，发现情境中的数学关系，提出数学问题。能够运用数学建模的一般方法和相关知识，创造性地建立数学模型，解决问题。能够理解数学建模的意义和作用；能够运用数学语言，清晰、准确地表达数学建模的过程和结果。在交流的过程中，能够通过数学建模的结论和思想阐释科学规律和社会现象。

（四）数学建模素养的构成要素

1.数学建模品格

（1）数学建模品格的定义

品格，也被称为品性、性格，指的是个人思考和行为的特点。在讨论数学品格时，不同的研究持不同的观点。一些研究认为数学品格由积极的思维态度、科学的思维方式以及内在的思维动力构成。另一些研究认为数学品格涵盖了学生对数学的兴趣和情感。还有一些研究认为数学品格包括学生在学习中表现出的情感、学习积极性、合作意识以及综合发展。

（2）数学建模品格维度

根据以上对数学建模品格作出的定义，数学建模品格可以分为以下三个维度：学生对数学建模的情感、对数学建模学习的自信心以及有关数学建模的价值观。

2.数学建模能力

（1）定义

数学建模能力是一种综合运用数学知识解决实际问题的能力，在当今社会被视为评估学生数学水平的重要标准之一，也是数学广泛应用的体现。著名学者吴长江强调，数学建模能力包括将问题转化为数学问题、建立合适的数学模型、进行模型求解并将结果回归到原始问题中进行验证，最终解决或解释问题的能力。

（2）数学建模能力维度

数学建模能力维度的划分方式必须具备全面性，并且可以涵盖学生在整个数学建模过程中所表现出的各方面能力。

本书依据整个数学建模过程中学生所表现出的各个方面的能力，同时考虑到计算机和团队合作能力的难以测量性，并结合实际可操作性，确定了以下六个维度来评估学生的数学建模能力：

①阅读理解能力

数学建模中的阅读理解能力是指在面对复杂的实际问题材料时，能够较流畅地实现文字、符号和图形的相互转化；能够从所给材料中提取有价值的主要要素和数据，以便将实际问题转化为数学问题，进而解决问题。这种能力对于数学建模至关重要，因为它可以帮助学生理解问题的内涵和外延，为建立适当的数学模型提供基础。

②数学应用意识

数学应用意识可理解为学生在面对现实生活问题时，具备的一种心理倾向，即倾向于运用数学相关的知识、方法和思维来解决这些实际问题。这包括对数学在解决实际问题中的潜在应用价值的认知，以及在面对问题时主动考虑采用数学方法的倾向。这一能力有助于学生将抽象的数学概念与实际情境结合，使其可以更好地面对现实世界中的挑战。

③分析和逻辑推理能力

分析和逻辑推理能力包括对复杂问题的敏锐细致思考，快速理解问题的核心，将问题分解成相对简单的部分，并能够做出合理的回答和选择。这种能力涉及问题分析、归纳、抽象、逻辑推理和判断等方面，可以帮助个体更有效地解决各种问题，包括在数学建模中分析现实世界问题并应用适当的数学方法来解决问题。

④创新和发散思维能力

创新和发散思维能力是指当人们面对问题时，根据问题的特点和已有的经验，运用所掌握的知识，启发思维产生各种可能的联想和想象。这种能力有助于个体在解决问题、面对挑战、开发新观点和方法时产生创新性的想法和解决方案。在数学建模中，创新和发散思维能力可以帮助学生提出不同的数学模型、方法和策略，以更好地应对复杂的实际问题。

⑤数学化能力

"数学化能力"这个概念是由弗赖登塔尔提出的,他认为的数学化能力是指用数学的思想方法来分析和研究客观世界的种种现象并加以组织和整理的过程。在本书中,数学化能力是指学生通过已有的数学知识储备和数学思想方法,能将实际问题抽象为数学模型。通俗地讲,数学化能力就是把实际问题转化为数学模型的能力。

⑥模型求解能力

在建模过程中,将实际问题转化为数学模型后,需要对数学模型进行求解,以获得结果。模型求解能力是指能够运用简单而有效的数学知识和数学思维方法,对数学模型进行合理求解,以获得结果的能力。

二、培养学生数学建模素养与能力的建议

(一)拓展学生数学建模知识,加强理论培养

各地学校的数学建模教学活动收效甚微的一个主要原因是学生缺乏足够的建模知识储备。因此,为了改善这一情况,必须采取措施来拓宽学生的知识面,加强数学建模的理论知识教育。

1.开设数学建模读书角或读书课,营造建模氛围

各学校可以根据自身情况考虑开设数学建模的读书角或读书课,以促进更多对数学建模有兴趣的学生之间的交流和学习。如果学校对数学建模感兴趣的人数较多,可以考虑在各班级内专门开设读书角,或在学校图书室中设立一个专门的数学建模读书角,定期安排时间进行交流和讨论。此外,也可以考虑在学校内开设数学建模读书课,以班级的方式进行统一管理和指导。这些举措有助于激发学生的兴趣,提高他们的数学建模能力。

2.多举办数学建模学术讲座,了解建模研究前沿动态

学校可邀请数学建模领域的专家学者来举办数学建模学术讲座,为学生提

供与专家互动的机会。与专家交流有助于学生迅速扩展他们的专业知识，获取关于数学建模领域前沿发展的信息，并拓宽他们对数学建模的认识。

（二）注重创新教学，提高学生建模能力

数学建模能力的培养需要循序渐进。在课堂教学中，对数学建模进行创新改革，可以对学生产生潜移默化的影响。因此，教师应该创新教学方式，强化思维训练。

1.在解题教学中创新教学

数学应用题在传统教学中通常有固定答案，导致学生在解答过程中往往按照既定的解题套路去求解，形成所谓的"答题套路"。这使得学生的数学思维和能力得不到充分的锻炼和提高。因此，在课堂教学中，有必要打破传统的只关注题目而忽视问题本质的教学模式，鼓励学生从多角度思考，大胆创新，既要学会固定方法，也要学会超越固定方法。这样可以更好地培养学生的数学建模能力。

在课堂教学中，关于模型假设的讨论是非常重要的。教师可以根据学生的理解提出更多的模型假设，只要它们与情境相符合，不必拘泥于传统或常规的设置，鼓励学生提出多种合理的模型假设。在进行模型假设的讨论时，师生应注意确保这些模型的合理性，确保学生能够使用中学范围内的数学知识来解决这些模型。此外，鼓励不同小组提出不同的模型，这有助于培养学生的创新思维和合作能力。这种多样性有助于学生更全面地理解数学建模的过程和方法

2.在教学思想上创新教学

在教学中引入建模思维可以拓宽学生的视野，激发他们的思维能力，让他们深刻领悟数学的吸引力。数学建模并不仅仅是一种工具，更是一种思维方式。许多生活中的实际问题都可以通过将它们转化为数学问题来解决。在这个过程中，最关键的是构建数学模型，培养学生的建模思维对他们今后的学习和工作都将产生积极的影响。不仅有在生活中遇到的问题，还有其他学科领域以及数

学的各种问题。要想将这些问题通过建模过程转化为理想的数学问题，并最终解决问题，建模思维就显得尤为重要。因此，在教育中引入建模思维对于学生的综合发展和数学素养的提高都具有积极的意义。

3.在考试题中突出数学建模

增加数学建模试题的多样性，将其设计为开放性题目，可以丰富考试题型。一些学校已经开始尝试增设数学建模题目作为数学附加题，这是一个很好的做法。这种做法可以为有志于挑战自己的学生提供机会，在考试中锻炼他们的数学建模能力。数学建模试题的开放性特点可以激发学生的创造性思维，培养他们解决实际问题的能力。

（三）让"数学建模"学生化，增强学生数学建模信心

1.开发教材

对于数学建模的教学，不能仅限于已有的教材上与数学建模有关的知识和内容。将教材与实际生活、数学建模相结合，并对教材进行合适的调整，是非常有益的教学方法。教师在教授数学建模课程时，可以根据实际情况对教材中的建模部分进行适当的改编，以更好地满足学生的学习需求。此外，鼓励学生参与将实际问题转化为数学模型的过程，可以帮助他们更深入地理解建模的思维过程，并提高他们的数学建模能力。

2.选择"接地气"的数学建模案例进行教学

不少学生之所以对建模敬而远之，学习建模信心不足，比较重要的原因是部分问题情境离学生日常接触的环境太远，所以要让"数学建模"走近学生，增强学生对数学建模学习信心和兴趣。

3.编写具有当地特色的数学建模校本课程

学校和相关机构可通过再培训一线数学教师的方法，扩展他们的数学建模专业知识，提升其数学建模技能。由这些杰出数学教师组成数学建模校本课程

编写小组，积极搜集整理与当地特色相关的实际问题。然后，将搜集整理来的问题编写成数学建模校本课程，以这些实际问题作为情境，以增加数学建模课程的实用性和对学生的吸引力。

（四）加强对教师的培训

俗话说："教给学生一碗水，教师就要有一桶水。"这就要求教师要不断学习充实自己，提高专业技能，这是教会学生的前提。数学建模教学需要学生拥有许多方面的能力，因此教师应该先提升自我对数学建模的理解和运用能力，提升自己数学建模方面的修养。

（五）积极开展数学建模活动

有针对性地安排数学建模活动有助于解放学生，使他们免于传统学习模式的束缚，减轻他们的学业压力，同时激发其对数学建模的浓厚兴趣。可考虑将讲座等形式作为数学建模教学的有益补充，另外，根据实际情况，学校可以组织数学建模社团或协会，以确保热衷于数学建模的学生都有参与机会。此外，定期举办数学建模竞赛也是一个良策。竞赛可以激发学生的潜力，促进集体意识和团队协作技能的发展，实现学生个人和团队的全面发展。

第四节 培养直观想象素养与能力

一、直观想象素养的内涵

在传统观念中，空间想象力是指人们观察、分析和抽象客观事物的空间形式的能力。麦吉认为，空间想象力包括心理上操作、旋转、翻转或逆转形象刺激的能力。朱文芳则认为，空间想象力是完成空间认知任务的桥梁，对于空间思维能力起着核心决定性作用。通常，心理学家认为想象过程以表象为基本材料，但并非简单地重现表象，而是会在头脑中对已有表象进行加工、改造、重新组合，形成新的表象。秦德生和孔凡哲认为，空间想象能力是指能够在没有背景条件下想象出图形的形状和关系的能力。直观思维在有背景的情况下进行，而想象则是在没有背景的情况下发生的。在几何学中，推理和证明通常依赖于几何直观，需要想象图形和构造图形。

基于数学概念的数学直观想象能够显著减轻我们面对复杂实际问题时的困惑，同时激发我们的分析和问题解决思维。通过实验数据来探索不同变量之间的函数关系，然后将这些关系转化为简明的数学直观，能够以准确、简洁、生动的方式表达，从而帮助我们逐步实现从定性到定量的认知。这种方法有助于我们更深入地理解问题，并找到有效的解决方案。

数学直观想象是将实际问题抽象化，以数学的方式理解原始事物，强调对其形象意义的关注，以激发想象力和洞察力。它涉及思考事物或现象中潜在的数量关系和空间形式，形成直觉情景，然后用数学语言表达出来。在处理问题时，应首先考虑数学直观想象，以还原数学的本质，以数学的方式表达和解释客观现象。

培养学生的直观想象素养是非常重要的，有时甚至比培养学生的数学抽象能力更为重要。那么，如何培养数学直观想象素养呢？首先，教师在教学中应引导学生关注数学概念、思想和方法。其次，学生可以通过模仿来培养数学直观想象素养，主动学习并模仿优秀的思维方式。再次，实践也是关键，通过练习和参加数学竞赛等方式来实际运用数学直观想象素养，锻炼学生真正掌握数学直观想象的能力。通过巧妙地创造和运用数学直观想象，我们可以在复杂的数学学习和应用中看到新的启示，使抽象的数学不再显得枯燥，而是充满活力。这有助于让学生更好地理解和应用数学。

培养学生的数学直观想象素养需要注重培养其几何直观能力，教师应在多个方面努力，以全面提高学生的数学核心素质。

二、培养学生直观想象素养与能力的建议

(一) 采用直观性教学原则

直观性教学原则是指在教学中利用学生的多种感官和现有经验,通过感知的不同方式来丰富他们的感性认知,形成对所学内容的清晰表象,以促进更深刻的理解和认知能力的发展。

1.直观性教学应用要点

(1) 正确选择直观教具和现代教学工具,例如图片、图表、模型、投影仪、教学影片和计算机等。这些工具能够跨越时空限制,将抽象概念具体化,帮助学生更好地理解教材内容。

(2) 将直观性元素与讲解相结合,使学生既能够通过视觉和触觉感知,又能够通过教师的解释获得更深入的理解。直观性元素应该是教学的有力补充,而非独立的教学方式。

(3) 重视运用语言直观,即通过言语表达来强化直观感知。教师应使用清晰明了的语言来解释所呈现的直观教具,以确保学生理解。

2.直观性教学应用方式

考虑到中学生的年龄和认知水平,教师可以通过以下方式应用直观性教学:

(1) 利用多种感知形式,例如图片、图表、模型等,来帮助学生获得直接的感性认知。例如,在立体几何教学中,使用模型展示不同空间位置关系,帮助学生理解概念。

(2) 利用直观模型和教辅工具,使学生更好地感知和理解数学定理和公式。例如,在教授异面直线上两点之间的距离公式时,通过直观模型演示,可以帮助学生更好地理解推导过程。

(3) 教师应充分考虑学生已有的经验和知识,将直观性教学与学生的背景知识相结合。

总之,直观性教学原则在数学教学中可以帮助学生更好地理解抽象的数学

概念和原理，提高他们的数学素质和认知能力。

（二）运用数学教学的直观手段

曹志仕认为，中学数学直观教学手段有学校现有模型、自制模型、其他学科的模型、投影胶片、组合胶片、活动投影模型。有一种观点认为，在教学中直观不是目的，而是一种手段，因此在使用这种手段的时候，要把握好时机。

数学教学的直观方法可以分为感官直观和思维直观两个层次，这种划分是由数学的特点和认知规律决定的。就数学教材的逻辑结构而言，高层次的抽象概念通常建立在低层次的抽象基础之上。从认知的角度来看，学生需要先从对客观事物的直接感性认识出发，逐渐建立对教材内容逻辑结构的理解。

1.感官直观层次上的直观手段

（1）实物直观

实物直观是指让学生在教师指导下直接与自然界互动，以获得对自然的直观感知，然后从中提取数学概念，形成鲜明的表象，以帮助巩固基本概念或基本方法，为后续知识的学习打下坚实基础。

此外，在教师的指导下，学生还可以利用所学理论来解决实际问题，从而巩固知识，更深刻地掌握所学内容。例如，中学生可以运用同一时刻物高与影长之比为定值的原理来测量旗杆的高度，或者应用相似性原理来测量河的宽度。实物直观方法具有鲜明性、生动性和真实性，有助于学生理解和掌握教材、激发学习兴趣、提高学习积极性、激发求知欲，使学生能够更快地掌握知识，并且更不容易忘记。

然而，实物直观方法也存在一些缺点，比如难以突出事物的本质特征、内部细节不易观察、难以控制事物的动静等，这使得组织学生进行有效的观察存在一定困难。

（2）模象直观

在数学课程中，由于理论的理想性，直接通过现实世界现象的观察有时就显得不够，不足以抽象出相应的概念和关系，因而就产生了模象这种直观教具。

模象直观也叫教具直观，是直观教学的类型之一，指通过对实际事物的模拟性形象的感知提供感性材料的直观方式，如观看图片、图表、模型、幻灯、录像、电影等。立体几何的教学中广泛地使用着模象直观的手段，这一手段帮助学生建立起空间概念，促使其空间能力、想象能力及逻辑思维能力的形成。模象直观可以摆脱实物直观的局限性，根据教学目标的要求对实物进行模拟、放大、缩小、突出重点，从而把难以呈现的对象在学生面前呈现出来。模象直观还可使抽象难懂的东西成为具体的、认识的东西。利用模象直观，既可以使学生通过模拟大自然的状态的方法间接地认识自然，又有利于学生从他们习惯的生活经验和常规思想向着与他们所学习的知识相适应的那种经验和思维，即理论思维过渡，有利于转变学生的常规思想，使其摆脱偏见和谬误，对学生形成科学的概念和原理、掌握概念之间的关系具有重大的作用。在数学教学中，模象、图形直观是一种重要的直观手段。从小学的数的概念的建立和几何形体的割补变换，到中学的平面几何、立体几何、集合对应、函数等内容的教学，随处可见模象直观。模象直观不是实物，难免导致学生获得的知识不是很确切，因此在制作和使用教具时，要注意教具与实际事物之间的正确比例。

2.思维直观层次上的直观手段

（1）数学语言直观

在数学课程中，由于理论的抽象性，仅依靠对现实世界现象的观察有时会不够，难以直接抽象出相应的数学概念和关系，因此出现了模象直观这种教学方法。

在数学教学中，特别是在立体几何的教学中，广泛使用模象直观的手段，有助于学生建立空间概念，促使他们发展空间能力、想象力和逻辑思维能力。模象直观可以克服实物直观的局限性，通过模拟、放大、缩小、突出重点，改变事物的状态，将抽象概念呈现在学生面前。这种方法有助于学生理解抽象概念，将抽象难懂的事物变得更具体、可理解。

模象直观还可以帮助学生从他们日常生活经验和常规思维出发，逐渐过渡到符合所学知识的经验和思维方式，促使他们养成科学思维的习惯，摆脱偏见和错误观念,理解科学概念和原理之间的关系。在数学教学中,模象和图形直观都是重要的教学手段,它们在数的概念、几何形体的割补变换以及高中阶段的几何、集合对应、函数等内容的教学中都有广泛应用。

需要注意的是,模象直观虽然不同于实物直观,但在制作和使用教具时,仍需要确保教具中事物的比例与实际情况相符,以确保学生获得准确的知识。

数学语言直观是一种教师通过使用形象化的语言描述来激发学生的想象力的教学方法。通过语言直观,教师可以利用描述和再造来唤起学生的头脑中关于事物形象的重现或重新组合,从而创造出新的概念和观点。与感知直观不同,语言直观不受客观条件的限制,可以在任何时间、地点和设备的条件下进行。然而,它相对不够鲜明、完整和稳定,容易中断、动摇、淡化甚至出现不正确的情况。在进行直观教学时,教师需要根据教学目标的要求,以及学生的身心发展特点,结合实际教学内容,灵活运用语言直观方法,以提高教学质量和效果。

（2）模式直观

张广祥提出了模式直观,这是一种根据概念抽象程度的梯次形成的直观思维方式。模式直观不同于"模象直观",它不依赖于视觉感知,而通过逐步抽象的思维过程展开。大自然本身具有秩序,人的思维也是层次性的,从具体思维逐渐过渡到抽象思维。因此,在较高层次的思维中,我们可以利用较低层次的直观思维来构建推理模式。

模式直观通常指的是通过使用相对具体、熟悉、具有协调感和容易理解的模式作为背景,以帮助人们更深入地理解更为抽象和深刻的对象。它是一种直观的推理和理解,用于理解事物之间的逻辑关系。早在古希腊时期,就已经有了公理化演绎体系的存在,欧几里得的《几何原本》就是一个杰出的代表。然而,直到数学家希尔伯特建立了形式主义数学体系,公理化数学才真正地建立起来,这被视为人类理性思维的一次伟大胜利。公理化数学强调复杂的数学推理必须建立在严格的逻辑基础之上,以确保数学推理不受推理者主观意愿的干扰,并严格区分推理的前提和推理的过程。传统观点认为,一旦公理系统形成,依赖直觉产生的知识就不应随意进入推理过程中。

如果将形式主义数学观绝对化,就可能排斥直觉在数学推理中的作用,将其视为不可靠。然而,数学家在创建新数学时,不能完全排除直觉的参与,因为不能仅依赖公理化的形式演绎来得出推理结果。英国数学哲学家和科学哲学家拉卡托斯详细研究了欧拉多面体定理:$V+F=E+2$ 的证明过程和逻辑。这一定理的最简洁证明路径之一是假设将一个单连通多面体的某个面延展开来,然后将其他多面体的面压缩到延展开的面上,这样就可以得出平面图满足欧拉等式 $V+F=E+1$,然后将其还原为多面体的欧拉等式 $V+F=E+2$。拉卡托斯评论说,没有哪位数学家不承认这是一个完美的数学证明。在这种出色的证明中,无论如何分析问题,最重要和本质的一步都是"绷大"一个面,然后"压缩"其他面的思想。这种"绷大—压缩"的思考实际上只存在于"头脑里",是一种典型的思想实验,虽然它可能看起来奇特,但非常直观。我们没有理由怀疑这种直观方法在逻辑上有什么不可靠之处。此外,我们也难以找到这种"头脑里的操作"有何"公理基础"或逻辑法则依据,我们所依赖的仅仅是"直观"。这种"直观操作"并不依赖于对几何图形的直接观察,而是一种被广泛接受的思维模式。

真正的创造性的数学推理过程,即数学思维的原始形态,充满模式直观。我们通常看到的作为结果的数学,只是"冰冷而美丽"的数学的学术形态。

(三)加强数形结合方法在直观性教学中的渗透

数形结合是一种变换,它涉及将符号信息与形象信息相互转化。这一过程旨在将数字概念与形状概念相互关联,以促进思维的灵活性和创造性。这种方法能够启发学生的灵感,使他们能够自如地在数学和几何之间切换思维方式。

在解决许多问题时,如果只从数字的角度入手,往往会很困难,因为这样可能无法抓住问题的本质。然而,如果能够从几何或形状的角度来考虑,将代数和三角方面的数量关系转化为空间形式,往往可以使错综复杂的关系变得清晰可见,同时也能够打开解题的思路,使问题迎刃而解。这种数形结合的方法有助于学生更全面地理解问题,并找到解决方案的有效途径。

数学是一门研究数量关系、空间形式以及它们之间关联的科学。在数学中,"数"具有概括性和抽象性的特点,而"形"则具有具体化和形象化的特点,二者之间并不存在不可逾越的隔阂。数形结合被视为数学解题的基本策略之一,它通过使用平面直角坐标系,将几何问题转化为代数问题,或将代数问题转化为几何问题。这一方法不仅发挥了代数的优势,还充分利用了几何直观,从而可以得出巧妙的解决方案。数形结合常常能够使我们的思路清晰,视野更为广阔,许多巧妙的解决方法正是通过数形结合而产生的。

许多代数问题,如果尝试直接根据数量关系来解决,通常会显得非常复杂。然而,如果我们能够将这些问题转化为与之相关的图形问题,将数量关系可视化,然后根据图形的性质和特点来解题,往往可以省去大量烦琐的计算,使问题的解答变得更加简洁和直观,同时也能够呈现出独特的解决方式。这种数形结合的方法有助于提高问题解决的效率和创造性,使数学问题更加有趣和可探索。

第五节　培养数学运算素养与能力

一、数学运算素养的内涵

(一) 数学运算能力的含义

在《中学数学教育学》中,章士藻教授说过,所谓的运算能力,除了要会根据法则、公式等正确地进行运算,而且还要理解运算的算理,还要能够根据问题的已知条件和隐含的信息寻求合理、简便的运算途径。他认为,中学数学运算,不应该只是单纯地将其理解为数值计算,还应该包括在方程和式方面应用方程与不等式的同解变形、函数的初等运算、式的恒等变形、微积分运算、几何量的测量、超越运算等。

林崇德则认为,中学阶段,数学运算能力主要是在根据中学数学的法则、公式等进行数学运算中体现出来的,主要体现在这期间表现出来的正确、合理、灵活、熟练的程度上,还表现在理解运算的算理,根据题目条件寻求最合理、最简便运算途径的水平上。我们在进行数学运算的过程中,还应该注重算法算理的理解,知道其中的来龙去脉,在数值计算方面,对准确性的要求是毋庸置疑的,除此之外,对快速性也有一定的要求,我们不应该进行复杂而烦琐和过于机械的重复计算,更应该重视对估算能力的培养。

夏小刚教授认为,中学生数学运算能力的发展水平可以分为两个层次:第一,能根据法则、公式进行正确运算;第二,在运算过程中,理解算理,能根据题目条件寻求合理、简便的运算途径。其中,第一层次主要强调的是正确性,第二层次主要强调的是运算的合理性与简便性。夏小刚教授认为,在中学阶段,除了培养学生第一层次的运算能力之外,还应在此基础上重点培养学生第二层次上的运算能力。

刘影等人认为,数学运算能力是指在运算定律的指导下,将运算技能与逻辑思维能力结合起来对具体的式子进行变形的演绎过程。其主要表现为,不但要会根据法则等进行正确的运算,而且还要理解运算的算理,更主要的是要能根据题目的已知信息去探索解题途径,并寻求合理简便的算法。

陆书环等人指出,数学运算是数学科学的重要内容,其外延十分丰富,数学运算能力是在数学运算中表现出来的,是在实际的数学运算中逐步形成和发展的。这种表现有两方面:一是正确性;二是迅速性。但没有正确的运算就不能谈运算的迅速性,因为只有在确保正确的前提下,才能谈迅速,如果不能确保正确性,那么迅速性就不能反映数学运算的效率。

简洪权指出,数学运算能力不仅是能根据概念、法则、定理、公式等对数、式进行正确变形和运算的能力,还是能根据题意分析已知条件,努力探寻与设计合理、简便的运算途径的能力，也是能根据要求对数据进行估计，并进行正确运算的能力。

顾剑锋认为，运算能力是指合理选择运算方向，熟练掌握基本运算，拥有扎实的数值计算能力，拥有对预期结果的估计能力以及检验的意识。

徐有表等认为，数学运算能力是学生在数学活动中表现出来的，能根据题目的已知信息，合理地、简便地、灵活正确地完成数学运算活动任务的个性心理特征，主要强调的是完成数学运算活动任务的效率。他强调，数学运算不是简单加、减、乘、除的计算，而是一种由低级到高级的综合能力，并且与记忆能力、观察能力、理解能力、表达能力、想象能力、推理能力等有关，数学运算能力是由这些能力互相渗透、互相支撑而形成的一种比较特殊的能力。

课程标准中明确指出，数学运算是指在明晰运算对象的基础上，依据运算法则解决数学问题的素养。主要包括：理解运算对象，掌握运算法则，探究运算思路，选择运算方法，设计运算程序，求得运算结果等。在实际的数学教学中，我们应该把培养学生的数学运算能力作为培养能力、智力和数学素养的第一目标。

结合各位专家和学者对数学运算能力的定义，笔者认为，数学运算能力是从问题的已知条件出发，以灵活的方式选择法则、公式、定理等，对数和式进行正确的变形、运算和数据处理。这种能力使个体能够从问题的已知条件出发，寻找和设计出合理且简便的运算方法，同时具备根据题目要求进行数据估算和近似计算的技能。这种能力是数学学习和解决实际问题的关键组成部分。

（二）数学运算能力的结构

陆书环根据心理学家研究的结果，将运算能力分解为六个方面的能力。一是对运算问题的最初定向，即当学生面对题目时，需要对已知条件进行分析和处理，弄清楚问题的基本结构，有哪些数量关系，属于哪类问题，哪些数量有用，哪些是干扰信息，解决该问题，需要用到哪部分知识等。二是对具体运算问题的抽象和概括能力，即会用已学的公式、法则等解决特定的数学问题，并分析实际解决数学问题的过程，概括总结出解题思路、方法和规律。三是缩短推理过程和简化相应运算环节的能力。缩短推理过程和简化相应运算环节是数学运算能力中简便性的具体体现，在确保正确性的前提下，学生要提高运算效率，就必须具备缩短推理和简化相应运算环节的能力。四是对运算方法的转换能力。有的数学问题的解决方法是多种多样的，这就要求解决数学问题的主体具备从一种解题方法转换到另一种解题方法上的能力，这在数学推理和数学运算过程中也有一定的表现，如公式的正用与逆用、从正向思维向逆向思维的转换、正向运算转向逆向运算等。五是优化运算过程和运算方法的能力。在学生用一种方法解决完一个特定的数学问题后，尝试着去寻找有没有更简单的方法可以解决该问题，以便达到简单明了的目的。六是记忆能力，即能记住所学过的知识，包括概念、公式、法则、定理、常用的解题方法与数学思想方法等。这些都是教师在数学教学中有针对性地培养学生的数学运算能力的重要依据。

简洪权对数学运算能力的结构有不同的看法，他将运算能力分解为五个方面，一是充分挖掘题目的信息，包括已知条件、隐含的条件、结论信息等。充分挖掘题目的信息是寻求与设计合理、简便的运算途径的大前提。二是定义、公式、法则和定理的运用能力。三是运算方法的选择能力，运算量的大小是由运算方法决定的，所以选择恰当的运算方法也可以达到简化运算过程的目的。四是数学思想和方法的运用能力。五是估算能力。

综合上述研究，笔者认为数学运算能力可以分为以下四种关键能力：

1. 挖掘题目信息的能力

这包括识别和挖掘题目中的已知条件，无论是显性信息还是隐性信息。挖掘题目的已知条件能够为解题提供必要的信息和线索，也为寻找合理的运算途径奠定基础。

2. 对公式、法则和定理等的运用能力

这涉及正确应用数学公式、法则和定理等基本工具。所谓正确的运用包括对这些工具的正向应用、逆向应用（反向推理）以及灵活的变式运用，以解决各种不同类型的数学问题。

3.选择简便的运算途径

当面临多种解题方法时，选择最简单和最高效的运算途径是关键。这需要学生在寻求合理运算途径的基础上，能够判断哪种方法最为简洁和有效，从而解决数学问题。

4.估算能力

估算是一门重要的数学技能，可以帮助学生验证和把握数学问题的结果正确性。它还有助于培养学生的数感。估算能力是对问题结果的估计，可以在解题过程中进行有效的近似计算。

二、培养学生数学运算素养与能力的建议

（一）重视学生非智力因素的培养

1.培养学生学习数学的兴趣

由于应试教育的压力，目前数学教学常显得单调，缺乏生气。许多教师为了完成教学任务，往往不愿意花时间来激发学生的学习兴趣，只是机械地按教材内容教学。然而，"兴趣是最好的老师"，学生只有对数学产生浓厚兴趣，才会愿意投入时间和精力来学习数学，才能提高他们的数学运算能力。如果学生对数学学习失去兴趣，他们花在数学学习上的时间就会减少，学习效果也会受到影响，进一步失去兴趣，形成恶性循环。笔者认为要培养学生学习数学的兴趣，可以从以下三个方面入手。

首先，教师在设计教学内容时应紧密结合学生的实际生活经验和知识结构，确保与学生的客观现实和数学实际有关。在选择课堂练习时，题目的难度应有一定的梯度，通常可以从较简单的问题开始，以激发学生的成就感，从而促使他们保持学习兴趣。

其次，教学任务应具有一定的挑战性，因为过于平淡的教学过程难以吸引

学生的注意力。学生需要感到学习充实且能够获得重要的收获,这有助于激发他们的学习兴趣。

最后,在课堂上,学生的反应至关重要,教师应随时关注学生的反应。当发现学生的注意力开始分散时,教师应根据需要灵活调整教学方法和形式。这可能包括改变语速、语调,提出引人注目的问题,鼓励学生参与小组讨论,并选择代表回答问题。这些措施有助于调动学生的学习积极性,帮助他们保持学习兴趣。

2.提升学生对数学运算能力的重视程度

学生对数学运算能力的态度和重视程度直接影响其学习行为。如果学生不够重视数学运算能力,他们可能不会愿意花时间和精力来提高这一方面的能力。很多学生将犯错归咎于粗心和马虎,认为只需更加细心就能避免犯相同的错误。然而,这种问题常常反复出现,因为根本原因在于数学运算能力不足。教师在教学中应强调数学运算能力的重要性,并明确它对学习成绩的巨大影响。教师可以鼓励学生在每次考试后分析自己的错误,并针对性地进行指导,特别是那些由于数学运算能力不足而导致的错误。这可以帮助学生认识到数学运算能力的重要性,并引起他们的重视。

教师还可以注重培养学生的数学思维能力,因为这是提高数学运算能力的重要方法之一。数学思维品质在很大程度上是可培养的,因此教师在教学中应关注对学生数学思维品质的培养。这包括教导学生不受表面信息的干扰,理解问题的本质,寻找规律,将问题归类,从而更好地思考和解决数学问题。培养数学思维品质有助于学生更好地掌握数学问题的核心概念,使他们能够更全面、多角度地思考问题。这种培养方法有助于学生摆脱单纯的应试训练,更深入地理解数学的本质。

3.培养学生良好的心理素质

数学中的题目难易不一,因此学生需要具备良好的心理素质来应对。著名数学家波利亚曾经说过,教学生解题也是在培养他们的意志力。学生的心理素质在一定程度上可以促进他们的数学能力发展。如果学生的心理素质较差，当遇到计算量大、运算过程复杂的题目时，他们可能会感到害怕，甚至放弃，导致数学成绩下降，同时也影响了他们的学习积极性。然而，如果学生具备良好的心理素质，他们会在面对复杂的问题时不感到害怕，而是积极思考解决办法。因此，在教学中，教师应该重视培养学生的心理素质。在设置练习题时，教师可以根据学生的实际情况，逐渐增加难度，循序渐进地呈现不同难度的题目，同时为学生提供足够的时间来解题。这有助于提高学生的数学能力。

4.教学过程中注重教师的示范作用

在解决数学问题的过程中，学生通常会模仿教师的方法，因此，教师不仅是知识的传授者，还是学生学习的榜样，可以帮助他们找到更简洁和有效的解题思路和技巧。然而，如果教师只注重传授解题思路和技巧，而忽略了培养学生的数学运算能力，就不够全面。在平时的教学中，教师应该与学生一起分析问题，识别问题中的明显和潜在信息，探讨解题思路，找到解决问题的方法和技巧，并鼓励学生反思解题过程。特别重要的是，教师应该认真记录解题过程，以供学生参考和模仿，规范他们的解答方法。

在新课程引入时，通常会包括示范例题。在讲解这些例题时，教师需要格外认真，因为学生可能在面对新的概念或问题时感到困惑，不知如何分析和表达。因此，教师应该与学生一起仔细分析，并详细记录解题过程，以示范正确的方法。

（二）注重基础知识的教学及基本技能的培养

1.加强对概念、公式和法则等基础知识的教学

概念、公式和法则是数学的基础和基石。如果学生没有掌握这些基本概念、公式和法则，就无法进行数学解题，也无法提高数学运算能力。在教学过程中，教师应该重视对基本概念、公式和法则的教学。例如，在教授概念时，教师可以与学生一起从现实生活中提取相关的概念，例如，在教授指数函数的概念时，

教师可以寻找与指数函数相关的实例,例如"细胞分裂",通过对这种实例的分析,学生可以更深入地理解和记忆指数函数的概念。如果只是简单呈现概念,学生可能只能理解表层含义,并且容易忘记。不论是对概念、公式还是法则的教学,都应该让学生积极参与探索过程,了解它们的来历,让学生自己总结和归纳,教师再进行补充,这有助于加深学生对概念、公式和法则的理解和记忆。

2.加强学生对概念、公式和法则等的记忆及运用

概念、公式和法则在数学学习中具有重要作用,因为它们是正确运算的基础。因此,在解决数学问题时,学生需要牢记这些概念、公式和法则。教师在日常教学中应该强调学生对这些内容的记忆。

当学生初次接触新的概念、公式和法则时,教师可以在理论讲解后立即进行相关的习题练习,这有助于加深学生对这些内容的理解和记忆。此外,在学生注意力不集中的情况下,教师可以引入一些小活动,如比赛性地写下指定的概念、公式和法则,给答对的学生一些小奖励,这可以促进学生对这些内容的记忆。同时,鼓励学生记住一些常用的结论,这也有助于提高他们的运算速度。

记忆概念、公式和法则等基础知识虽然重要,但仅仅记住而不会运用是不够的,因为数学问题的解决过程实际上是对数学知识进行运用的过程。因此,学生需要学会运用他们所学的数学基础知识。在教学中,教师可以在每个知识点讲解后提供相关的练习题供学生练习,按照递进的原则,逐渐增加题目的难度。在选择练习题时,教师可以结合学生的实际情况,选择一些可以引发问题的题目,以帮助学生更好地理解和运用所学知识。同时,教师在备课时应明确选题的目的,不仅要备好题目,还要考虑学生的实际情况,以充分发挥所选题目的教育作用。

3.加强基本技能的培养

(1)培养学生一题多解的能力

解决数学问题是一个复杂的思维过程,而在数学中,很多问题都有不止一种解决方法。能用多种方法解题反映了解题者的思维方式和角度,培养学生一

题多解的能力对于提升他们的思维能力非常重要。然而，需要强调的是，一题多解不是对问题和解决方法的简单堆砌，而是解题者能够从不同的角度思考问题，得出不同但等效的结论。这种训练可以帮助学生培养多样化的思考方式，对于提高数学运算能力非常有益。

（2）注重变式引申的教学

变式引申指从一个数学问题出发，通过改变问题的已知条件或所求问题，生成一个新的问题，但问题的解题思路和方法基本保持不变。这种方法的目的是帮助学生理解问题的本质，突出问题中的不变因素，从而让他们能够不断运用相同的解题思路来解决类似的问题，而不仅仅是机械地应用特定的公式或方法。这种方法有助于培养学生更深层次的问题解决能力，使学生能够摆脱对特定题目的依赖，更好地理解和应用数学知识。

（3）加强学生口算和心算的训练

口算和心算是提高学生解题速度的有效方法，因为它们可以帮助学生在数学问题中迅速进行基本的数值运算，从而节省时间，让学生有更多的时间去思考问题的解决方法。这对于高中学生来说尤其重要，因为高中的学习任务较重，需要学生可以高效地处理大量的数学问题。

教师可以在教学过程中引入口算和心算的练习，这可以通过短时间内解答一系列数学问题的方式来实现。这种练习可以作为课堂的一部分，也可以在课前或课后进行。通过竞赛的形式，可以激发学生的兴趣，让他们积极参与，从而提高口算和心算的水平。

此外，口算和心算不仅有助于提高解题速度，还有助于培养学生的数学感觉和直观理解能力，因为它们要求学生在脑海中迅速进行数值运算，这有助于加深对数学概念和关系的理解。

（4）加强对运算技巧的指导

加强对学生运算技巧的指导，既能提高学生解题的速度，又能提高学生做题的准确性。教师在数学教学中应该把常见的一些运算技巧传授给学生。

（5）注重对数学思维的渗透

数学思维是数学的核心和精髓。常见的数学思维包括函数思维、规约思维、数形结合思维、方程思维、分类讨论思维等。在教学中，需要特别关注对数学思维的引导和培养，其贯穿解题教学，可以帮助学生掌握不同的数学思维方式，使他们在解决数学问题时不感到迷茫，知道从哪里入手。在数学运算教学中，有意识地渗透数学思维方法，可以降低数学运算的盲目性和随意性。注重培养和渗透数学思维方法有助于知识迁移，显著提高学生的学习质量和数学能力。因此，教师应当将数学思维融入教学的各个环节中，切实指导学生运用数学思维解决问题。

基本的数学思维方法构成了学生数学运算能力发展的根基。学生只有正确理解相关数学概念、牢固掌握公式和法则等基本知识，并掌握数学的基本思维方式，才能明确运算的方向，拓展解题思路，确保运算顺利进行，最终获得正确的结果。运算能力的发展过程中，学生逐渐形成了运用基本方法和技能的能力，而这一过程源自对数学思维方法的不断应用。数学思维方法在学生数学运算能力的提升中具有关键性作用。例如，通过运用数形结合的思维方法，许多复杂的代数计算可以转化为几何问题，从而降低运算的难度，提高解题速度和准确性，可以促进学生数学运算能力的发展。

（6）注重归纳总结和错误分析

归纳总结是提炼解题思路、方法和技巧的过程，而错误分析则有助于学生识别和理解自己的错误，从而避免再次犯相同的错误。在教学中，教师不应为了讲解题目而讲解，而应在详细解答问题后，总结解题思路、方法、技巧以及问题的解决规律。这样有助于学生更好地应用这些知识解决其他类似的问题，并提高他们的数学运算能力。

另外，在教学过程中，教师可以偶尔故意犯一些学生常犯的错误，以引导学生发现这些错误。如果学生不能自己发现错误，教师可以给予适当的提示，帮助他们发现并理解错误。

（三）加强培养学生逐步反思的能力

目前，学生在解题后的反思环节表现不佳，很少有学生会自觉进行解题思考的回顾和分析。教师在教学中也较少采用反思性教学的方法，然而，反思在教学过程中却扮演着重要的角色。它是一种深入思考、反复探索和自我调整的过程，同时也能用来验证解题方法的有效性。

第六节　培养数据分析素养与能力

一、数据分析素养的内涵

（一）数据分析素养的含义

数据分析是指从数据中获取有用信息、形成知识的过程，主要包括搜集数据提取信息，利用图表展示数据，构建模型分析数据，解释数据中蕴含的结论。

数据分析是对原始素材，如数字、文字、字母和图形等进行分解进而探究各部分属性的过程。在高中阶段，数据分析涉及使用适当的统计方法对原始数据进行分类、归纳、整理和描述，以正确认识各个部分的性质和特点，从而能够得出合理的结论。

在进行数据分解时，需要考虑数据的实际背景，理解统计量的含义，并正确运用分类方法。数据认识的过程包括数据整理、数据描述以及根据数据进行结论推断等步骤。

数据分析在早期就已经被确立为数学基础，但直到计算机的出现，才使实际操作成为可能，并且推动了数据分析在生活中的广泛应用，引起了越来越多的关注。

综上所述，高中阶段学生应具备的数据分析能力包括：

（1）具备对原始数据，如数字、文字、字母、图形等，进行分类、整理和描述的能力。

（2）能够根据数据分析的结果推断出合理的结论。

（3）具备完成数据分析操作活动的实际技能和水平。

（4）在数据分析过程中培养并形成较为稳定的个性心理特征，如批判性思维、逻辑思维等。

（二）数据分析素养的构成要素

国内学者对于数据分析素养构成要素具有不同的观点。

例如，张丹提出了数据分析观念的三个维度，每一维度包含三个要素，具体如表 7-1 所示。

表 7-1　数据分析观念的维度要素

维度	要素
认识到需要搜集数据	数据意识
	提出问题
	制定计划
了解数据中蕴含的信息	提取信息
	数据推断
	方法选择
体会数据的随机性	数据推断中的随机
	统计问题中的随机
	抽样中的随机

而李金昌认为，统计素养包含统计知识、统计方法、问题解决和统计世界观四个维度。李俊指出，基本知识、基本技能、基本思想方法、基本活动经验、问题解决能力、质疑的意识和技能、情感和态度七个元素共同促进了统计素养的形成和发展。

陈娜萍在数据素养内涵的基础上，建立了一个数据素养评价指标体系，如

表 7-2 所示。

表 7-2　数据素养评价指标

一级指标		编号/二级指标
数据素养	数据意识	指标 1：理解数据内涵
		指标 2：关注数据来源
		指标 3：基于数据联系实际
	数据处理 / 数据收集	指标 4：设计准确的调查问题
		指标 5：正确使用统计方法
		指标 6：理解统计数据的特征
	数据处理 / 数据整理	指标 7：剔除错误或无效数据
		指标 8：合理组织与简化数据
	数据处理 / 数据描述	指标 9：恰当采用统计图表示数据
		指标 10：正确运用统计量表征数据
	数据处理 / 数据分析	指标 11：准确评估数据
		指标 12：依据数据作出合理决策
	数据交流	指标 13：基于数据准确表述理论
		指标 14：恰当使用数据进行说明
		指标 15：会用数据撰写调查报

当前，国内外的学者已经对数据分析素养的形成和发展进行了研究，或者提出了相关的数据分析能力要求。尽管有些研究可能没有明确使用"数据分析素养"这一术语，但它们的具体内容与数据分析素养有关，可以为数据分析素养的评估提供理论依据。

二、培养学生数据分析素养与能力的建议

依靠学生自主感悟和探索虽然有一定价值，但在培养数据分析素养方面可能相对困难。因此，学生的数据分析素养主要通过教学来培养。教师在教学中扮演着关键的角色，需要具体落实对学生数据分析素养以及其他数学核心素养的培养。

（一）为教师提供数据分析学习交流的机会

培养学生的数据分析素养，首先要重视教师的数据分析素养，要在多方面为教师提供数据分析学习交流的机会。首先，国家与各地教育部门要重视教师对数据分析的学习，多提供相关学习资料。现在一线城市的教师接触这方面比较多，但是教育资源分配的不均衡导致小城市和乡镇教师很难有机会扩充自己，无法打开教师的视野又如何培养学生的数据分析素养呢？其次，学校之间也要进行学术交流。学校之间的相互交流可以避免教师闭门造车，使教师们相互促进、相互提高，开阔自己的眼界。最后，学校内部也要对教师进行数据分析素养的相关培训和交流学习，帮助教师学习，学校还要提供需要用到的软件和技术支持。教师之间通过集体备课，相互听课，可以共同进步。教师本身也应当时刻注意提升自己的数据分析素养。

在进行数据分析教学时，教师可以采取以下策略来提高教学质量和帮助学生培养数据分析能力：

1.引入实际案例

教师可以结合实际生活中的案例来教授数据分析的内容。这有助于学生理解数据分析的实际应用，并激发他们的学习兴趣。

2.持续学习更新

由于信息社会数据更新迅速，教师需要不断学习，跟踪最新的数据分析方法和案例。教育部门和学校可以提供相应的培训和资源支持。

3.教材的重要性

教材是教学过程中的重要资源，教师应该充分利用教材，确保教学内容与教材相符。同时，教师可以根据教材内容进行必修和选修的灵活组合，以满足不同学生的需求。

4. 学生错误地利用

学生犯的错误是教师宝贵的教学素材。教师应该仔细观察学生学习过程中出现的错误思维和常见误区，以便更好地指导他们，并创造类似情境来帮助学生辨析和纠正错误。

（二）以培养学生"数据分析素养"为核心目标

在教学过程中，教师不仅要传授知识和技能，还应该积极渗透数据分析思维，将其作为教学的核心内容，致力于培养学生的数据分析素养。在这个过程中，教师需要有灵活的教学方法，注重知识的整合，并着重处理重难点。这包括确定哪些知识点需要强调，哪些需要扩充，以及哪些可以适当删减，这些决策需要根据实际情况进行把握。只有这样才能逐步培养学生的数据分析能力。

例如，在统计学习中，教师的目标不仅是让学生掌握基本的统计量计算，而更重要的是要让他们理解统计的思维方式和方法。统计教育不仅仅是传授课本上的知识，还要为学生以后的学习和生活提供数据分析的帮助。因此，教师应该时刻关注培养学生的"数据分析素养"，可以使用生动形象、易于理解的语言来解释统计概念和方法，以激发学生的兴趣和理解。

因此，教学不仅仅要关注学生做题的数量，更要注重思维方式的传递，通过潜移默化和循序渐进的教学方法，引导学生逐渐进入数据分析的领域。

（三）要让学生经历一次完整的数据分析活动

数据分析活动包括数据搜集、数据处理、数据分析和最终的结论得出。通过这种实际操作，学生将能够更好地理解和掌握数据分析的核心概念和技能，从而显著提升他们的数据分析素养。

学生的数据分析素养主要是通过学习统计学方面的内容来培养的。为了实现这个目标，可以选择一个合适的课题，为学生提供参与实际统计活动的机会。在这个过程中，学生需要积极参与，自己动手搜集数据，并学习基本的数据处理方法。重要的是要给予学生指导，帮助他们科学地搜集数据，并传授数据处理的基本技巧。

让学生亲自处理数据、绘制图表等实际操作，可以培养他们的数据分析能力。这种实践性的学习方法有助于学生更深入地理解数据分析的过程和原理，使他们能够利用样本数据的统计特征来估计总体数据的特征，理解这些统计特征的含义，最终能够运用数据进行推断和做出统计决策。这种教学方法将有助于学生在数据分析方面取得显著进展。

（四）应该在实际案例中进行数据分析的学习

为了提高学生对统计的兴趣和理解，教师应尽量将统计知识与实际案例相结合，使学生能够在实际应用中学习统计。目前学生主要接触统计教材和习题册，但这些内容通常与他们的生活经验较为脱离，导致学生对数学和统计的意义产生疑惑。

为了解决这个问题，教师可以帮助学生意识到统计和数据分析与生活息息相关，存在于生活的方方面面。举例来说，可以展示报纸和期刊中的图表，进行购物能力的水平分析等，以便让学生了解数据分析的实际应用和意义。通过这些实际案例，学生可以更容易地理解统计的重要性，从而提高兴趣。

此外，教师还可以在教学中引入实际案例，让学生参与到统计活动中。例如，在教授抽样方式时，不仅仅告诉学生概念，还要通过实际案例让他们掌握各种抽样方式的应用。同样，在教授假设检验时，可以通过实际案例让学生体会假设检验的思想，而不仅仅依赖概率的角度。通过这种方式，学生将更好地理解和运用数据分析，提高其数据分析素养。

（五）题目要重视情境与图表的难度与丰富度

鉴于学生的年龄较小，生活经验较有限，因此在进行统计教学时，教师应考虑学生的实际情况。教师可以尽量选择与学生日常生活相关的情境和例子，以便让学生更容易理解和接受统计概念。这样做有助于消除学生对陌生概念的不适感，使他们感到更加亲近和熟悉，有利于全面考虑相关问题，培养辩证思维，并通过自己的实际讨论形成更深刻的印象。

此外，在统计教学中，提供多样化且充实的例题和习题是至关重要的。这些例题和习题应该包括各种不同类型的图表，以帮助学生熟悉各种图表的特点，并学会如何选择合适的图表来展示和分析数据。教师也需要特别强调图表的教学，以确保学生可以正确理解和运用图表。

综上所述，教师在统计教学中需要根据学生的实际情况选择合适的情境和例子，提供多样化的例题和习题，注重图表的教学，以促进学生的学习和理解，从而培养他们的数据分析素养。

（六）培养学生从统计角度思考数据有关问题

统计学是一门通过数据来进行推断和分析的学科，随着社会的迅速发展，人们面对的数据量不断增加。掌握统计学知识变得至关重要，以便有效处理这些庞大的数据，并能够进行科学合理的统计推断。高中阶段的统计学习是义务教育阶段统计学学习的延续和拓展。在义务教育阶段，学生已经初步接触了数据分析，能够基本理解统计的概念，并在面对大量复杂数据时，具备初步的数据处理和分析能力，能够提取所需信息。

数据分析的学习关键在于培养学生摒弃主观臆断，学会通过调查和研究搜集大量数据，然后对这些数据进行处理和分析，以便根据分析结果做出合理的判断。学生需要明白复杂数据中蕴含着丰富的信息，而他们的任务是从中提取并理解有效信息。教师在教学中应利用数据分析来培养学生的思维习惯，使他们对数据感到亲近而不是畏惧，将数据视为给学习和生活提供信息的工具。

（七）数据分析的教学中重视信息技术的使用

在现实生活中，数据的处理和分析通常需要借助计算机。随着社会的不断发展和进步，计算机数据处理技能已经成为学生必备的技能之一。因此，在数据分析教学中，教师需要关注统计软件和其他数学软件的使用，以便能够快速而准确地处理数据。学生必须学会使用计算机来进行数据分析。这就要求教师熟练掌握各种统计软件，能够在教学中灵活运用这些软件。当然，尽管要使用软件处理数据，也不能忽视传统的数据处理方法，学生需要掌握这两种方法，并能够比较它们的优缺点。

许多统计软件对教学非常有帮助，例如 Excel 和 SPSS 等。这些软件的主要特点是界面简单易操作，可以通过下拉菜单选择所需的命令，非常适合初学者。对于高中教学来说，这些软件已经足够了。信息技术首先具有演示作用，可以让学生直观地感受数据，使学习更加生动。其次，它能够吸引学生，提高他们的注意力。最后，它能够快速生成统计图表，模拟统计实验。这些简单的统计软件易于上手，如果教师可以熟练掌握，那么学生也可以迅速掌握，对其未来的学习和生活都将大有裨益。因此，教师熟练掌握这些简单的数学软件非常重要，学校可以提供培训以帮助教师掌握这些技能。

（八）培养学生在进行统计决策时的辩证思维

课程标准强调了培养学生的创新意识，这一要求应该贯穿学生的学习生活始终。数学核心素养的培养应该关注学生的全面发展。学数学的学生应该勇于质疑和问题。在数据分析中，不同的样本选择、数据收集、统计量选择以及数据分析方法的使用都可能导致不同的统计决策。生活中并不是每个情况都有一个确定的、唯一正确的解决方案，因此学生需要学会审慎看待他们所做的统计决策。

学生需要具备理性分析数据的能力，对所得出的结论进行批判性审视与客观的数据分析。在教学中，教师应该不断地培养学生的辩证思维和创新意识，使他们能够从数据分析的角度来理性思考，并批判性地评估他们得出的结论的合理性。

第八章　改进教学评价，创建多元化课堂

第一节　数学课堂学习多元化评价

一、数学课堂学习多元化评价的概述

（一）数学学习评价的内涵

数学学习评价是一个被国际数学教育界普遍认同的概念，它包括有计划、有目的地搜集学生在学习数学知识、使用数学能力以及对数学的情感和态度与价值观等方面的证据，并根据这些证据来评估学生的数学学习状况，或者评价某个特定课程或教学计划的效果。好的学习评价不仅仅可以用于甄别和选拔，还应具备发展性，能够引导学生未来的发展。

在进行学习评价时，不应过于强调是否达到教学目标，而应认识到评价是一个动态过程，需要考虑学生的个性差异。评价也不应局限于认知性发展，正如苏霍姆林斯基所指出的，"这种忽视学生主体，只注重知识传输的课堂教学是对学生智力资源的最大浪费"。因此，评价应该是一个综合性的过程，涵盖多个方面，以便全面地理解学生的学习情况。

在教育领域经历了课程改革和评价理论的发展后，评价方式呈现出多样化趋势。传统的课堂学习评价通常包括课堂作业和问答。然而，随着时间的推移，质性评价方式如谈话、成长记录、教学日记和表现性评价等在数学教学中得到

更多应用。质性评价和量化评价是相辅相成的，它们从不同角度使用不同方法来评价学习行为，以指导数学学习。质性评价为量化评价提供了框架，而量化评价则为质性评价提供了科学依据。评价内容也变得更加多元化，不再局限于基础知识和技能，还更关注学生的情感、态度和个性品质。这些因素会在学习过程中逐渐形成，因此正确评估学生的情感、态度和个性差异有助于促使学生更积极地学习，并有利于他们全面发展。此外，评价主体也变得多元化，学校鼓励家长参与评测，以建立家校合作，为学生提供更好的教育支持和交流平台。多元化的评价主体反映了教育评价的价值取向，即"共同建构、全面参与、共同负责"。

（二）数学课堂学习多元化评价的内涵

1.含义

课堂是教育中的重要组成部分，包括教师、学生和教育环境，而教学是学校实现教育目标的核心方式。在数学课堂教学中，教师根据课程标准和教学目标，通过对学生进行教育，促使他们习得数学知识和形成数学技能。这个过程中，学生有机会掌握必要的数学思维方法，积累基本的数学经验。

多元化评价在数学课堂学习中的应用，意味着根据教育目标，教育主管部门、教师、学生和家长都可以参与，有计划地观察和测定学生在学习过程中习得数学知识、发展数学技能和形成数学思维方法的情况。这种评价方法可以及时调整和优化教学过程，为教育主管部门的决策提供信息，为教师提供课堂教学反馈，同时也有助于最大程度地促进学生的发展。

2.评价标准的多元化

加德纳认为，人拥有多种智能，每个人的优势智能各不相同，而且智能在不同发展阶段会表现出不同的形式。因此，在评价智能时，评估方案应该充分考虑到个体的独特性和智能发展的阶段性，以避免背离评价的初衷。

学生的学习过程受到他们原有知识技能、情感态度和数学素养等多种因素的影响。因此，在数学学习评价中，应该重点关注学生在学习过程中知识、情感态度和价值观等方面的积极变化。这意味着评价应该根据学生近期的发展情况和个体差异，进行差异化评价。这种评价方法既需要横向比较学生之间的发展差异和学生与课程标准的符合程度，也需要纵向比较学生在学习过程中的发展情况，并认可他们的积极变化。这样，每个学生都有机会体验到在评价过程中的进步和成功带来的喜悦感。

要实现"人人学有价值的数学，人人获得必需的数学，不同的人在数学上得到不同的发展"的目标，评价标准的多元化至关重要。这样可以确保评价考虑到学生的多样性，使每个学生都能得到恰当的支持和认可。

3.评价主体的多元化

人本主义强调了个体的需求、意愿、能力、经验、情感以及情感体验，将人视为具有自我发展需求和学习潜力的个体。根据这一理念，教学的任务之一是激发学生的发展需求，这意味着理解和研究学生的需求和视角至关重要。

在自我评价中，学生能够自发地反思自己是否完成了特定行为，并积极地调整和改进他们的学习过程。引导学生参与学习评价有助于形成学习社区，培养个体发展所需的团队协作精神。现代课堂的学习评价应该摆脱传统的单一评价模式，更多地关注学生的需求和发展，实现多元化和个性化的评价方式。

4.评价内容的多元化

（1）关注学生数学基础知识的积累

数学基础知识是承载数学学科基本原理和概念的基本要素。学生需要积累必要的数学知识，以便更好地理解这门学科的科学结构，记忆相关事实，以及促进在不同情境中的知识应用。这种积累有助于促进数学学习中的普遍知识迁移。

（2）关注学生数学素养的培养

在教学中促进学生数学素养的形成是当前数学教育的主要目标之一，也是国际数学教育研究的关键领域。数学素养被定义为一个个体在已有数学知识和经验的基础上，在数学活动中通过体验、感悟和反思，并在真实情境中展现出的一种综合性特质。它广义上指的是一个人的数学能力的综合表现，在狭义上强调了在实际问题情境中应用数学知识和技能来理性解决问题。从 PISA 的定义来看，数学素养包括个体认识和理解数学在现实世界中的作用，能够在面对问题情境时做出合理判断和行动，积极参与当前和未来生活，并能够对自己的反应，包括认知和行为等，有较为准确的认知。

（3）关注学生数学学习能力的提高

学习能力的培养已经成为评价个体学习成就的关键因素，这种趋势主要表现在以下三个方面：首先，当今社会对于终身学习的需求不断增长，这意味着中学教育应该强调教导学生如何学习，以使他们能够持续不断地更新知识和技能。其次，培养学生的学习能力是教育改革的重要任务之一。传统的教育方式强调记忆和接受知识，但现代教育更加注重培养学生的独立思考、自主探索、实践动手能力以及合作交流等方面的能力。教育应该将学生视为主体，鼓励他们积极参与学习过程，与教师互动并合作学习。最后，培养学生的学习能力也符合学生自身成长的需求。根据马斯洛的需求层次理论，人类在满足了基本需求后，会追求自我实现的需求，这包括希望得到尊重、探索未知等。在学习领域，学习应该是由内在驱动的，而不是外部环境强加的。培养学生的学习能力有助于他们积极投入学习，将新知识与旧知识联系起来，重组认知结构，获得自我成就感，改善行为、态度和未来的学习方法。

（4）关注学生数学思想方法的掌握和数学精神的形成

从心理学角度来看，数学思维方法属于元认知领域，因此学生对数学思维方法的掌握对于学习活动具有监控作用。通过评估来促进数学思维方法在课堂中的渗透，可以提高学生的元认知水平，加深他们对数学思维方法的理解和掌握，以及增强他们分析和解决问题的能力。数学知识与数学思维方法、数学精神之间的关系就如同骨骼和血肉一样，学生只有在学习过程中掌握必要的数学思维方法，体验数学的理性精神，才能真正领会数学的本质，从而成为具有高数学素养的人才。

5.多元评价的原则

现在，我们强调将量化评价和质性评价相结合，以多方面、多层次地考察学习的真实情况。实际上，质性评价和量化评价在本质上是互相补充和相互渗透的。它们从不同角度出发，采用不同方法对学习行为进行评估，从而为数学学习提供指导。质性评价为量化评价提供了框架，而量化评价则为质性评价的科学性提供了保证。

二、学习评价方法

学习评价方法是影响学习评价发展的重要因素之一。学习评价方法的革命性变革会导致学习评价质量的变化。回顾学习评价的历史发展，我们可以看到学习评价方法经历了从经验性到科学化、从单一化到多样化的演变。不同时期的学习评价方法具有不同的特点。

（一）早期的传统考试

为了追求笔试的客观、准确和可靠，20世纪初在美国兴起了一场"教育测验运动"。这个运动最显著的成就之一就是标准化测验的创造。标准化测验是一种大规模制作的选择题测验，它有助于确保多个评分者可以得出一致的评分结果。

标准化测验可分为两大类，分别是常模参照和标准参照的标准化测验。常模参照测验用于比较指定的学生或学生群体与同龄人的表现水平，而不用于揭示学生知识或技能的具体内容。它关注学生在与同龄人相比时的相对位置。标准参照测验则用于评估学生相对于期望标准或具体目标的表现，试图揭示学生在知识或技能方面的强项和弱点。尽管这两类测验的目的不同，但对大多数教师和学生来说，更关注的是测验结果，而不是测验的具体类型。

标准化测验的显著特点在于客观、精确，便于进行比较。因此，它常被认为是评判学校或学区教育质量的主要依据。然而，其高度利己的特性也直接导致了教师只关注教授应试技能,而忽视了课程本身。学生成绩往往仅与考试目标紧密相关,而非课程目标。随着利己性的增强,对标准化测验的批评也日益增多。批评者主要对标准化测验提出了以下三方面的不满:首先,测验本身存在缺陷,其科学性和客观性值得怀疑;其次,除了衡量学生的测验能力外,标准化测验无法有效预测其他方面;第三,标准化测验破坏了真实的改进过程。他们认为,选择题测验通过以下几种方式破坏了教育和学习:一是过于强调死记硬背,牺牲了理解和思考;二是加强了只有一个唯一正确答案的误导印象;三是使学生变成了被动接受知识的人,而非参与答案构建和问题解决的人;四是迫使教师更注重益于测试的内容,而不是关注对学生来说真正重要的内容;五是将所有教授的内容都转化为选择题形式,削弱了知识和技能的发展。

(二)另类评价方式的兴起

近年来,各国纷纷展开了教育改革运动,特别是在学习评价方面。为了弥补对传统标准化测验的过度依赖所带来的缺陷,一些另类评价方式应运而生。这些方式与传统标准化测验有很大不同,因此被统称为"另类评价"。然而,另类评价的概念因人而异。

1.另类评价方法的七种形式

(1)建构性反应题

要求学生提供问题的答案,而不是从多个选项中选择答案。这种类型的题目可能有一个或多个正确答案,而且回答的形式可以多种多样,包括填空、解数学题、填写图表、写几何证明步骤等。

(2)分析短文

要求学生用一两段文字来描述、分析、解释或总结问题。这种方法可以有效评估学生对某一学科的理解程度,需要具备分析、综合和批判性思维能力。

(3)写作

评估学生的写作技能,包括创造性写作、文章修订、清晰表达思想观点以及语言、句法和语法知识的运用。

（4）口头演讲

学生的口头演讲的情况可以用来评估其口语表达能力和思维敏捷度。

（5）展示

要求学生在课堂或其他观众面前进行演示或表演，以全面考察他们的技能和才能。评分通常根据标准进行，要求学生展示跨学科的能力，表现出主动性和创造性。

（6）实验

主要用于科学教育，旨在评估学生对科学知识的理解和实验操作能力。学生需要进行一系列探究活动，包括提出假设、制订实验计划、进行实验、编写研究报告以及应用科学概念和技能。

（7）档案袋

学生自行收集能够代表其水平的作业，包括草稿、修改稿和最终稿等。学生需要在完成作品后进行自我评价，并解释选择该作品的理由。

2.另类评价的六个主要特征

（1）强调实际演示与创造

要求学生进行实际演示、创作、制作或动手完成特定任务，而不仅仅是选择答案。

（2）鼓励高级思维和解决问题技能

评价过程旨在激发学生的高阶思维能力和解决问题的技能，而不仅仅是记忆和应试。

（3）使用有意义的教学活动

评价任务应该与课程教学活动有关，具有实际意义，而不是脱离实际的抽象测验。

（4）模拟真实情境

评价任务设计使学生在类似真实情境中运用所学知识和技能，以增加评估的实际性。

（5）人工评分

评价过程通常需要教师或专家进行人工评分，因为它们涉及非标准化的回答和多样性。

（6）教师角色的改变

教师在另类评价中扮演了不同的角色，更加关注指导、辅导和评价学生的综合能力，而不仅仅是传授知识。

第二节　数学课堂教学多元化评价

一、课堂教学评价的目的

每位教师每学期都会参与多次数学课堂教学评价活动，通常以课后评议会的形式进行。然而，目前的教学评价主要采用定性的描述性分析，缺乏统一的量化标准，难以准确反映教师的教学水平和教学质量。这种评价方法的局限性在于它无法提供可比性高、明确度高的结果，因此，教师可能不会重视这种评价方法。为了充分发挥课堂教学评价的作用，需要改革评价方法，将定性分析转化为更具标准化、科学化、全面性的定量分析。这种改革不仅有助于更好地反映课堂教学质量，还使学校的监督和管理更加科学、系统。

数学课堂教学评价的目的主要体现在以下四个方面：

第一，课堂教学评价是学校教学工作的核心，它可以有效反映出教师的教学水平，有助于提高教学质量。然而，目前课堂教学评价的发展仍有待完善，大多数情况下仅被用作领导监督教师工作的手段，教师并没有看到它对个人发展的积极作用。要实施有效的课堂教学评价，建立适当的评价标准至关重要。这些标准不仅应该引导课程改革，还应成为教师教学设计的依据。过去，学校虽然拥有详尽的评价标准，但教师通常不了解这些标准的制定过程，导致课堂教学评价未能充分发挥作用。事实证明，将一线教师纳入评价标准的制定过程中，可以使他们明确自己的责任，从而提高课堂教学的质量，使教学逐步走向统一的标准。评价标准的制定还应反映新课程理念，针对目前课堂教学存在的不足，鼓励广大教师积极提升自己的教学水平。

第二，课堂教学评价有助于促进教师之间的相互交流。同行教师可以更准确地把握课堂目标和教学过程中的问题，并通过评价过程相互学习，取长补短。评价反馈信息不仅有助于教师自我调整教学行为，还有助于提升教师的课堂管理能力，同时也能够激发师生的积极性，使课堂教学更加高效。

第三，开展课堂教学评价，可以促进教学目标和国家数学课程标准各项要求的顺利实现。

第四，课堂教学评价也有助于推动教学质量考核的发展。它以控制论和系统论为理论基础，采用定量评价和定性分析相结合的方式，有助于提高学校的管理水平。通过实施课堂教学评价，学校领导可以了解课堂教学质量，并制定相应的评价政策和奖励制度，以激发教师的积极性。这有助于提高整体的教学质量。

二、课堂教学评价的原则

实施课堂教学评价的目的在于深入了解课堂教学的实际情况，使教师能够根据反馈信息及时改进教学方式、优化教学设计，从而提高课堂教学质量。为了增强本研究的实用性、针对性，并使其评价方法更符合新课程改革的理念，更好地体现高中数学学科的特点，笔者提出以下四点原则：

（一）发展性原则

以人为本的新课程核心理念要求数学课堂教学评价能够促进学生身心的全面发展，并助力教师自身水平的进步，以提高课堂教学质量。这种以学生为中心的课堂教学评价的终极目标是促进学生的全面发展。同时，课堂评价也对教师的专业成长具有导向、诊断和预测的作用，有助于教师进行教学总结和教学反思，及时发现教学中的不足，引导他们朝着优秀教师的方向不断进步。

（二）以学生为中心原则

新课程理念下的课堂教学应真正体现学生的主体地位，评价活动的最终目的是促进学生积极建构知识，全面发展，并且要尽量避免低质量的评价。为了深刻改革传统的高中数学课堂教学评价，必须发挥课堂教学评价的导向作用，体现"以学为本"的评价思想。课堂教学评价应关注学生在课堂教学中表现出的状态，以此来评价课堂教学的质量。

（三）全面性原则

高中数学课堂教学评价不仅应该关注学生的数学学习结果和水平，还应重视学生学习过程中的情感、态度和价值观的变化。因此，在数学课堂教学评价中，应建立多元化的评价目标，注重培养学生的创新能力，以及个性和潜力的发展。高中数学教师在备课时应该将数学知识作为教育的工具，改进教学的方法，使数学课堂教学不仅仅能传授知识，还能激发学生的学习兴趣，培养他们的爱好，注重塑造和培养个性品质，使教育过程真正成为育人的过程。

（四）学科性原则

不同学科的课堂教学评价应该反映各自学科的特点，因此，高中数学课堂教学评价标准应该突出高中数学的特点。在每堂数学课上，应注重学生数学思维的培养和数学素养的发展，强调数学思想方法，体现数学的语言特点，提高数学应用能力，以促进学生的全面发展，体现数学的价值。

三、课堂教学评价的特点

数学课堂教学评价不仅要遵循通用的教学评价原则，还需要考虑高中数学学科的特点，同时具备一定的灵活性和动态生成性。

课堂教学目标应根据新课程标准、教学内容和学生实际情况设定。此外，考虑数学学科的特点，注重科学性和思维性，例如，强调解题方法的共同本质。课堂教学应培养学生的抽象概括能力、空间想象能力、主动探究能力以及建立数学模型的能力，因此，评价标准应涵盖这些方面。在教学重点方面，应注重富有启发性的内容，这些内容能够激发学生的学习兴趣，培养学生的思维能力、想象力和洞察力，同时也要注重培养学生的创新能力和科学学习方法，以激发学生的学习积极性。

第三节　数学试卷多元化讲评

一、试卷讲评教学的原则

（一）突出重点，有的放矢

传统的试卷讲评方法通常采用"核对答案，逐题讲解"的方式，尽管这种方式对教师来说操作简单，但学生的知识获取效率却较低。在有限的课堂时间内，教师需要更高效地教授知识。教师应该以更精细的方法进行讲评，以提高学生的参与度和课堂氛围。

例如，在数列测试卷的讲评中，教师可以首先审视学生试卷的整体结构，对不同题型进行分类，并详细分析哪些知识点是学生的薄弱环节，哪些地方容易出错或疏忽。然后，根据这些统计情况和案例，教师可以采用更具针对性的教学方法，找到学生容易理解和掌握的讲解方式。教师可以总结数列问题中常用的解题思路和方法，以及对等差数列和等比数列进行比较详细的讲解。通过这种方式，教师可以帮助学生更深入地理解数列的概念。

在进行试卷讲评时，教师应针对试卷中反映的问题和学生的实际水平，有选择地进行讲解，避免每道题都强调。在讲评之前，教师应对整个班级的学生情况进行全面剖析，将题目按难易程度和典型与非典型分类。同时，结合试卷的内容和命题规律进行详细分析，使学生了解考试命题的规律，特别是哪些新题型需要特别关注。教师也应告诉学生在考试中不要纠结于难题，要学会有所取舍。

教师的另一个重要任务是向学生指明出题趋势，揭示解题规律，鼓励学生运用数学的思维方式解决问题。教师通过培养学生这样的思维习惯，逐渐提升学生对试题的辨析能力和纠错能力，促进数学思维的精密性和创造性，从而达到培养学生学习能力和素养的目的。

（二）发现闪光点，提高学生信心

学生的知识吸收速度和在课堂上的情感状态对试卷讲评的质量有直接影响。因此，作为教师，我们应该善于发现每个学生独特的亮点，给予他们积极的反馈，增强他们在数学学习方面的自信心，从而激发他们对数学的兴趣，让他们在学习数学时保持高度的热情。

激励是推动人前进和取得成功的关键因素。对学生的表扬是最有力的肯定，尤其对那些基础较差的学生，表扬可以成为他们学习的动力。在试卷讲评课上，教师应坚持多鼓励少批评的原则。教师应该及时肯定学生的小进步，例如，当学生知道要使用哪个公式但不确定后续计算是否正确时，应鼓励他们勇敢尝试，鼓励他们与他人分享解题思路，如果他们对解题方法有独到见解，应鼓励他们与其他同学一起讨论，以营造积极的数学学习氛围，促使学生的思维得到拓展。

考试后的关键是提升学生信心，通过测试让他们体验到学习的乐趣，感受到自身在某些方面的独特创新。尤其对于学习进展较慢的学生，应从基础知识、解题思维、计算过程、书写格式等方面寻找他们的长处，积极肯定他们的能力，激发他们的求知欲，而非批评他们的错误或指责他们不懂。此外，也应鼓励学生具备勇于尝试的学习精神，发现他们试卷上的优点，例如整洁的卷面、规范的解题步骤、独特的解法、清晰的思路等，予以表扬，同时分享出现的新颖、简便的解题思路和方法。讲评课应以赞美和肯定学生为主，但也要避免过度激励，以免适得其反，反而降低了学生学习的兴趣。考试后，教师要引导学生进行自我评价，强调个人进步，不要过度与他人比较，注重每天每次的改进，使其可以保持自信、坚持学习。

（三）及时反馈，及时讲评

数学考试是对学生学习成果和能力的检验。在考试期间，学生进行了高度的独立思考，不管他们是否会做题，都会有很多解题的思路和想法。这展示了学生的思维活跃性，是日常练习无法达到的。因此，教师应该善于抓住这个机会，在每次考试后及时提供反馈和讲解，始终保持学生对数学的热情，让他们可以持续探索数学的乐趣。

考试结束后，学生通常在一开始会充满积极性，关注他们的成绩和得分。然而，随着时间的推移，这种兴趣可能会减弱。及时进行考后评价和讲解可以保持学生的兴趣。此时，学生对考试内容和自己的思考仍然相对清晰。尽管在考试中一些学生的思路可能较模糊，但他们在回顾时会更容易理清思路，及时总结归纳，从而提高学习效果和教学效率。

在讲评过程中，教师应及时完成批改工作，避免拖延，尽量确保在考试当天完成批改，以便学生能够及时获取他们的学习检验结果。同时，教师应全面统计和分析整个班级的试卷答题情况，发现学生知识薄弱点，以便在课堂上有针对性地强调。这种做法不仅展现了教师对学生的责任感和关怀，还有助于激发学生对数学的兴趣，拉近师生关系，实现"亲其师信其道"的教育目标。

（四）发挥学生主体作用，注重合作交流

新课程改革强调教育应始终保持学生的主体地位。在数学试卷讲评课上，教师应扮演引导者的角色，鼓励学生巩固已学知识并将其与试卷讲评相结合。这样可以促使学生重新分析试卷上的题目。教师应抓住这个机会，及时传授解题技巧和思路，以巩固学生的知识。

在试卷讲评课上，学生如果能够自行解决问题，应该鼓励他们这么做。要

确保学生一直保持课堂的主导地位，让他们在自主学习中探索和创造，展现内在的潜力和智慧，自发地培养数学素养。教师应适度引导学生学会自我评价和反思，特别是在讲评课上，要帮助学生认识到自己的错误，并帮助他们纠正，培养其独立思考能力。

教师应当积极鼓励学生在课下采取以下行动：及时要求学生总结和归纳错题，整理笔记；对常见易错的公式和定理要摘抄并反复背诵，确保真正理解。同时，在笔记上记录错题，并写下做错的原因以及如何避免类似错误。对于模糊和模棱两可的问题，鼓励学生主动向教师或同伴请教，确保完全理解。引导学生进行合作交流，积极参与。因为交流可以激发兴趣，兴趣则促进思考，从而提高学生学习数学的积极性。教师可以事先将学生分组，让小组内的学生首先进行自主交流，然后通过教师的点拨和引导，确保学生掌握正确的解题方法和规律，以提高数学分析能力和解题效率。

（五）讲评方式多样化

试卷的讲评特别需要注意方法和方式。最不应采取的是机械单一的讲解方式，因为这种讲解方式缺乏生气。尽管教师可能会全神贯注地灌输知识，但这种讲评只会让学生感到沉闷乏味。这种方法不能活跃课堂的学习氛围，甚至可能削弱学生的积极性和主动性，导致知识的吸收效率下降。

作为教师，应当采用多样化的授课方法，丰富讲课形式。例如，教师和学生可以交替上台讲解题目，这样教师可以了解学生的解题思路，也有助于集中学生的注意力，同时其他学生也可以从讲课学生的优点中受益或纠正自己与之相似的错误。当学生对题目产生分歧时，教师可以在旁边进行解释和解决分歧，促进师生之间的合作交流。在讲解过程中，教师应特别注重对基础知识的讲解，包括数学概念和公式原理的应用，让学生真正理解该类型数学题的基本原理，从而在解题过程中能够有创新性的思考方式。多样的讲解方式不仅可以增加课堂的趣味性，也能使学生在试卷评价过程中得到多方面的启示。

二、提高试卷讲评教学的实效性对策

高效的试卷讲评不仅可以帮助学生弥补知识差距，还能激发他们的主动学习意愿，提高学习效果。那么，如何提高高中数学试卷讲评的实际效果呢？这需要教师作为教学活动的主导者进行深入思考。结合调查结果和前人的研究成果，笔者提出了以下几点建议：

（一）优化教学原则

要提高数学试卷讲评课教学的实效性，就必须明确高中数学试卷讲评课的教学原则，并且进行相应的优化。

1.讲评力求"及时性"原则

及时性在教育中具有重要意义，包括三个方面：教师阅卷的及时性、学生获得反馈信息的及时性以及试卷讲评的及时性。

首先，教师的阅卷工作是试卷讲评的前期准备工作。学生渴望尽早了解他们在考试中的表现、失分点以及与同学的比较情况。考试后学生对自己的答案和思路还有着深刻的记忆，求知欲望高涨。因此，教师必须紧紧抓住这个时机，尽快完成阅卷工作，并及时发放试卷，确保学生尽早得到成绩反馈和信息。

其次，学生需要及时获得评价结果的反馈。过长的等待时间可能会减弱学生的期待和激情，同时也可能导致问题不能及时被发现，从而影响讲评的效果。因此，教师及时讲评是确保讲评效果的关键。教师应克服各种困难，尽早批阅试卷，快速发放试卷，并及时进行讲评，通常在考后一到两天内讲评较为理想。

2.讲评力求"针对性"原则

教师在数学试卷讲评课上应坚持有针对性的教学原则。鉴于课时有限，教师不可能详细讲解每一道题。因此，不应过于追求全面覆盖，也不应一味钻牛角尖，纠结于个别问题。这样做既浪费时间，也无法充分发挥讲评课的作用。

在备课阶段，教师应谨慎选择重难点，主要关注学生常犯错误的试题。在课堂上，教师应帮助学生解决疑惑，澄清解题思路，确保学生真正掌握了解题方法和规律。这样，在有限的时间内，可以充分发挥试卷讲评课的优势，使学生受益匪浅。

3.讲评力求"系统性"原则

系统性原则在教学中是非常重要的，它要求教师按照数学学科的逻辑系统和学生认知发展的顺序进行讲评，以便学生能够系统地掌握知识和学习技能，培养严密的逻辑思维能力。在试卷讲评课上，教师可以采用分类讲解的方式，将相关的知识内容组织在一起，以帮助学生建立知识之间的联系，从而更好地理清思路，避免思维混乱。试卷讲评课的目标是巩固和提高知识水平，因此应注重帮助学生构建完整的知识体系，将零散的知识整合成系统化的结构，同时注意不同类型的试题规律和解题方法的多样化。

4.讲评力求"差异性"原则

针对不同层次的学生，如优秀生、中等生和后进生，由于他们在思维逻辑、知识掌握程度以及对课堂需求方面存在差异，因此，教师应制定不同的教学目标，以满足他们的发展需求。试卷讲评课需要进行差异化教学，避免采用一种通用的教学方式。考试是评估学生学习成果的重要方式，教师可以根据考试结果了解学生之间的差异，为差异化教学提供依据。

教师应根据不同的学生群体制订不同的讲评计划，采用不同的教学方法，准备不同水平的练习题。教师应关注各类学生的需求，既要满足高水平学生的挑战需求，又要解决低水平学生在知识理解方面的问题，以确保不同层次的学生都能在试卷讲评课中获益。

5.讲评力求"扩展性"原则

试卷讲评的拓展性是指教师需要在讲解已有试题的基础上，对相关知识点进行更广泛和深入的探讨和延伸。这种教学方式应避免简单地给出答案，而忽略了对解题过程和思路的讲解，也不应只是机械地按部就班地解题，而不考虑知识之间的联系。这种教学方式对学生的学习帮助有限。

在课堂上，教师可以选择一些重要和有难点的试题进行拓展讲解，但由于课堂时间有限，应尽量精简，不必对每道题都进行拓展。试卷讲评的目标是通过训练，帮助学生更深入地理解知识，以便能够举一反三，触类旁通。

6.讲评力求"主体性"原则

现代教育强调学生始终是教学的主体，因此，没有学生的参与将导致任何教学形式都变得低效，甚至无效。教师应该鼓励学生发挥他们的主动性，让他们自主思考，积极参与课堂活动，促进讨论和互动。因此，在试卷讲评课中，教师需要重视学生的主体地位，改变传统的教学方式，采用启发式的教学方法，以吸引学生参与课堂。此外，教师还应培养学生的问题发现和创新能力。当前，体现学生主体地位的教学方法主要包括小组讨论合作学习、学生主导的讲解、师生共同评价等方式。师生和学生之间的互动和讨论，不仅能够激发学生的学习兴趣，还有助于教师在情感层面与学生建立更紧密的联系。

以上原则虽然各有侧重，但并不孤立存在，各原则之间有联系，并且也能够起到互相补充的作用。

（二）发挥教学功能

在课堂中充分发挥讲评课的教学功能，可以事半功倍地提高教学效果。下面将从课堂讲评课的诊断功能、激励功能、强化功能和示范功能四个方面进行论述。

1.发挥诊断功能

考试在教与学的过程中起着至关重要的作用，每一张试卷都是一份"诊断书"。对于学生来说，解答试卷能够相对客观地检验自己的知识水平，答题情况可以反映出他们对各知识点的掌握情况。分数能让他们了解自己和目标之间的差距，知道在哪些知识点上还存在不足，需要加强训练。答题过程可以使学生对自己的学情有清晰的认识。

同时，数学教师通过批改试卷，也可以真实地了解每个学生的学习状态，发现学生对哪些知识普遍存在疑惑，哪些知识需要进一步深化讲解，哪些学生需要个别辅导等。深入剖析和认真讲评数学试卷，有助于数学教师分析和反思自己的教学方式，以便改进未来的教学方法和方式。

高质量的试卷讲评可以由点及面，精准地分析和诊断学生出现的各类问题，为学生提供有力的学习指导，实现师生共同进步的教学目标。

2.发挥激励功能

试卷讲评课应该具备激励功能。一项问卷调查显示，大多数学生认为试卷讲评课的课堂气氛压抑、无聊、过于沉闷，这反映出教师在课堂上更注重讲解题目，而忽视了对学生的积极激励。为了调动学生的学习动力和积极性，教师除了适度引导外，还要给予学生鼓励，建立激励性的评价标准，并灵活运用适当的教学策略。在课堂上，应该多些赞美和表扬，少些挖苦和讽刺。在试卷讲评课上，教师可以表扬部分进步和成绩优异的学生，以榜样的方式激励学生，激发他们的学习动力。此外，展示高质量试卷和为后进生创造激励机会等方式，也能更好地提高学习效率。

3.发挥强化功能

对学生来说，高中数学涵盖了广泛的知识内容，如果不进行反复练习，很容易混淆和遗忘。好的试卷可以反映和提炼出重要的知识点，加强学生的记忆，并通过变式练习开发思维，综合各章内容，帮助学生建立坚实的知识体系。教师应该特别重视高含金量的试题，提前做好准备，课堂上重点强调，组织互动，让学生多次接触，以增强记忆效果。课后，教师应指导学生整理错题，帮助他们明确重点和难点，以便实现高效学习和有效复习，为未来的总复习打下坚实基础。

4.发挥示范功能

教师的试卷讲评具有很强的示范性质。在数学学科中，教师需要演示解题技巧和方法，这些技巧和方法通常是通过示范来传授给学生的。教师的讲解质量和效率在很大程度上影响着学生今后的学习方法和思路。因此，高中阶段的教师不应只关注新课的讲解而忽略试卷的讲评，急功近利的做法可能会降低教学质量。试卷讲评应该被视为教学中不可或缺的一环，它有助于稳步推进教学进度。学生的积极参与和反馈对于试卷讲评的成功至关重要，学生对讲评课的期待和参与程度会受到教师的态度和表现的影响。如果教师认真示范解题过程，学生则更有可能关注和重复学习这些示范内容。

（三）促进学生自主建构

1.引导学生自主学习

自主学习作为新课程理念中的重要学习方式，强调学生能够自发、有目标地进行学习。调查表明，成绩较好的学生通常具有更强的自主学习能力，他们通过思考将学习的知识转化为学习技能，从而提高了学习效率。与教师强制性的教学方法相比，自主学习更加注重学生的主动性，强调"我主动学习"的观念。试卷讲评课的目的是帮助学生掌握解决特定类型试题的方法。为实现这一目标，学生需要充足的时间，以便发挥他们的主体性作用，并从中获益。教师在课堂上应该培养学生的自主学习意识，创造鼓励自主学习的环境，尊重学生的不同观点，鼓励他们提出问题并自信地表达意见。课堂教学方法可以包括学生之间的小组讨论或学生分享解题过程，以促使学生逐渐积累自主学习的经验，从而提高试卷讲评课的实际效果。

2.引导学生自主反思

反思是对知识再认识的过程。在教学中，教师应该给予学生自主反思的机会，注重学生的反思行为，帮助他们通过反思发现自身问题。学生可以通过反思来深化对知识的理解和掌握，积累解题经验，提高解题能力。学生的反思过程可以分为两个阶段。首先，在试卷发下来后，学生可以检查自己试卷中的错误，思考失分点是由于粗心大意还是自己对知识理解存在偏差。这种反思可以帮助学生找出错误的原因，进一步掌握相关知识点。其次，在听完教师或其他同学的讲解后,学生可以对自己的解题思路进行反思,总结解题过程,避免再次犯同样的错误。反思是一个不可或缺的过程,因为教师的指导需要通过学生的自我体验才能够内化成学生的能力,并且产生新的学习行为。只有当学生的自我诊断更加具体和实际时,反馈信息的效果才能够更持久。

参 考 文 献

[1]陈娜娜．尝试教学法在高中数学教学中的应用[J]．中学生数理化（教与学），2018（12）：17．

[2]崔阳阳．浅谈"尝试教学理论"在高中数学教学中的应用[J]．中学课程辅导（教学研究），2019，13（15）：27．

[3]崔友兴．基于核心素养培育的深度学习[J]．课程·教材·教法，2019，39（02）：66-71．

[4]崔允漷．学科核心素养呼唤大单元教学设计[J]．上海教育科研，2019（04）：1．

[5]邓亚妹．新高考背景下高中数学教学模式的改革探析[J]．文理导航·教育研究与实践，2020（03）：20．

[6]过家福，殷玲．巧设情境促发现 激活思维助提问[J]．中学数学月刊（数学），2020（08）：13-16．

[7]胡久华．以深度学习促核心素养发展的化学教学[J]．基础教育课程，2019（Z1）：70-78．

[8]李君安，魏强．浅谈数学单元教学设计中课程整体理念的缺失及重建[J]．数学学习与研究，2017（04）：13．

[9]蔺硕．新高考下高中数学课堂教学策略与实践研究［J］．考试周刊，2019（15）：97．

[10]刘长明．基于核心素养的"三角函数"教材设计与教学思考[J]．中学数学教学参考，2020（Z1）：50-53．

[11]钱佶忠.在高中数学课堂教学中落实核心素养培育之研究[J].数学学习与研究,2020(08):89.

[12]史宁中,王尚志.普通高中数学课程标准(2017年版2020修订)解读[M].北京:高等教育出版社,2020.

[13]王喜斌.学科"大概念"的内涵、意义及获取途径[J].教学与管理,2018(24):86-88.

[14]吴立宝,王雨清.基于UbD的中学数学单元教学设计[J].上海中学数学,2021(Z1):1-6

[15]吴立宝,辛思佳.数据分析素养发展的历史脉络与经验启示[J].课程·教材·教法,2021,41(03):69-75.

[16]徐爱勇.例谈"用教材教"应给学生留下怎样的空间[J].数学通讯,2022(02):17-19.

[17]姚桂霞."留白"处无声胜有声:谈高中数学课堂留白[J].数学大世界(下旬),2020(02):38-39.

[18]张定强,杨瑞娟.比较视域下高中数学课程基本理念的理解及其实现[J].数学教学研究,2018,37(06):2-5+29.

[19]章飞,顾继玲.单元教学的核心思想与基本路径[J].数学通报,2019,58(10):23-28.

[20]中华人民共和国教育部.普通高中数学课程标准(2017年版2020修订)[M].北京:人民教育出版社,2020.

后 记

数学作为一门基础学科，对学生的综合素质和思维能力具有重要影响。因此，提高高中数学教育的质量和效果具有重要意义。本书旨在鼓励教育界的专家和从业者积极参与数学教育的改革和创新，以适应不断变化的教育环境和学生的需求。本书将实践经验与理论研究相结合，为高中数学教育提供更多的启发和指导，以帮助教育界更好地应对现代教育挑战，培养出更具创造力和问题解决能力的学生。

本书共包含八章内容，由来自甘肃省酒泉中学的陈国明、李慧珺共同撰写，具体分工如下：陈国明负责第一章至第五章内容的撰写，合计 13 万字；李慧珺负责第六章至第八章内容的撰写，合计 9 万字。全书由盘锦市辽东湾实验高级中学（辽宁省实验中学辽东湾分校）的王健飞统稿。

本书参考和借鉴了近年来有关学者的科研成果，在此特表谢意。由于时间仓促和受编者水平所限，本书可能存在不足之处，敬请专家学者和广大读者批评指正！